MARILENA CHAUI

Sobre a violência

MARILENA CHAUI

Sobre a violência

ESCRITOS DE MARILENA CHAUI
Volume 5

ORGANIZADORAS
Ericka Marie Itokazu
Luciana Chaui-Berlinck

3ª reimpressão

autêntica

Copyright © 2017 Marilena Chaui

Todos os direitos reservados pela Autêntica Editora Ltda. Nenhuma parte desta publicação poderá ser reproduzida, seja por meios mecânicos, eletrônicos, seja via cópia xerográfica, sem a autorização prévia da Editora.

ORGANIZADORES DA COLEÇÃO
ESCRITOS DE MARILENA CHAUI
André Rocha
Ericka Marie Itokazu
Homero Santiago

EDITORA RESPONSÁVEL
Rejane Dias

EDITORA ASSISTENTE
Cecília Martins

REVISÃO
Lívia Martins

CAPA
Alberto Bittencourt

PROJETO GRÁFICO
Conrado Esteves

DIAGRAMAÇÃO
Waldênia Alvarenga

Dados Internacionais de Catalogação na Publicação (CIP)
(Câmara Brasileira do Livro, SP, Brasil)

Chaui, Marilena
  Sobre a violência / Marilena Chaui ; organizadoras Ericka Marie Itokazu, Luciana Chaui-Berlinck. -- 1. ed.; 3. reimp. -- Belo Horizonte : Autêntica, 2021. -- (Escritos de Marilena Chaui ; v. 5)

  ISBN: 978-85-513-0084-8

  1. Filosofia 2. Filosofia política 3. Violência I. Itokazu, Ericka Marie. II. Chaui-Berlinck, Luciana. III. Título IV. Série.

17-01709   CDD-320.01

Índices para catálogo sistemático:
1. Filosofia política 320.01

Belo Horizonte
Rua Carlos Turner, 420
Silveira . 31140-520
Belo Horizonte . MG
Tel.: (55 31) 3465 4500

São Paulo
Av. Paulista, 2.073, Conjunto Nacional,
Horsa I. Sala 309 . Cerqueira César
01311-940 . São Paulo . SP
Tel.: (55 11) 3034 4468

www.grupoautentica.com.br
SAC: atendimentoleitor@grupoautentica.com.br

Violência

1. qualidade do que é violento; 2. ação ou efeito de violentar, de empregar a força física (contra alguém ou algo ou intimidação moral contra alguém; crueldade, força; 3. exercício injusto ou discricionário, em geral ilegal, de força ou de poder; 4. cerceamento do direito ou da justiça, coação, opressão, tirania; 5. força súbita que se faz sentir com intensidade; fúria; veemência; 6. dado causado por uma distorção ou alteração não autorizada (censura); 7. juridicamente: constrangimento físico ou moral exercido sobre alguém para obrigá-lo a submeter-se à vontade de outrem; 8. direito penal: relação sexual mantida com uma mulher mediante utilização da força; estupro; 9. ferocidade, fúria, sanha.

Dicionário Houaiss da Língua Portuguesa

Sumário

9. **Prefácio**
Ericka Marie Itokazu

17. **Apresentação**
Luciana Chaui-Berlinck

Parte I A violência no Brasil

29. O mito da não violência brasileira
51. Travessia do Inferno
55. Horror e vergonha
59. Leme, urgente
63. Índios livres e capazes já
67. Ah! Esse povo violento que não sabe o que faz
71. Dois e dois são cinco
75. Nós, negros e mulatos
77. Aquém do liberalismo
79. Cadê os liberais?
83. O assassinato de Margarida Alves
87. Sobre a violência: o Manicômio Judiciário de São Paulo
91. As populações periféricas e marginalizadas
103. O escândalo da fome e do desemprego
107. O paradoxo da defesa da ordem que pisoteia o direito

111. Os direitos humanos
115. Teologia e política
119. A volta da Santa Inquisição
127. A tortura como impossibilidade da política
137. Salinas: linguagem e violência
143. Um lugar chamado Maria Antonia
163. O Tribunal Tiradentes
169. Violência e autoritarismo sociopolítico

Parte II A violência contemporânea
185. A violência neoliberal
199. A maldição e a utopia
203. A filosofia e a construção do "Oriente"
209. Fundamentalismo religioso: medo e violência

Parte III Reflexões sobre a violência
249. Ética e violência ou a ética como ideologia
259. Direitos humanos, medo e violência
279. Uma aula sobre a dialética hegeliana
      do senhor e do escravo
307. Acerca da tolerância

Prefácio

Ericka Marie Itokazu[1]

Os textos que compõem o livro *Sobre a violência* integram um corpo comum no projeto da coleção Escritos de Marilena Chaui, lançada em 2013. O que pode surpreender o leitor, tal como nos surpreende, é que, se poderíamos afirmar, como um aspecto geral, que a coleção trata de textos políticos que discutem o Brasil, em menos de quatro anos, dada a atual situação conjuntural do país, ela parece adquirir uma nova dimensão, porque permite o reencontro com este e com os volumes anteriores para refletir sobre algo que nós, organizadores da coleção, não poderíamos prever.

A ideia da coleção surgiu num grupo de amigos, ex-orientandos de Marilena, em períodos revigorantes nos quais testemunhávamos aquilo que críamos ser a consolidação da democracia brasileira após a ditadura militar, um período de inegável ampliação dos direitos civis, culturais, políticos e sociais que pareciam concretizar um caminho democrático esperançoso e seguro. Eram anos em que vislumbrávamos um novo horizonte para o país e sonhávamos com novas possibilidades para o futuro próximo das novas gerações, depois da imensa expansão das universidades públicas que chegavam a todos os estados do país; além do acesso mais amplo e democratizado com

---

[1] Devo a minha participação na organização deste livro a amigos que colaboraram para que este trabalho pudesse finalmente ser publicado, a quem agradeço profundamente: Viviane Magno, Felipe Jardim Lucas, Anastasia Guidi Itokazu e, mais carinhosamente, Rejane Dias, Cecília Martins, Luciana Chaui-Berlink e Marilena Chaui.

a nova metodologia de ingresso universitário, o ENEM; com o Ciências sem Fronteiras; e ainda todo o recurso financeiro que nos traria a extração do petróleo fornecido pela exploração do pré-sal, dedicado à educação e à saúde e, sobretudo, ao fortalecimento de condições materiais para a reivindicação da ampliação dos direitos ainda a serem conquistados.

O projeto da coleção nos delegava uma tarefa a cumprir: sistematizar de modo organizado (ou orgânico) textos designados como supostamente "no exterior da filosofia" e que tornariam visível ao leitor o trabalho profundamente filosófico desenvolvido por Marilena (mais que trabalho, penso mesmo que é seu jeito de ser-no-mundo) ao discutir o problema da democracia no Brasil, da sociedade brasileira. São textos circunscritos a um tempo, um lugar e um fato determinados, uma situação ou conjuntura, recolhidos de jornais ou revistas não acadêmicas; textos aparentemente "não-filosóficos" porém "em situação". A coleção foi pensada em torno de nove eixos temáticos, estes já publicados: (1) *Manifestações ideológicas do autoritarismo brasileiro*; 2) *Contra a servidão voluntária*; (3) *A ideologia da competência*; 4) *Conformismo e resistência*; e, finalmente, (5) *Sobre a violência*.

O propósito desta coleção era não apenas reeditar e revisitar textos articulados em torno de um eixo temático, mas também deixar visíveis percursos, pistas e rastros da invisível articulação interna de uma reflexão filosófica que se põe no mundo, de modo reiterado e incansável, como pensamento ativo de crítica e denúncia, de análise histórico-política, de tomada de posição. Pensávamos nas novas gerações. Em como cada leitor poderia refazer o percurso da força prática de um pensamento filosófico, traduzindo para o seu tempo e sua vivência o discurso de Marilena no tempo em que ele se realizou. Nosso intento era levar a cabo um conceito caro à Marilena, inspirada sempre em Antonio Candido: a formação, no seu sentido mais profundo, trazendo à lume o percurso da construção desse singular engajamento de uma intelectual brasileira. É preciso ter cuidado, contudo, com o uso da expressão "engajamento intelectual" e fornecer instrumentos para o seu devido entendimento:

> Merleau-Ponty escreveu certa vez que todo mundo gosta que o filósofo seja um revoltado. A revolta agrada porque é sempre bom ouvir que as coisas vão muito mal. Dito e ouvido isso, a

PREFÁCIO

má-consciência se acalma, o silêncio se faz e toda a gente, satisfeita, volta para casa e para seus afazeres.[2]

Criada em ambiência francesa após a Segunda Guerra Mundial, a expressão "engajamento intelectual" é tema de intenso debate entre Sartre e Merleau-Ponty, justamente por colocar em questão a relação entre a filosofia e a expressão aguda do pensamento como comprometimento de transformação social, política e histórica. Marilena analisa o diálogo entre ambos os filósofos franceses a partir da acusação que fazem entre si e conclui:

> a defesa da autonomia racional por Merleau-Ponty é vista por Sartre como álibi para que uma filosofia impotente aceite um engajamento fraco, e, por outro lado, a suspensão provisória da autonomia racional defendida por Sartre é vista por Merleau-Ponty como álibi do uso instrumental do engajamento por uma filosofia onipotente.[3]

Ora, por que escolheríamos denominar os textos desta coleção como um possível percurso para a compreensão da construção do engajamento intelectual de Marilena Chaui? Estaríamos submetendo a filósofa às mesmas acusações? A expressão que escolhemos não é gratuita, e se nos sentimos autorizados a utilizá-la é porque a autora declaradamente a assume. Há que se atentar, todavia, para o fato de que Marilena redefine cuidadosamente esse conceito:

> O quadro que tracei [do debate entre Sartre e Merleau-Ponty] poderia parecer um grito de revolta contra o mal. No entanto, como intelectual engajada, quero fazer minhas as palavras de Merleau-Ponty quando escreve "o mal não é criado por nós nem pelos outros, nasce do tecido que fiamos entre nós e que nos sufoca. Que nova gente, suficientemente dura, será suficientemente paciente para refazê-lo verdadeiramente? A conclusão não é a revolta, é a virtù sem qualquer resignação".[4]

[2] CHAUI, Marilena. Intelectual engajado, uma figura em extinção? In: O Silêncio dos intelectuais. São Paulo: Companhia das Letras, 2006, p. 41. Grifos nossos.

[3] CHAUI, 2006, p. 26. Grifos nossos.

[4] CHAUI, 2006, p. 42 A citação de Merleau-Ponty encontra-se em: MERLEAU-PONTY, Maurice. Prefácio. In: Signos. São Paulo: Martins Fontes, 1991 (1 ed. francesa de 1960).

Marilena não aceita as aporias da prepotência ou da fragilidade de uma autonomia racional nas divergências entre Sartre e Merleau-Ponty, mas também não reconhece nenhuma das figuras de engajamento intelectual por ela analisadas que justificassem qualquer recolhimento ou silêncio do intelectual; ora, justamente por isso, são mais de trinta anos de intensa e incessante escrita de textos "do interior da filosofia" postos em situação "no exterior" desta. Textos de denúncia, de crítica, de posicionamento, de análise de conjuntura... Eis o que apresentamos no eixo temático *Sobre a violência* na sociedade brasileira.

Se nem *onipotência* nem *impotência* filosóficas resolvem a encruzilhada da promessa da modernidade da autonomia da razão, talvez tão somente a *potência* fosse o registro desse engajamento, e, se podemos assim afirmar, tratar-se-ia de uma potência espinosana, um *conatus* enquanto esforço singular para existir e agir, combativo e resistente no seu modo de se entrelaçar ao mundo como "*virtù* sem qualquer resignação".

Espinosanos que somos, creio que essa potência-*conatus* se destaca não só politicamente, mas também afetivamente, neste volume, pois são textos que enfrentam escrever sobre a memória afetiva dos tempos de estudante na Maria Antonia; o colega torturado pela ditadura; a denúncia por uma filósofa do assassinato da grande líder sindical Margarida Alves; o repúdio ao massacre ocorrido no Leme e de que o PT fora acusado de provocar. Integra o livro um texto que relata com detalhes, como uma "travessia do inferno", a violência praticada em manicômios; há outros que tratam da questão indígena, da marginalização dos movimentos sociais; e há textos que tornam explícito o inegável mecanismo de redução dos direitos civis, escamoteado pelo seu atropelamento em nome da ordem e da lei, como questão de segurança e polícia. Enfim, com textos que percorrem a década de 1980 e vão até o início dos anos 2010, este livro traz uma análise da violência na sociedade brasileira em suas múltiplas faces, demonstrando seu fundamento, e que, contudo, aparece sob o "mito de uma sociedade não violenta". Afirma Marilena:

> Graças ao mito da não violência, deixamos na sombra o fato brutal de que vivemos numa sociedade oligárquica, verticalizada, hierarquizada, autoritária e por isso mesmo violenta, que bloqueia a

PREFÁCIO

concretização de um sujeito ético e de um sujeito político, isto é, de uma subjetividade e de uma intersubjetividade verdadeiramente éticas e da cidadania verdadeiramente democrática.[5]

Há poucos anos, no momento em que pensamos o livro, o golpe parlamentar ou a farsa do *impeachment* que recentemente vivenciamos não era visível no horizonte do possível, e, na organização deste volume, uma de nossas preocupações era com o trabalho de inserção de notas para correlacionar, principalmente, a importância do engajamento intelectual de Marilena na construção da democracia brasileira, culminando no que ficou conhecido como a "Constituição Cidadã", de 1988. Procuramos evidenciar, sobretudo, a relação destes textos com a conquista democrática de direitos e as lutas históricas de que Marilena Chaui participou, trazendo à lume parte dessas conquistas, como a criação de novas leis, programas sociais e direitos adquiridos. Também descrevemos a luta antimanicomial, os trabalhos da Comissão da Verdade, a lei Maria da Penha, assim como dos efeitos de programas como Fome Zero, Bolsa família e Minha Casa Minha Vida. Nessa empreitada, visamos esclarecer o público leitor jovem, que não viveu os duros tempos da Ditadura Militar, em que parte dos textos foram escritos.

Ao final, pensamos em fazer uma entrevista com Marilena a respeito da relação de sua escrita combativa como denúncia da violência (os textos recolhidos de periódicos) com sua análise filosófica do conflito permanente entre a manutenção do fundamento da violência na sociedade brasileira e a (im)possibilidade da democracia (os textos de conferências que também compõem este livro), para, em segundo lugar, solicitarmos à autora uma reflexão de sua *virtù* combativa e jamais resignada, ou, ainda, um balanço de sua participação na construção de diversos dos direitos conquistados nas últimas décadas. Perguntaríamos também se, a despeito do fortalecimento das políticas sociais nos anos de presidência de Luiz Inácio Lula da Silva e Dilma Rousseff, após as manifestações de 2013, haveria ainda a ameaça de que a velha e profunda raiz da violência na sociedade brasileira emergisse, mesmo que com roupagem de "novidade", sob o manto da

[5] Neste livro, p. 48.

"nova política" ou da negação despolitizada do movimento "ninguém me representa". Proporíamos ao fim da entrevista um balanço sobre a aparente contradição da recepção destes textos, cujo sentido fora divulgado amplamente de forma perversa, sendo Marilena difamada pela distorção de seu sentido, suas palavras violentamente deturpadas pelo "preconceito, pelo medo e pelo ódio" – termos estes que ela utilizou para descrever como fora recebida a obra de Espinosa pelos seus contemporâneos e pósteros. Ao analisar a filosofia de Espinosa como contradiscurso, Marilena afirma:

> [...] a experiência do presente solicita-lhe que encontre nesse mesmo discurso força argumentativa e polêmica que o faça erguer-se como contradiscurso para enfrentar o que, aqui e agora, tornaria impossível pensar e agir livremente. [...] Cabe ao discurso livre oferecer-se ao leitor como experiência prática da liberdade e, ao mesmo tempo, como trilha para alcançá-la. Para conseguir seu intento, precisa ser, simultaneamente, contradiscurso capaz de enunciar de seu próprio interior aquilo que o tornaria impossível, enunciando-se a si próprio como discurso filosófico ao marcar o lugar que lhe é proferido; para recusar o imaginário servil precisa realizar-se como discurso sem senhor, designando aquele que será incapaz de lê-lo e por isso irá pervertê-lo, mesmo sem disso tirar o menor proveito, apenas obedecendo a paixões tristes albergadas no coração entorpecido pelo medo, pelo preconceito, pelo ódio. Trabalho livre do pensamento, o discurso que o encarna é liberador.[6]

Até 2016, vivíamos um momento incomparável historicamente, considerando as conquistas sociais e o desenvolvimento das instituições democráticas brasileiras que, ao fim e ao cabo, violentamente sofreram o golpe, que, com uma velocidade avassaladora, objetiva aniquilar todos os direitos conquistados, fazendo-nos enfim compreender a extrema fragilidade de nossa ainda jovem democracia. Se a entrevista com Marilena não se realizou, é porque, de fato, tornou-se desnecessária, pois ela responde nossos questionamentos constantemente, com toda a sua *virtù* reavivada intensamente nas ruas, nas manifestações universitárias, sindicais e populares, aceitando todas as convocações

---

[6] CHAUI, Marilena. *A nervura do real: imanência e liberdade em Espinosa*. São Paulo: Companhia das Letras, 1999, p. 102. v. 1

que recebe para denunciar e explicitar, mais uma vez, aquilo de que trata desde os anos 1980.

Num diálogo provocativo com Marilena, poderíamos perverter as suas palavras e as de Merleau-Ponty e perguntar se o combativo labor da escrita filosófica engajada teria falhado. Afinal, em vez de nos fiarmos em Merleau-Ponty (para quem o mal seria tecido *entre nós* de modo sufocante), não poderíamos bradar e defender o que se tornou crença e opinião corrente, largamente difundida, que "o mal teria sido criado *pelos outros*", os "golpistas", que – entre parlamentares corruptos e fantoches dos poderes executivo e judiciário – se articularam para a destituição ilegítima da presidência do país, a fim de empoderar uma figura presidencial que age em prol de interesses particulares e cuja incrível magnitude depende da destruição dos direitos conquistados?

Se Marilena, juntamente com Merleau-Ponty, defende que o mal é criado *entre* nós, teria toda essa escrita combativa de mais de trinta anos chegado então ao seu limite, teria ela encontrado um obstáculo insuperável? Não. Reiteradamente não. Repetidamente não. E, por mais de três décadas, tal como Espinosa, Marilena vem dizendo isso, realizando-o também como contradiscurso ao "denunciar o que, aqui e agora, torna impossível pensar e agir livremente", "um discurso livre que se oferece ao leitor como prática da liberdade". É preciso, portanto, compreender que, neste exato e preciso mal que tecemos *entre nós*, encontra-se justamente o fundamento originário da violência social, política e cultural da sociedade brasileira. Eis o que este livro nos revela. E nos permite manter acesa a força do pensamento engajado, com textos que têm a mesma relevância e a mesma importância de quando foram escritos. O dito e o escrito nas décadas de 1980 e 1990 não visava somente discutir e manter a democracia social como um horizonte possível, pois, para que este futuro ainda permaneça em qualquer horizonte, é preciso primeiramente enfrentar as causas profundas que engendram e sustentam há séculos o pensamento oligárquico, hierarquizado e antidemocrático brasileiro. Estamos vivendo tempos tenebrosos desde 2016 e, se mudássemos nomes e datas de cada um dos capítulos deste livro, redigidos numa época que já nos parecia distante (o final da ditadura militar ou a "passagem" para a democracia), eles poderiam ser publicados hoje, pois parecem prever os riscos do que enfrentaremos amanhã.

Algo urge, desde a década de 1980, por ser compreendido nestes escritos, que podem nos auxiliar a tornar visível o solo profundo em que se enraíza o golpe mascarado que vivemos. Esse algo não é o "outro", não são os "golpistas"; mais uma vez, o mal não está *entre* nós *e* nos outros, mas entretecido *entre nós*, e nos sufoca a viabilidade democrática.

O que aprendemos no percurso de elaboração deste livro é que ele revela, do passado, o que pode manter a possibilidade de um futuro em aberto, como algo ainda a ser determinado, porque não lida com o mal como fato consumado. Manter o futuro no horizonte do possível é compreendê-lo como ainda não objetivado, porque tornamos visível o que era obscuro nesse passado tão recente, entretecido sim *entre nós*, e que persistirá enraizado na sociedade brasileira enquanto não compreendido e confrontado. Compreender o fundamento da violência no Brasil, que se escamoteia sob o mito da sociedade não violenta, pode tornar-se um instrumento combativo de formação, resistência e resiliência. Eis por que, para concluir, retomamos a citação feita por Marilena:

> O mal não é criado por nós nem pelos outros, nasce do tecido que fiamos entre nós e que nos sufoca. Que nova gente, suficientemente dura, será suficientemente paciente para refazê-lo verdadeiramente? A conclusão não é a revolta, é a *virtù* sem qualquer resignação.

Apresentação

Luciana Chaui-Berlinck

A violência é tema de investigação e preocupação de muitos pensadores. Filósofos de todos os tempos teceram ideias sobre ela. É tema que sempre nos captura, pois a reconhecemos em nós mesmos e em nossas relações. Cotidianamente a observamos, mas nem sempre refletimos sobre ela.

Albert Einstein, em 1932, escreveu uma carta para Sigmund Freud, na qual pedia ao psicanalista que, com o auxílio de seu conhecimento da vida instintiva do homem, esclarecesse o problema de um tipo de violência. Einstein estava preocupado com as questões da guerra e queria saber se o conhecimento das "obscuras regiões da vontade e do sentimento humano" poderiam livrar a humanidade do "mais urgente de todos os problemas que a civilização tem de enfrentar...".[1]

A resposta dada por Freud não se limita à violência da guerra. Na verdade, abarca muitas outras formas de violência que hoje nos preocupam e chamam a atenção, já que o psicanalista explica seu sentido psíquico. Logo no início da resposta, Freud sugere uma analogia que já evidencia sua ideia sobre a violência como exercício do poder. Escreve ele: "O senhor começou com a relação entre o direito e o poder. Não se pode duvidar de que seja esse o ponto de partida

---

[1] FREUD, Sigmund. Por que a guerra? In: *Obras completas*, v. XXII. Rio de Janeiro: Imago, 1969, p. 193.

correto de nossa investigação. Mas permite-me substituir a palavra poder pela palavra mais nua e crua de violência?".[2]

Como entender a relação proposta por Freud entre poder e violência? Para o psicanalista, existem dois tipos de instinto: uns possuem a tendência da preservação, outros, da destruição. A vida psíquica é resultado da atividade e do embate desses dois instintos, mas isso não nos afasta muito dos animais, pois, explicará Freud, os conflitos de interesses entre os humanos são resolvidos da mesma maneira que se resolvem os conflitos em todo o reino animal, isto é, pela via da violência. Há nos humanos um instinto de ódio e destruição que coopera com os esforços dos mercadores da guerra:

> De acordo com nossa hipótese, os instintos humanos são de apenas dois tipos: aqueles que tendem a preservar e a unir que denominamos "eróticos", exatamente no mesmo sentido em que Platão usa a palavra "Eros" em seu Symposium, ou "sexuais", com uma deliberada ampliação da concepção popular de "sexualidade"; e aqueles que tendem a destruir e matar, os quais agrupamos como instinto agressivo ou destrutivo. Como o senhor vê, isto não é senão uma formulação teórica da universalmente conhecida oposição entre amor e ódio [...].[3]

Mas é interessante notarmos que, para o psicanalista, essa divisão entre amor e ódio, entre preservação e destruição, não significa necessariamente a separação entre bem e mal: "Entretanto, não devemos ser demasiado apressados em introduzir juízos éticos de bem e de mal".[4] Afinal, somos compostos por esses dois instintos e devemos entender qual o papel de cada um em nossa vida e como, a partir deles, nos relacionamos com o mundo. Freud explica que o instinto agressivo é importante para preservarmos nossa própria vida, e, para tanto, o direcionamos para o mundo externo.

> Gostaria, não obstante, de deter-me um pouco mais em nosso instinto destrutivo, cuja popularidade não é de modo algum igual à sua importância. Como consequência de um pouco de especulação,

---

[2] FREUD, 1969, p. 197.
[3] FREUD, 1969, p. 202-203.
[4] FREUD, 1969, p. 203.

pudemos supor que esse instinto está em atividade em toda criatura viva e procura levá-la ao aniquilamento, reduzir a vida à condição original de matéria inanimada. Portanto, merece, com toda seriedade, ser denominado instinto de morte, ao passo que os instintos eróticos representam o esforço de viver. O instinto de morte torna-se instinto destrutivo quando, com o auxílio de órgãos especiais, é dirigido para fora, para objetos. O organismo preserva sua própria vida, por assim dizer, destruindo uma vida alheia. [...] se essas forças se voltam para a destruição no mundo externo, o organismo se aliviará e o efeito deve ser benéfico. Isto serviria de justificação biológica para todos os impulsos condenáveis e perigosos contra os quais lutamos. Deve-se admitir que eles se situam mais perto da Natureza do que a nossa resistência, para a qual também é necessário encontrar uma explicação.[5]

Entretanto, isso que faz parte da Natureza encontra nos humanos resistência. Lutamos contra nossa natureza, resistimos a ela, criamos leis que nos ajudam na tarefa de seres "civilizados", nos tornamos seres sociais para os quais o cultural domina (ou deve dominar) o biológico. Freud, nessa breve explicação do instinto ou pulsão de morte, deixa claro que em toda criatura viva esse instinto está em atividade, explicita que os conflitos de interesses entre os humanos são resolvidos pela via da violência. Mas é ao substituir a palavra poder, usada por Einstein, pela palavra violência que nos leva diretamente aos escritos deste livro de Marilena Chaui.

De fato, se entendemos que poder e violência estão intrinsecamente ligados e que fazem parte da constituição do homem, podemos compreender a importância desta obra, uma vez que nos faz entender não só o que é a violência, mas também como ela opera nas diversas situações apresentadas pela autora – e muitas vezes nem sequer nos damos conta de que tais situações são violentas. Marilena mostra que é preciso, pois, desenvolver a ideia de violência: "Estamos acostumados a identificar a violência e a criminalidade. Todavia, se formos aos dicionários, observaremos que seu sentido é muito mais amplo...".[6] Essa ampliação lhe permite mostrar situações da vida do

[5] FREUD, 1969, p. 204.

[6] Neste livro, p. 35.

povo brasileiro em que violência e poder estão unidos. Ela nos dá exemplos vivos.

Já no início do livro somos atingidos com uma "luva de pelica" quando confrontados com o mito da não violência brasileira e a prova de como nossa sociedade, por sua própria estrutura, é violenta. Para quem lê este texto, acabou-se o mito! Marilena rompe com o mito de que nós brasileiros não somos violentos e desconstrói a ideia de que nossa "história foi feita sem sangue".[7] Ela brilhantemente nos esclarece como "a violência não é percebida ali mesmo onde se origina e ali mesmo onde se define como violência propriamente dita".[8]

Esse primeiro texto, que nos introduz ao livro e ao universo da análise da violência, é um dos mais importantes já escritos enquanto análise da maneira como a sociedade brasileira opera. Em linguagem simples e acessível, é extremamente esclarecedor e profundo, e nos leva a entender o que se passa em nosso país atualmente. Por isso sua leitura é imprescindível. O estilo de sua construção não difere dos outros da autora, afinal é estilo dela construir um texto no qual acompanhamos a elaboração de seu pensamento e, com isso, temos a impressão de que seu pensamento é nosso, tal a fluidez de sua escrita. É justamente isso que nos auxilia na compreensão de temas tão complexos.

Entre todos os textos da primeira parte, destaco "Um lugar chamado Maria Antonia". Nele, Chaui conta a história da Faculdade de Filosofia, Letras e Ciências Humanas da USP (então localizada na Rua Maria Antonia) quase como um romance que de alegre e divertido se transforma em verdadeira história de terror e medo. História que nos prende a atenção e nos emociona, mas que também nos convoca a resistir, pois a luta continua!

A primeira parte do livro se refere à violência no Brasil; são tantas as suas facetas que fazemos com a autora a "Travessia do Inferno" e sentimos "Horror e vergonha" enquanto lemos os 23 textos que a compõem. Com a leitura dos artigos nos lembramos das histórias passadas e as identificamos com nossa história atual: violência antes,

---

[7] Neste livro, p. 36.

[8] Neste livro, p. 41.

violência agora. A autora nos leva em viagem pelo Brasil, um Brasil muito diferente daquele que nosso imaginário produz, com um povo dócil, ordeiro, pacífico; ao invés disso, somos levados por caminhos selvagens do homem branco cometendo atrocidades contra os índios que defendiam os direitos de suas nações, contra os negros num feroz racismo, contra os loucos, os trabalhadores rurais, os grevistas. Enfim, ela descortina para nós a violência da polícia e das instituições totais (manicômios e prisões), a violação cotidiana dos direitos humanos pela ordem estabelecida.

Nos choca a leitura de "Travessia do Inferno". A violência sofrida pelas mulheres jogadas, largadas, abandonadas no hospital psiquiátrico é retratada por Marilena com tal envolvimento que difícil é terminar a leitura desse artigo sem lágrimas nos olhos e raiva no coração. Como é possível um ser humano receber tal tratamento de outro ser humano? Só mesmo se nos voltarmos para a explicação de Freud para tentarmos entender como tal desumanidade faz parte da essência humana.

A primeira parte termina com um texto inédito, "Violência e autoritarismo sociopolítico", no qual a autora propõe uma reflexão sobre a sociedade brasileira em termos institucionais. Nesse artigo também vemos reaparecerem temas que já foram abordados no primeiro texto desta parte, que abre e fecha com o tema da violência no Brasil, desmistificando a não violência brasileira.

A segunda parte do livro traz textos mais longos que os da primeira, totalizando quatro artigos que tratam da violência contemporânea. Neles, Marilena Chaui aborda a questão do neoliberalismo e nos ensina como e onde está sua violência; de que maneira a economia é causa de violência; como, por questões de poder e política, se promove uma importante separação entre Ocidente e Oriente; como e por que a imagem do Oriente é produzida no Ocidente desde o surgimento da filosofia da história no século XIX; e nos esclarece a maneira pela qual "o atual fundamentalismo religioso é cristão, que está a serviço da operação imperial econômica e militar dos Estados Unidos".[9]

O último texto dessa parte, "Fundamentalismo religioso: medo e violência" amarra os outros três, esclarecendo como o capitalismo

[9] Neste livro, p. 208.

neoliberal se junta ao fundamentalismo religioso e quais são suas consequências nas políticas frente ao Oriente Médio e ao Estado Islâmico. Essa parte é fechada com chave de ouro: a autora traz o pensamento do filósofo Espinosa sobre o poder teológico-político, demonstrando que o medo é a causa desse poder, mas também abrindo o campo para a crítica das nossas tentativas contemporâneas (como a de Carl Schmitt) de afirmar esse poder como algo positivo.

A terceira parte do livro, "Reflexões sobre a violência", também conta com quatro textos. Neles somos remetidos mais de perto às questões trazidas por Freud sobre o significado do instinto de destruição que nos constitui. Marilena Chaui nos ajuda nessa aproximação, para compreendermos algo que nos parece tão misterioso e que levou à pergunta de Einstein para Freud: "Por que a guerra?".

No primeiro texto, a autora trata da ética como ideologia. Dissemos que Chaui constrói seus textos de maneira a nos permitir acompanhar a elaboração de seu pensamento. Assim, em "Ética e violência ou a ética como ideologia", o ponto de partida é uma breve explicação sobre o que é ética, em seguida, vemos como ela é transformada em ideologia e, por fim, acompanhamos o pensamento de Chaui, e, como se nós mesmos tivéssemos chegando àquela conclusão, como num passe de mágica, percebemos com clareza de que maneira a ética como ideologia é exercício de violência!

O texto seguinte "Direitos humanos, medo e violência" nos coloca diante das questões trazidas pela modernidade. Marilena nos leva pelas estradas da história, mostrando como as concepções de medo e violência se transformaram com o surgimento da modernidade. Segundo suas próprias palavras, a mudança histórica "desloca o medo fundamental para o interior da própria sociedade [...] e faz com que nasça, simultaneamente, o pensamento moderno sobre os direitos do homem e do cidadão".[10] Pois "no contexto da passagem da comunidade medieval à sociedade moderna, compreendemos por que o medo muda de sentido e por que será um motivo central na constituição do pensamento político moderno".[11]

[10] Neste livro, p. 264.

[11] Neste livro, p. 261.

Vou frear minha tentação de citar o texto inteiro e me contentar em chamar a atenção do leitor para pequenos trechos. A tentação surge uma vez que, embora o texto tenha sido escrito em 1988, sua atualidade é inegável. Com ele podemos compreender muito do que ainda hoje vivemos politicamente em nosso país e que, provavelmente, viveremos outras vezes em nossa história.

Vejamos um trecho que nos leva a refletir sobre nossos sentimentos atuais em relação ao momento político que vivemos:

> No caso da modernidade, o que se afirma é que o medo recíproco entre os homens e os crimes que cometem uns contra os outros jamais terão fim se não for instituída uma instância, separada deles e superior a eles, à qual se possa conferir o direito do exercício da coerção e da vingança impessoais, cuja consecução depende da clara definição dos direitos e deveres dos homens enquanto indivíduos vivendo em sociedade, [...] conferindo ao Estado o direito ao "uso legal da violência", para citarmos Weber. A definição do direito como ação legal e impessoal do Estado é condição *sine qua non* para que os homens, livrando-se do medo recíproco, não caiam nas garras de um medo ainda mais forte, isto é, o medo da arbitrariedade do poder.[12]

A necessidade da lei, da declaração dos direitos humanos, que serve para nos livrar da arbitrariedade do poder, não é exatamente o que o povo brasileiro tem vivenciado ultimamente. Por isso cito ainda outro trecho:

> Todavia, vale a pena mencionarmos o caso do Brasil. Aqui podemos falar numa divisão social do medo, isto é, o fato de que no Brasil, até hoje, não se conseguiu ultrapassar aquilo que foi a tônica do processo inicial da industrialização capitalista: a visão das classes populares como classes perigosas que não são caso de política e sim de polícia. Na medida em que vivemos numa sociedade autoritária, compreende-se que o medo assuma duas direções principais: o *alto* teme o *baixo* como perigo de perda de força, privilégio, prestígio e domínio; o *baixo* teme o *alto* como pura violência, arbítrio e injustiça. A luta de classes se exprime

---

[12] Neste livro, p. 264-265.

como medo. Os grandes têm medo de perder o privilégio da violência e, por isso, afirmam que o povo é violento e perigoso – as classes populares são vistas como agentes do medo. As classes populares têm medo de que a injustiça aumente, que os grandes não tenham freios no exercício da violência, e percebem, com clareza ou confusamente, que os grandes são os agentes do medo.[13]

Isso pode nos levar a uma grande desesperança; nada muda, nada se transforma, estamos fadados a viver sob o manto do medo e da violência. Entretanto, é a própria Marilena que, ao final do texto, nos lança luz no horizonte, apontando o caminho para a transformação: esse caminho se chama democracia, pois é a sociedade democrática que é aberta às transformações e ao novo e assim como podemos ler na página 278: "A democracia propicia uma cultura da cidadania e a luta permanente contra o medo e a violência".[14]

O terceiro texto, "Uma aula sobre a dialética hegeliana do senhor e do escravo", é bastante denso e requer mais concentração do leitor. Nele, a autora, iniciando com um léxico de termos hegelianos, nos explica a interpretação de Hegel, na *Fenomenologia do Espírito*, sobre a dialética do senhor e do escravo. Ao mostrar que a verdadeira liberdade não se encontra no senhor, mas no escravo, quando este compreende a origem e o sentido da escravidão, Chaui aproxima o texto de Hegel de um outro, trabalhado por ela no primeiro volume desta coleção: *Discurso da servidão voluntária*, de La Boétie. Quem dá poder ao senhor? indaga Hegel. Quem dá poder ao tirano? indaga La Boétie. A resposta de La Boétie não poderia ser mais terrível:

> Fomos nós! Nós demos a ele os nossos olhos, as nossas mãos, os nossos ouvidos, os nossos pés, nosso sangue, nossos bens, nossos filhos para que ele nos domine. Mas por que voluntariamente nós lhe demos tudo isso? Porque cada um de nós deseja exatamente o mesmo que ele: desejamos ser servidos. Servimos para sermos servidos. Nós lhe demos o poder.[15]

---

[13] Neste livro, p. 274.

[14] Neste livro, p. 278.

[15] Neste livro, p. 307.

Resta saber: como acabar com o senhorio tirânico? A resposta está na luta contra a dominação e não na luta contra o senhor, uma vez que, ao lutar contra o senhor, a única coisa que conseguimos é a mudança do senhorio, e não o fim da dominação. La Boétie e Hegel chegam à mesma conclusão, apesar de seus caminhos serem distintos. Ou seja, para que se possa debelar a servidão, é preciso que o próprio servo acabe com o senhorio tirânico: "quem sabe como e por que se tornou servo pode destruir a servidão destruindo aquilo que a produziu".[16] Chaui ainda aponta que a retomada mais importante da dialética do senhor e do escravo foi realizada pelo jovem Marx, quando analisou a violência da dominação na sociedade capitalista e a alienação dos trabalhadores nesse modo de produção. Mas, como ela mesma diz, essa é uma outra história.

O último texto do livro tem por título "Acerca da tolerância". A autora o inicia com o verbete "tolerância" da *Encyclopédie*, organizada no século XVIII pelos filósofos Diderot e D'Alembert. Inscrito na Ilustração ou no Iluminismo – uma época em que a ideia das Luzes é a defesa da razão livre e esclarecida contra a violência encarnada na intolerância religiosa e na tirania das monarquias absolutas por direito divino –, o verbete da *Encyclopédie* busca definir a tolerância partindo da crítica da intolerância como irracional, no sentido matemático do termo. Ou seja, não há proporção, e sim desproporção entre os meios empregados pelo poder religioso e pelo poder político – a tortura física e a morte – e o objeto visado por esses poderes, qual seja, a opinião. Assim, o pensamento e a palavra, atos de uma natureza humana racional, são impedidos e tolhidos pela violência exercida sobre o corpo humano.

A tolerância iluminista ou ilustrada, crítica à violência (desproporção ou ausência de *ratio* entre meios e fins) de considerar a opinião um crime, se volta para a defesa da liberdade de opinar. Essa defesa leva à construção da ideia do Estado Tolerante como garantia da unidade e da identidade de seus membros, assegurando o direito à diversidade de opiniões. O problema, porém, como salienta Chaui, está no fato de que essa ideia (que será muito cara ao pensamento liberal) deixa na sombra e mesmo escamoteia o principal: o Estado

---

[16] Neste livro, p. 308.

Tolerante substitui a divisão social, econômica e política das classes – portanto, a exploração e a dominação – pela diversidade de opiniões dos indivíduos tomados como entidades isoladas e independentes. A tolerância iluminista desconsidera que a violência se instaura porque os homens "estão divididos não porque tenham opiniões diversas, mas porque são *Grandes* e *Pequenos*".[17]

Assim terminamos este nosso caminho junto aos Escritos de Marilena Chaui sobre a violência. A generosidade de sua escrita faz com que fechemos o livro não só enriquecidos em nosso conhecimento sobre o tema, mas também com a sensação de estarmos desde então impedidos de observar e reconhecer a violência em nosso cotidiano e não mais refletir sobre ela. Necessariamente, depois dessa leitura, a compreensão do que vivemos atualmente estará transformada.

[17] Neste livro, p. 319.

PARTE I
A violência no Brasil

O mito da não violência brasileira[*]

A ética

Sob uma perspectiva geral, podemos dizer que a ética define, antes de tudo, a figura do agente ético e de suas ações e o conjunto de noções (ou valores) que balizam o campo de uma ação que se considere ética.

O agente ético é pensado como *sujeito ético*, isto é, como um ser *racional* e *consciente* que sabe o que faz, como um ser *livre* que decide e escolhe o que faz, e como um ser *responsável* que responde pelo que faz.

A ação ética é balizada pelas ideias de bom e mau, justo e injusto, virtude e vício, isto é, por valores cujo conteúdo pode variar de uma sociedade para outra ou na história de uma mesma sociedade, mas que propõem sempre uma diferença intrínseca entre condutas tendo como critério a definição do bem, do justo e do virtuoso. Assim, uma ação só será ética se for consciente, livre e responsável, e só será virtuosa se for realizada em conformidade com o bom e o justo. A ação ética só é virtuosa se for livre e só será livre se for autônoma, isto é, se resultar de uma decisão interior ao próprio agente e não vier da obediência a uma

---

[*] Conferência pronunciada na Academia de Polícia Militar do Rio de Janeiro, em agosto de 2013. Este texto é uma versão que, com algumas modificações e acréscimos, reúne dois outros ensaios sobre o mesmo tema, um deles publicado com título "A não violência do brasileiro: um mito interessantíssimo", na *Almanaque: revista de literatura e ensaios,* n. 11, 1980, e um outro publicado com o título "Ética, violência e política", no livro *Cultura e democracia* (Cortez, 2009). O tema foi tratado também no texto de 1988, "Violência e autoritarismo sociopolítico", publicado neste volume e que, sendo cronologicamente anterior, antecede o presente ensaio sobre o mito da não violência brasileira. Desde 1980, portanto, o assunto tem sido objeto de reflexão pela autora.

ordem, um comando ou uma pressão externos. Como a palavra "autonomia" indica (*autós* – si mesmo – *nómos* – regra, norma), é autônomo aquele que é capaz de dar a si mesmo as regras e normas de sua ação.

Evidentemente, isso leva a perceber que há um conflito entre a autonomia do agente ético e a heteronomia[1] dos valores morais de sua sociedade: com efeito, esses valores constituem uma tábua de deveres e finalidades que, do exterior, obrigam o agente a agir de uma determinada maneira e por isso operam como uma força externa que o pressiona a agir segundo algo que não foi ditado por ele mesmo. Em outras palavras, o agente não age em conformidade consigo mesmo e sim em conformidade com algo que lhe é exterior e que constitui a moral de sua sociedade. Esse conflito só pode ser resolvido se o agente reconhecer os valores morais de sua sociedade como se tivessem sido instituídos por ele, como se ele pudesse ser o autor desses valores ou das normas morais de sua sociedade porque, nesse caso, terá dado a si mesmo as normas e regras de sua ação e poderá ser considerado autônomo. Por esse motivo, as diferentes éticas filosóficas tendem a resolver o conflito entre a autonomia do agente e a heteronomia de valores e fins propondo a figura de um *agente racional livre universal* – o ser humano – com o qual todos os agentes individuais estão em conformidade e no qual todos se reconhecem como instituidores das regras, normas e valores morais.

Em síntese, uma ação só é ética se realizar a natureza racional, livre e responsável do agente e se o agente respeitar a racionalidade, liberdade e responsabilidade dos outros agentes, de sorte que a subjetividade ética é uma intersubjetividade. A subjetividade e a intersubjetividade éticas são *ações* e a ética só existe pela e na ação dos sujeitos individuais e sociais, definidos por laços e formas de sociabilidade criados também pela ação humana em condições históricas determinadas.

A política

O helenista Moses Finley narra o nascimento da política – a "invenção da política", escreve ele – como um acontecimento que

---

[1] Assim como autonomia vem do grego, também heteronomia: *heterós* – o outro, um outro – *nómos* – regra, norma, lei. Heteronomia: uma regra, uma norma, uma lei, um valor postos por um outro que não o próprio sujeito.

distinguiu para sempre a Grécia e Roma em face dos grandes impérios antigos. Por que invenção? Porque gregos e romanos não dispunham de modelos, mas tiveram que inventar sua própria maneira de lidar com os conflitos e divisões sociais.

A política[2] foi inventada quando surgiu a figura do poder público, por meio da invenção do direito e da lei (isto é, a instituição dos tribunais) e da criação de instituições públicas de deliberação e decisão (isto é, as assembleias, na Grécia, e o senado, em Roma). Esse surgimento só foi possível porque o poder político foi separado de três autoridades tradicionais que anteriormente definiam o exercício do poder: a autoridade do poder privado ou econômico do chefe de família (em grego, o *despotês*), de cuja vontade dependiam a vida e a morte dos membros da família; a do chefe militar, senhor do exército e único a decidir sobre a guerra e a paz; e a do chefe religioso ou sumo sacerdote, único dotado de saber e por isso autorizado a realizar a mediação entre os humanos e os deuses. Essas três formas da autoridade, nos impérios antigos, estavam unificadas numa chefia única, a do rei. A política nasceu, portanto, quando a esfera privada da economia e da vontade pessoal do pai, a esfera da guerra e a esfera do sagrado ou do saber foram separadas e o poder político deixou de identificar-se com a figura do governante como pai, comandante e sacerdote, representante humano de poderes divinos transcendentes.

Gregos e romanos criaram a ideia e a prática da lei como expressão de uma vontade coletiva e pública, definidora dos direitos e deveres para todos os cidadãos, impedindo que fosse confundida com a vontade pessoal de um governante. Ao criarem a lei e o direito, conferiram a uma instância impessoal e coletiva o poder exclusivo para o uso da força para punir crimes, reprimir revoltas e para vingar com a morte, em nome da coletividade, um delito julgado intolerável por ela. Criaram o espaço político ou espaço público das decisões, no qual os que possuíam direitos iguais de cidadania discutiam suas

---

[2] A palavra "política" é de origem grega e provém de *pólis*, a cidade como instituição coletiva fundada em leis e direitos (ou seja, a *pólis* não é a cidade como espaço urbano e sim como espaço público). Seu correspondente em latim é a *civitas,* de onde vem nossa palavra "cidade". Para marcar a distinção entre a cidade como espaço público – a *civitas* – os romanos se referiam à *urbs* como espaço urbano, de onde vem nossa palavra "urbe".

opiniões, defendiam seus interesses, deliberavam em conjunto e decidiam por meio do voto, podendo, também pelo voto, revogar uma decisão tomada.

A Grécia inventou a democracia: todos os homens adultos nascidos na *pólis* eram cidadãos com *isonomia* (igualdade perante a lei) e *isegoria* (igual direito de emitir opiniões nas assembleias para vê-las discutidas e votadas); eram membros natos das assembleias e dos tribunais, e participantes da força militar, que se realizava sob a forma de milícia popular, isto é, dos cidadãos armados.[3] Roma inventou a república. A *res publica* ou a coisa pública era o solo de Roma, distribuído entre as famílias fundadoras da *civitas*, os Pais Fundadores ou *Patres*, de onde vinham os patrícios, únicos a possuir cidadania. A república era oligárquica: os homens adultos membros das famílias patrícias eram os cidadãos,[4] isto é, membros do senado, das magistraturas e comandantes militares; a plebe, excluída da cidadania ou da participação direta no governo, fazia-se representar pelo tribuno da plebe – um patrício eleito por ela – e, por meio do plebiscito, manifestava-se diretamente a favor ou contra uma decisão do senado ou lhe fazia propostas, além de participar da força militar na qualidade de comandada.

No decorrer da história europeia, a democracia grega e a república romana cederam lugar a outros regimes políticos, tendo prevalecido a monarquia sob duas formas: a constitucional (na Grã-Bretanha e na Holanda) e a absoluta ou por direito divino dos reis, nos demais países. Somente no final do século XVIII, com a Independência dos Estados Unidos e a Revolução Francesa, uma nova classe social, a burguesia, derrubou a monarquia absoluta e a substituiu pela república (mas não pela democracia), com eleição dos representantes, a separação entre os poderes legislativo, judiciário e executivo, e a separação entre o Estado e as Igrejas, ou a laicização do poder político. No correr do século XIX, com os movimentos operários e socialistas, ressurgiram

---

[3] Estavam excluídos da cidadania os estrangeiros, os escravos, as crianças e as mulheres, embora houvesse leis públicas para defini-los e determinar o que lhes era permitido ou proibido.

[4] Aqui também estrangeiros, escravos, crianças e mulheres estão excluídos da cidadania, mas com uma novidade inexistente na Grécia, isto é, os homens pobres livres e os que não descendiam dos Pais Fundadores formavam a plebe, que estava excluída da participação no senado, nas magistraturas e no comando militar.

ideias e práticas democráticas, que, gradativamente, foram apropriadas pela burguesia sob a forma do liberalismo.

Tomando como fundamento da vida social e política os indivíduos livres e iguais (isto é, os burgueses) e recusando cidadania a todos os "dependentes", que não teriam liberdade para opinar ou decidir (isto é, os trabalhadores e a mulheres), o liberalismo, contraditoriamente, afirma a divisão social das classes (a divisão entre "livres" e "dependentes") e a oculta por meio da ideia de indivíduo, isto é, as diferenças não seriam de classe, mas individuais. Dessa maneira, exprime a hegemonia das ideias e práticas burguesas que nos acostumaram a aceitar a definição liberal da democracia como *regime da lei e da ordem para a garantia das liberdades individuais*.[5] Embora no pensamento liberal a democracia apareça justificada como um "valor" ou um "bem", é encarada, de fato, pelo critério da *eficácia*, isto é, do ponto de vista do poder legislativo, um assunto que concerne aos representantes eleitos, entendidos como políticos profissionais, e, do ponto de vista do poder executivo, um assunto administrativo que concerne a uma elite de técnicos competentes aos quais cabe a direção do Estado. A eficácia dos políticos profissionais e dos técnicos administrativos tem como objetivo evitar uma participação política que traria à cena pública os "extremistas" e "radicais". A democracia é, assim, reduzida a um regime político eficaz, baseado na ideia de cidadania organizada em partidos políticos e se manifesta no processo eleitoral de escolha dos representantes, na rotatividade dos governantes e nas soluções técnicas para os problemas econômicos e sociais.

Ora, há, na prática democrática e nas ideias democráticas, uma profundidade e uma verdade muito maiores e superiores ao que liberalismo percebe e deixa perceber.

Que significam as eleições? Muito mais do que a mera rotatividade de governos ou a alternância no poder, elas simbolizam o essencial da democracia, ou seja, que o poder não se identifica com os ocupantes

---

[5] Com a distinção entre homens livres independentes e dependentes, o liberalismo operou com a exclusão política destes últimos. Somente a partir das lutas no final da primeira metade do século XX, prolongando-se pela segunda metade daquele século, foi implantado nas repúblicas o sufrágio universal, com o direito de voto para os trabalhadores, as mulheres e os negros. No Brasil, somente com a Constituição de 1989, índios e analfabetos adquiriram direito ao voto.

do governo, não lhes pertence, mas é sempre um lugar vazio que, periodicamente, os cidadãos preenchem com representantes, podendo revogar seus mandatos se não cumprirem o que lhes foi delegado para representar. É também característica da democracia que somente nela se torne claro o princípio republicano da separação entre o público e o privado. Em outras palavras, somente na democracia os governantes não podem identificar-se ao poder, nem apropriar-se privadamente dele.

Da mesma maneira, as ideias de igualdade e liberdade como direitos civis dos cidadãos vão muito além de sua regulamentação jurídica formal. Significam que os cidadãos são *sujeitos de direitos* e que, onde tais direitos não existam nem estejam garantidos, tem-se o direito de lutar por eles e exigi-los. É este o cerne da democracia, sendo por isso a única formação política que considera o conflito necessário e expressão da realidade social, econômica, política e cultural. Em outras palavras, como criação de direitos, está necessariamente aberta aos conflitos e às disputas.

O que é um direito? Um *direito* difere de uma *necessidade* ou *carência*, de um *interesse* e de um *privilégio*.

Uma necessidade ou carência é algo particular e específico. Alguém pode ter necessidade de água, outro, de comida. Um grupo social pode ter carência de transportes, outro, de hospitais. Há tantas necessidades quanto indivíduos, tantas carências quanto grupos sociais. Um interesse também é algo particular e específico, dependendo do grupo ou da classe social. Necessidades ou carências, assim como interesses tendem a ser conflitantes porque exprimem as especificidades de diferentes grupos e classes sociais. Um direito, porém, ao contrário de necessidades, carências e interesses, não é particular e específico, mas geral e universal, válido para todos os indivíduos, grupos e classes sociais. Assim, por exemplo, a carência de água e de comida manifesta algo mais profundo: o direito à vida. A carência de moradia ou de transporte também manifesta algo mais profundo: o direito a boas condições de vida. Da mesma maneira, o interesse, por exemplo, dos estudantes exprime algo mais profundo: o direito à educação e à informação. Em outras palavras, se tomarmos as diferentes carências e os diferentes interesses veremos que sob eles estão pressupostos direitos. Diversamente de necessidades, carências e interesses, que pressupõem direitos ainda não concretizados, o *privilégio* é o que se opõe ao direito:

justamente por sua universalidade, um direito se opõe ao *privilégio*, pois este é sempre particular e nunca pode universalizar-se, de maneira que onde há privilégios não pode haver direitos.

Porque opera com o conflito e com a criação de direitos, a democracia não se confina a um setor específico da sociedade no qual a política se realizaria – o Estado –, mas determina a forma das relações sociais e de todas as instituições, ou seja, é o único regime político que é também a forma social da existência coletiva. Ela institui o que Claude Lefort denomina *sociedade democrática*.[6]

Dizemos, então, que uma sociedade – e não um simples regime de governo – é democrática quando, além de eleições, partidos políticos, divisão dos três poderes da república, respeito à vontade da maioria e das minorias, institui algo mais profundo, que é condição do próprio regime político, ou seja, quando institui *direitos* e essa instituição é uma criação social, de tal maneira que só há democracia com a *ampliação contínua da cidadania*.

A violência

Estamos acostumados a identificar a violência e à criminalidade. Todavia, se formos aos dicionários, observaremos que seu sentido é muito mais amplo e que ela possui não apenas dimensão física, mas também psíquica e simbólica.

Etimologicamente, "violência" vem do latim *vis*, força, e significa: 1. tudo o que age usando a força para ir contra a natureza de algum ser (é desnaturar); 2. todo ato de força contra a espontaneidade, a vontade e a liberdade de alguém (é coagir, constranger, torturar, brutalizar); 3. todo ato de violação da natureza de alguém ou de alguma coisa valorizada positivamente por uma sociedade (é violar); 4. todo ato de transgressão contra aquelas coisas e ações que alguém ou uma sociedade definem como justas e como um direito (é espoliar ou a injustiça deliberada); 5. consequentemente, violência é um ato de brutalidade, sevícia e abuso físico e/ou psíquico contra alguém e caracteriza relações intersubjetivas e sociais definidas pela opressão e pela intimidação, pelo

---

[6] Veja-se LEFORT, Claude. *A invenção democrática: os limites da dominação totalitária*. Belo Horizonte: Autêntica, 2011.

medo e pelo terror. *A violência é a presença da ferocidade nas relações com o outro enquanto outro ou por ser um outro*, sua manifestação mais evidente se encontra na prática do genocídio e na do *apartheid*. É o oposto da coragem e da valentia porque é o exercício da crueldade.

Se é isso a violência, é evidente que ela se opõe à ética porque trata seres racionais e sensíveis, dotados de linguagem e de liberdade, como se fossem coisas, isto é, irracionais, insensíveis, mudos, inertes ou passivos, instrumentos para o uso de alguém. Na medida em que a ética é inseparável da figura do *sujeito* racional, voluntário, livre e responsável, tratá-lo como se fosse desprovido de razão, vontade, liberdade e responsabilidade é tratá-lo não como humano e sim como coisa, fazendo-lhe violência nos cinco sentidos em que demos a esta palavra.

Da mesma maneira, é evidente que a violência se opõe à política democrática, uma vez que esta se define pela figura do sujeito político como sujeito de direitos que age pela criação e conservação de direitos contra a dominação dos privilégios, e impede o poder exercido pela força, pela opressão, pela intimidação, pelo medo e pelo terror.

O mito da não violência brasileira

Há no Brasil um mito poderoso: o da não violência brasileira.

Esse mito foi construído desde muito cedo por nossa historiografia com a declaração de que nossa história foi feita sem sangue. De fato, enquanto nas três Américas a luta contra o colonialismo foi realizada por revoluções sangrentas, no Brasil bastou que o herdeiro da coroa portuguesa fizesse ecoar "num brado retumbante" as célebres palavras "Independência ou morte!" para que julgássemos ter saído da condição colonial. Da mesma maneira, bastou que um marechal gritasse nas praças do Rio de Janeiro "Viva a república!" para que acreditássemos estarmos pacificamente livres do poder imperial.

Dois aspectos são relevantes nessa narrativa da história política nacional: em primeiro lugar, oculta que a passagem de colônia a império e de império a república foi realizada por golpes de Estado, marcando com este selo nossa história política no correr do século XX e início do século XXI; em segundo, silencia todas as revoltas e rebeliões que marcaram a história política nacional (Inconfidência

Mineira, Revolução Praieira, Palmares e as revoltas dos escravos com o surgimento dos quilombos, Canudos, Contestado, Revolta Farroupilha, Revolta da Chibata, Coluna Prestes, Revolta de 1935, para mencionarmos apenas algumas e não nos referirmos às guerrilhas nas décadas de 1960 e 1970).

A narração política da "história feita sem sangue" opera como alicerce para construção mítica da sociedade brasileira como a boa sociedade, una, indivisa, pacífica e ordeira. Dessa construção, um bom exemplo se encontra no elogio da harmonia e da estabilidade nacionais conseguidas graças ao patriarcalismo patrimonialista, feito por Gilberto Freyre, em *Casa-Grande e Senzala*. Ergue-se, assim, a imagem de um povo generoso, alegre, sensual, solidário, que desconhece o racismo, o machismo, a homofobia, que respeita as diferenças étnicas, religiosas e políticas, que vive sem preconceitos porque não discrimina as pessoas por sua etnia nem por sua classe social nem por suas escolhas sexuais, religiosas ou profissionais. A harmonia entre a casa-grande e a senzala afirma que somos um povo essencialmente não violento.

Por que emprego a palavra "mito" e não o conceito de ideologia para referir-me à maneira como a não violência é imaginada no Brasil? Emprego mito dando-lhe os seguintes traços:

a) como indica a palavra grega *mythos*, um mito é a narrativa da origem do mundo e a de um grupo social. Essa narrativa é reiterada em inúmeras narrativas derivadas que repetem a matriz da primeira narrativa a qual, porém, já é uma variante de uma outra narrativa cuja origem se perdeu no tempo. O grande mito brasileiro ou nosso mito fundador, elaborado desde a época das grandes descobertas marítimas, é de que o Brasil é uma terra abençoada por Deus, destinada a um grande futuro, cadinho de todas as raças, generoso com os seus e acolhedor dos estrangeiros. Essa narrativa da origem tem a função de assegurar que a sociedade brasileira conserve sua identidade originária sob as transformações históricas;

b) um mito opera com antinomias, tensões e contradições que não podem ser resolvidas sem uma profunda transformação da sociedade no seu todo e que por isso são transferidas para uma solução imaginária que torna suportável e justificável uma realidade tensa e contraditória;

c) um mito cristaliza-se em crenças que são interiorizadas de tal maneira que não são percebidas como crenças e sim tidas não só como uma explicação da realidade, mas como a própria realidade. Ou seja, o mito substitui a realidade pela crença na realidade narrada por ele e torna invisível a realidade existente;

d) um mito resulta de ações sociais e produz como resultado outras ações sociais que o confirmam, isto é, um mito produz valores, ideias, comportamentos e práticas que o reiteram na e pela ação dos membros da sociedade. Em suma, um mito não é um simples pensamento, mas uma forma de ação.

Muitos indagarão como o mito da não violência brasileira pode persistir sob o impacto da violência real, cotidiana, conhecida de todos e que, nos últimos tempos, é também ampliada por sua divulgação e difusão pelos meios de comunicação de massa. Ora, é justamente por ser um mito, nos sentidos que demos a esse conceito, que a não violência pode ser mantida a despeito da realidade. Em outras palavras, o mito da não violência permanece porque, graças a ele, admite-se a existência factual da violência e pode-se, ao mesmo tempo, fabricar explicações para denegá-la no instante mesmo em que é admitida. Assim, é exatamente no modo da interpretação brasileira da violência que o mito encontra meios para conservar-se.

Olhemos, por um instante, o fenômeno espetacular em que a violência é negada no momento mesmo em que está sendo exibida. Falo, aqui, da produção de várias imagens da violência que ocultam a violência real. Esse ocultamento é impressionante porque ocorre no próprio instante em que os meios de comunicação de massa expõem e exibem atos de violência. Se fixarmos nossa atenção ao vocabulário empregado pelos meios de comunicação observaremos que os vocábulos se distribuem sempre de uma maneira sistemática:

– fala-se em chacina e massacre para referir-se ao assassinato em massa de pessoas indefesas, como crianças, favelados, encarcerados, índios, sem-terra;

– fala-se em indistinção entre crime e polícia para referir-se à participação de forças policiais no crime organizado, particularmente o jogo do bicho, o narcotráfico, o contrabando de armas e os sequestros;

– fala-se em guerra civil tácita para referir-se ao movimento dos sem-terra, aos embates entre garimpeiros e índios, policiais e narcotraficantes, aos homicídios e furtos praticados em pequena e larga escala, mas também para referir-se ao aumento do contingente de desempregados e moradores das ruas, e para falar dos acidentes de trânsito;

– fala-se em vandalismo para se referir a assaltos a lojas, mercados, supermercados e bancos, a depredações de edifícios públicos e ao quebra-quebra de ônibus e trens do transporte público;

– fala-se em fraqueza da sociedade civil para referir-se à ausência de entidades e organizações sociais que articulem demandas, reivindicações, críticas e fiscalização dos poderes públicos;

– fala-se em debilidade das instituições políticas para referir-se à corrupção nos três poderes da república, à lentidão do poder judiciário, à falta de modernidade política;

– fala-se em desordem para indicar insegurança, ausência de tranquilidade e estabilidade, isto é, para referir-se à ação inesperada e inusitada de indivíduos e grupos que irrompem no espaço público desafiando sua ordem.

Essas imagens têm a função de oferecer uma imagem unificada da violência que seria como que o núcleo delas. Chacina, massacre, vandalismo, guerra civil tácita, indistinção entre polícia e crime e desordem pretendem ser *o lugar onde* a violência se situa e se realiza; fraqueza da sociedade civil e debilidade das instituições políticas são apresentadas como *impotentes para coibir* a violência, que, portanto, estaria localizada noutro lugar e não nas próprias instituições sociais e políticas. O conjunto dessas imagens indica a divisão entre dois grupos: de um lado, estão os grupos *portadores* de violência, e de outro, os grupos *impotentes* para combatê-la.

Ora, essas imagens operam de maneira a assegurar a manutenção do mito da não violência por intermédio de um conjunto de mecanismos ideológicos que afirmam e negam a presença da violência em nossa sociedade.

O primeiro mecanismo é o da *exclusão*: afirma-se que a nação brasileira é não violenta e que, se houver violência, esta é praticada por gente que não faz parte da nação (mesmo que tenha nascido e viva no Brasil). O mecanismo da exclusão produz a diferença entre um nós-brasileiros-não-violentos e um eles-não-brasileiros-violentos. "Eles" (vândalos, desordeiros, bandidos) não fazem parte do "nós", estão excluídos da gente brasileira.

O segundo mecanismo é o da *distinção*: distingue-se entre o essencial e o acidental, isto é, por essência, os brasileiros não são violentos e, portanto, a violência é acidental, um acontecimento efêmero, uma "onda", ou uma doença passageira, uma "epidemia" ou um "surto" localizado na superfície de um tempo e de um espaço definidos. É um episódio superável que deixa intacta nossa essência não violenta.

O terceiro mecanismo é *jurídico*: a violência fica circunscrita ao campo da delinquência e da criminalidade, o crime sendo definido como ataque à propriedade privada (furto, roubo, depredação) seguindo de assassinato (latrocínio). Esse mecanismo permite, por um lado, determinar quem são os "agentes violentos" (de modo geral, ladrões e assassinos pertencentes às classes populares) e, por outro lado, legitimar a ação policial contra a população pobre, os sem-terra, os negros, os indígenas, as crianças sem infância, os moradores de rua, os favelados. A ação policial pode ser, às vezes, considerada violenta, recebendo, como vimos, o nome de "chacina" ou "massacre" quando, de uma só vez e sem motivo claro, o número de assassinados é muito elevado. No restante das vezes, porém, o assassinato policial é considerado normal e natural, uma vez que se trata de proteger o "nós" contra o "eles". Proteção também conseguida por meio de agentes de segurança fornecidos por empresas privadas, pela presença de cães e dispositivos eletrônicos em residências e edifícios comerciais e financeiros.

O quarto mecanismo é *sociológico*: atribui-se a "onda" ou "epidemia" de violência a um momento definido do tempo, aquele no qual se realiza a "transição para a modernidade" das populações que migraram do campo para a cidade e das regiões mais pobres (Norte e Nordeste) para as mais ricas (Sul e Sudeste). A migração causaria o fenômeno temporário da *anomia*,[7] no qual as perdas das formas antigas de sociabilidade ainda não foram substituídas por novas, fazendo com que os migrantes pobres tendam a praticar atos isolados de violência

---

[7] Palavra de origem grega: o prefixo *a* tem sentido negativo (é um "não") e *nomia*, como já vimos, vem de *nómos* (regra, norma, lei). Anomia significa ausência de reconhecimento e compreensão das leis, normas e regras por parte de um grupo social.

que desaparecerão quando estiver completada a "transição". Aqui, não só a violência é atribuída aos pobres e desadaptados, localizada nos grupos migrantes, mas também consagrada como algo temporário ou episódico.

Finalmente, o último mecanismo é o da *inversão do real*, graças à produção de máscaras que permitem dissimular comportamentos, ideias e valores violentos como se fossem não violentos. Assim, por exemplo, o machismo é colocado como proteção à natural fragilidade feminina, proteção que inclui a ideia de que as mulheres precisam ser protegidas de si próprias, pois, como todos sabem, o estupro é um ato feminino de provocação e sedução; o paternalismo branco é visto como proteção para auxiliar a natural inferioridade dos negros e dos indígenas; a repressão contra os homossexuais é considerada proteção natural aos valores sagrados da família e, agora, da saúde e da vida de todo o gênero humano ameaçado pela aids, trazida pelos degenerados; a destruição do meio ambiente é orgulhosamente vista como sinal de progresso e civilização, e assim por diante. E, finalmente, quando não há outro jeito, é preciso ou tolerar certos crimes muito específicos, como os chamados "crimes da paixão e da honra", ou, diante da fraqueza policial e judiciária, agir imediatamente para impor ordem e segurança, usando a pena de Talião ("olho por olho, dente por dente"), como o linchamento de estupradores e assassinos pela própria população.

Em resumo, a violência não é percebida ali mesmo onde se origina e ali mesmo onde se define como violência propriamente dita, isto é, como toda prática e toda ideia que reduza um sujeito à condição de coisa, que viole interior e exteriormente o ser de alguém, que perpetue relações sociais de profunda desigualdade econômica, social e cultural, isto é, de ausência de direitos. Mais do que isso, a sociedade brasileira não percebe que as próprias explicações oferecidas são violentas porque está cega para o lugar efetivo de produção da violência, isto é, *a estrutura da sociedade brasileira*. Dessa maneira, as desigualdades econômicas, sociais e culturais, as exclusões econômicas, políticas e sociais, a corrupção como forma de funcionamento das instituições, o racismo, o machismo, a intolerância religiosa, sexual e política não são consideradas formas de violência, isto é, a sociedade brasileira não é percebida como estruturalmente violenta e a violência aparece como um fato esporádico de superfície.

O fundamento da violência brasileira: a sociedade autoritária

Para compreendermos o que se passa em nossa sociedade, precisamos acrescentar à violência física a *violência simbólica*, isto é, a maneira como nossa sociedade se estrutura em termos de valores, normas e regras que organizam as relações sociais e políticas. Em outras palavras, precisamos passar à *cultura no sentido antropológico do termo*, isto é, como definição do sentido do espaço (o próximo e o distante, o alto e o baixo), do tempo (o passado, o presente e o futuro), as distinções entre o bem e o mal, o verdadeiro e o falso, o justo e o injusto, o belo e o feio, o sagrado e o profano, o possível e o impossível, a relação com a morte, as formas da sexualidade e as formas do desejo. Evidentemente, não podemos aqui percorrer todos esses constituintes simbólicos da cultura, mas simplesmente nos referir à presença de alguns deles como estruturantes de relações de violência no Brasil.

Vimos que, ao inventar a política, os gregos afastaram o despotismo. De fato, a palavra grega *despotês* significa o pai de família, cuja vontade arbitrária é lei, dotado do poder de decidir sobre a vida de todos os membros da família bem como do poder de morte sobre eles e os serviçais (escravos). Como vimos, ao inventar a política como espaço público, os gregos criaram as leis que, instituídas pelos cidadãos, afastavam o poder arbitrário do chefe da família, isto é, do espaço privado.

Ora, o que se passa no Brasil?

Sem dúvida, foi Sérgio Buarque de Holanda quem, se opondo ao elogio do patriarcalismo patrimonialista, melhor descreveu o despotismo brasileiro ao retomar, em *Raízes do Brasil*, a figura proposta por Ribeiro Couto do *homem cordial,* isto é, de relações sociais fundadas no espaço privado, na intimidade (como transparece no uso imediato do nome de batismo em lugar do sobrenome, no emprego de diminutivos que exprimem proximidade, na recusa dos rituais próprios do espaço público, isto é, não apenas das formas de polidez e civilidade, mas também o recurso ao "jeitinho").

De fato, conservando as marcas da sociedade colonial escravista, a sociedade brasileira é marcada pelo predomínio do espaço privado sobre o público e, tendo o centro na hierarquia familiar, é *despótica* no sentido etimológico da palavra. É fortemente hierarquizada em todos os seus aspectos: repetindo a forma da família patriarcal, na sociedade brasileira as relações sociais e intersubjetivas são sempre realizadas como relação entre um superior, que manda, e um inferior, que obedece. As diferenças e assimetrias são sempre transformadas em desigualdades que reforçam a relação de mando-obediência. O outro jamais é reconhecido como sujeito, tanto no sentido ético quanto no sentido político, jamais é reconhecido como subjetividade nem como alteridade e muito menos como cidadão. As relações, entre os que julgam iguais, são de "parentesco" ou "compadrio", isto é, de cumplicidade; e, entre os que são vistos como desiguais, o relacionamento toma a forma do favor, da clientela, da tutela ou da cooptação; e, quando a desigualdade é muito marcada, assume a forma da opressão.

O predomínio da relação de mando e obediência transparece num fato corriqueiro com o qual estamos perfeitamente habituados, qual seja, o fascínio pelos signos de prestígio e de poder, que marcam a presença de privilégios na relação com o outro como relação entre um superior e um inferior. É o caso, por exemplo, da importância dada ao diploma universitário não como sinal de conhecimento, mas como signo de *status* social. Da mesma maneira, há o uso de títulos honoríficos sem qualquer relação com a possível pertinência de sua atribuição, o caso mais corrente sendo o uso de "doutor" quando, na relação social, o outro se sente ou é visto como superior ("doutor" é o substituto imaginário para os antigos títulos de nobreza). Esse mesmo fascínio aparece na manutenção de criadagem doméstica, cujo número indicaria aumento de prestígio e de *status* (pesquisas recentes revelam que o Brasil é o país que tem o maior número de serviçais domésticos).

Dessa maneira micropoderes despóticos capilarizam em toda a sociedade a violência, que, partindo da e na família, se espraia para a escola, o hospital, as relações de trabalho, os meios de comunicação, o comportamento social nas ruas, o tratamento dado aos cidadãos pela burocracia estatal e vem cristalizar-se nas instituições públicas e no desprezo do mercado pelos direitos do consumidor. A violência policial é apenas mais um caso do despotismo que estrutura toda a sociedade, ou seja, não é uma exceção escandalosa e sim faz parte da regra da sociabilidade brasileira.

O despotismo que alicerça a violência brasileira revela que nossa sociedade opera com o encolhimento do espaço público (da lei e dos direitos) e o alargamento do espaço privado (da vontade arbitrária). Cabe, portanto, falar em *autoritarismo social.*

De modo muito breve, podemos considerar nosso autoritarismo social caracterizando a sociedade brasileira pelos seguintes aspectos:

– estruturada segundo o modelo do núcleo familiar da classe dominante, nela se impõe a recusa tácita (e às vezes explícita) para fazer operar o mero princípio da igualdade formal e a dificuldade para lutar pelo princípio da igualdade real: as diferenças são postas como desigualdades e, estas, como inferioridade natural (no caso das mulheres, dos trabalhadores, dos negros, índios, migrantes, idosos) ou como monstruosidade (no caso dos homossexuais). Em outras palavras, nossa sociedade opera a naturalização das desigualdades econômicas e sociais e das diferenças étnicas, consideradas como desigualdades raciais entre superiores e inferiores, assim como naturaliza as diferenças de gênero, levando à aceitação de todas formas visíveis e invisíveis de violência;

– estruturada a partir das relações familiares da classe dominante como relações de mando e obediência, nela se impõe a recusa tácita (e às vezes explícita) de operar com o princípio da igualdade jurídica ou perante a lei e a dificuldade para lutar contra formas de opressão social e econômica: para os grandes, a lei é privilégio; para as camadas populares, repressão. A lei não figura o polo público do poder e da regulação dos conflitos, não define direitos e deveres da generalidade social, mas sua tarefa é a conservação de privilégios e o exercício da repressão. O poder judiciário é claramente percebido como distante, secreto, representante dos privilégios da classe dominante ou oligarquias regionais e não como expressão de direitos. Por esse motivo, as leis aparecem como inócuas, inúteis, feitas para serem transgredidas pelos privilegiados, tornando a corrupção estrutural; e para as classes populares são tidas como incompreensíveis, nelas não reconhecendo afirmação e proteção de direitos;

– a presença da estrutura familiar da classe dominante como forma primeira da sociabilidade leva à indistinção entre o público e o privado, a começar pelo fato de que nossa sociedade conheceu a cidadania através de uma figura inédita: o senhor(de escravos)-cidadão, e concebe a cidadania com privilégio de classe, fazendo-a ser uma concessão da classe dominante às demais classes sociais, podendo ser-lhes retirada quando os dominantes assim o decidirem. Pelo mesmo motivo, no caso das camadas populares, os direitos, em vez de aparecerem como conquistas dos movimentos sociais organizados, são sempre apresentados como concessão e outorga feitas pelo Estado, dependendo da vontade pessoal ou do arbítrio do governante. Não existem nem a ideia nem a prática da representação política autêntica: os partidos políticos tendem a ser clubes privados das oligarquias regionais, que arrebanham a classe média em torno do imaginário autoritário (a ordem e a segurança) e mantêm com os eleitores quatro tipos principais de relações: a de cooptação, a de favor e clientela, a de tutela e a da promessa salvacionista ou messiânica. O Estado é percebido apenas sob a face do poder Executivo, os poderes Legislativo e Judiciário ficando reduzidos ao sentimento de que o primeiro é corrupto e o segundo, injusto. A identificação entre o Estado e o Executivo, a ausência de um Legislativo confiável e o medo do Judiciário, suscitam a demanda permanente por um Estado "forte" (isto é, ditatorial e militarizado) para a "salvação nacional". Dessa maneira, a esfera pública nunca chega a constituir-se como pública, pois é definida sempre e imediatamente pelas exigências do espaço privado (isto é, dos interesses econômicos das oligarquias), de sorte que a indistinção entre o público e o privado não é uma falha acidental que podemos corrigir, mas é a estrutura do campo social e do campo político. Em outras palavras, essa indistinção é a forma mesma de realização da sociedade e da política: não apenas os governantes e parlamentares operam segundo interesses privados e praticam a corrupção sobre os fundos públicos, mas também não há a percepção social de uma esfera pública das opiniões, da sociabilidade coletiva, da rua como espaço comum;

— nossa sociedade opera para impedir o trabalho dos conflitos e das contradições sociais, econômicas e políticas enquanto tais, uma vez que conflitos e contradições negam a imagem mítica da boa sociedade indivisa, pacífica, ordeira e não violenta. Os conflitos não são ignorados e sim recebem uma significação precisa: são considerados sinônimo de perigo e desordem, e a eles se oferece uma única resposta, qual seja, a repressão policial e militar, para as camadas populares, e o desprezo condescendente pelos opositores em geral, do lado dos dominantes. Em suma, a sociedade auto-organizada e participante é vista como perigosa para o Estado e para o funcionamento dito "racional" do mercado;

— por não tolerar o trabalho dos conflitos e antagonismos, nossa sociedade opera para bloquear a esfera pública da opinião como expressão dos interesses e dos direitos de grupos e classes sociais diferenciados e/ou antagônicos. Esse bloqueio não é um vazio ou uma ausência, mas um conjunto de ações determinadas que se traduzem numa maneira determinada de lidar com a esfera da opinião: de um lado, os meios de comunicação monopolizam a informação, e, de outro, o consenso é confundido com a unanimidade, de sorte que a discordância é posta como ignorância, atraso ou perigo. O surgimento dos novos meios eletrônicos e, particularmente, das chamadas redes sociais, deu aos indivíduos um lugar que, em decorrência da estrutura autoritária de nossa sociedade, não fortaleceu a democratização da informação (embora a torne possível) e sim tem levado à tendência de substituir o espaço público da opinião pelo espaço privado, no caso, pela difusão em público de gostos, preferências, aversões, desaforos, calúnias e difamações;

— as disputas pela posse da terra cultivada ou cultivável são resolvidas pelas armas e pelos assassinatos clandestinos. A estrutura da terra como latifúndio e a implantação da agroindústria criaram não só o permanente confronto armado e o fenômeno da migração, mas também fizeram surgir figuras novas na paisagem dos campos: os sem-terra, volantes, boias-frias, diaristas sem contrato de trabalho e sem as mínimas garantias trabalhistas. Boias-frias porque sua única refeição – entre as três da manhã e as sete da noite – consta de uma ração de arroz, ovo e banana, já frios, pois preparados nas primeiras horas do dia. E nem sempre o trabalhador pode trazer a boia-fria, e os que não trazem se escondem dos demais, no momento da refeição, humilhados e envergonhados;

– a população das grandes cidades se divide entre um "centro" e uma "periferia", o termo "periferia" sendo usado não apenas no sentido espacial-geográfico, mas social, designando bairros afastados nos quais estão ausentes todos os serviços básicos (luz, água, esgoto, calçamento, transporte, escola, posto de atendimento médico). Condição, aliás, encontrada no "centro", isto é, nos bolsões de pobreza, os cortiços e as favelas. População cuja jornada de trabalho, incluindo o tempo gasto em transportes, dura de 14 a 15 horas, e, no caso das mulheres casadas, inclui o serviço doméstico e o cuidado com os filhos.

– os negros são considerados infantis, ignorantes, safados, indolentes, raça inferior e perigosa, tanto assim, que numa inscrição gravada até há pouco tempo na entrada da Escola de Polícia de São Paulo dizia: "Um negro parado é suspeito; correndo, é culpado". Os indígenas, em fase final de extermínio, são considerados irresponsáveis (isto é, incapazes de cidadania), preguiçosos (isto é, mal-adaptáveis ao mercado de trabalho capitalista), perigosos, devendo ser exterminados ou, então, "civilizados" (isto é, entregues à sanha do mercado de compra e venda de mão de obra, mas sem garantias trabalhistas porque "irresponsáveis"). Os trabalhadores rurais e urbanos são considerados ignorantes, atrasados e perigosos, estando a polícia autorizada a parar qualquer trabalhador nas ruas, exigir a carteira de trabalho e prendê-lo "para averiguação", caso não esteja carregando identificação profissional (se for negro, além de carteira de trabalho, a polícia está autorizada a examinar-lhe as mãos para verificar se apresentam "sinais de trabalho" e a prendê-lo caso não encontre os supostos "sinais"). A existência de crianças sem infância é vista como "tendência natural dos pobres à criminalidade". Há casos de mulheres que recorrem à Justiça por espancamento ou estupro, e são violentadas nas delegacias de polícia, sendo ali novamente espancadas e estupradas pelas "forças da ordem". Isto para não falarmos da tortura, nas prisões de homossexuais, prostitutas e pequenos criminosos. Numa palavra, as classes populares carregam os estigmas da suspeita, da culpa e da incriminação permanentes. Essa situação é ainda mais aterradora quando nos lembramos de que os instrumentos criados durante a ditadura (1964-1975) para repressão e tortura dos prisioneiros políticos foram transferidos para o tratamento diário da população trabalhadora e que impera uma ideologia segundo a qual a miséria é causa de violência, as classes ditas "desfavorecidas" sendo consideradas potencialmente violentas e criminosas.

A violência está de tal modo interiorizada nos corações e nas mentes que a desigualdade salarial entre homens e mulheres, entre brancos e negros, a exploração do trabalho infantil e dos idosos são consideradas normais. A existência dos sem-terra, dos sem-teto, dos desempregados é atribuída à ignorância, à preguiça e à incompetência dos "miseráveis". O extermínio de nações indígenas é visto como necessário para o progresso da civilização, que precisa eliminar os "bárbaros" e "atrasados". Os acidentes de trabalho são imputados à incompetência e ignorância dos trabalhadores. As mulheres que trabalham (se não forem professoras, enfermeiras ou assistentes sociais) são consideradas prostitutas em potencial, e as prostitutas, degeneradas, perversas e criminosas, embora, infelizmente, indispensáveis para conservar a santidade da família.

A sociedade brasileira está longe da concretização de direitos, pois está polarizada entre as carências das camadas populares e os privilégios das camadas dominantes e dirigentes, sendo espantoso que, nos últimos 12 anos, os programas governamentais de transferência de renda tenham tirado 40 milhões de pessoas da linha da miséria, garantindo-lhes o direito a três refeições diárias e à moradia. Durante 500 anos, essa miséria foi considerada natural ou simplesmente ignorada, dando a medida da violência de nossa sociedade.

Graças ao mito da não violência, deixamos na sombra o fato brutal de que vivemos numa sociedade oligárquica, verticalizada, hierarquizada, autoritária e por isso mesmo violenta, que bloqueia a concretização de um sujeito ético e de um sujeito político, isto é, de uma subjetividade e de uma intersubjetividade verdadeiramente éticas e da cidadania verdadeiramente democrática.

Post-scriptum: 2015-2016
A crise política brasileira

Ô bíos braxýs, ê dê tékne makré, ô dê kairós ókys, ê dê peira sfaleré, ê dê krysis kaleté.

"A vida é breve, a arte, longa, o momento oportuno, fugidio, a experiência, vacilante e o julgamento, difícil".

Este é o primeiro aforismo da Medicina Antiga, atribuído a Hipócrates.

Esse aforismo é a súmula da teoria do conhecimento médico grego, pois nele estão contidos os elementos principais com que o médico deve lidar: a brevidade da vida, a lentidão da técnica, a rapidez com que passa o instante oportuno para agir, a inconstância ou vacilação da experiência e a dificuldade para julgar corretamente no momento de iniciar a cura. Além do diagnóstico certeiro, o médico precisa ter golpe de vista e o senso da oportunidade, isto é, precisa ser dotado da capacidade de agarrar o *kairós*, o momento oportuno, que é veloz e fugidio. O golpe de vista certeiro para agarrar o *kairós* é exatamente o que Hipócrates chama de *krysis*. *Krysis* possui quatro sentidos principais: 1. a ação ou a faculdade de distinguir ou diferenciar; 2. a ação de escolher; 3. a ação de separar, a contestação ou o dissentimento; 4. a ação de decidir, o juízo ou o julgamento. Para o médico, a crise é o momento decisivo de uma doença, isto é, o momento em que deve intervir para iniciar a cura, sendo capaz de agarrar o momento oportuno e emitir um julgamento sobre o que deve ser feito, isto é, distinguir o essencial e o acidental, escolher uma ação e tomar a decisão de realizá-la. É com estes quatro sentidos que a ideia de *krysis* passa do vocabulário médico ao vocabulário político da democracia grega.

Para que o médico e o político concretizem a crise em seus quatro sentidos fundamentais, é preciso que seus diagnósticos do presente tenham sido certeiros. Para isso não lhes basta conhecer os sintomas atuais do doente ou da pólis, mas precisam conhecer as causas que levaram à situação presente. Esse conhecimento exige que o médico e o político pratiquem a anamnese, isto é, conheçam as condições passadas que determinaram o estado presente, as avaliem e encontrem o caminho para superá-las, mudando o presente. Essa superação é exatamente o que dizem os quatro sentidos de *krysis*.

Se fizermos um diagnóstico da situação política do Brasil nos anos de 2015 e 2016, podemos dizer que estamos mergulhados numa crise institucional marcada pela desinstitucionalização da república e o desmantelamento de conquistas democráticas. Desinstitucionalização da república porque: 1) os três poderes, que são os pilares de uma república, não só deixaram de ser autônomos, mas estão em disputa e nenhum deles tem potência para se firmar como polo hegemônico; e 2) o quarto poder (isto é, os meios de comunicação) determina o curso caótico dos acontecimentos, à revelia dos três poderes republicanos. Desmantelamento da democracia: porque as oligarquias nacionais aliadas aos poderes econômicos internacionais pretendem reimplantar o programa neoliberal de encolhimento do espaço público dos direitos e alargamento do espaço privado dos interesses de mercado. As ameaças aos direitos conquistados nos últimos 16 anos estão consignadas em propostas do governo interino por meio de decretos e propostas de emendas constitucionais (PECs) e em 55 projetos de lei na Câmara Federal, contrários às reformas agrária, tributária e política, às conquistas dos direitos sociais (saúde e educação públicas), étnicos e de gênero, e favoráveis à maioridade penal, ao trabalho infantil e à liberação do porte de armas

Para que nosso diagnóstico seja certeiro e possamos alcançar a *krysis* em seu sentido originário, precisamos praticar a anamnese. Penso que um caminho para praticá-la consiste decifrar estrutura autoritária da sociedade brasileira e as dificuldades para a instituição da democracia no Brasil, de maneira que possamos compreender o que se passa neste momento considerando as determinações sociais que nos constituem desde um passado longínquo até nosso presente, isto é, a conservação do mito da não-violência da sociedade brasileira.

Travessia do Inferno[*]

Algumas estão nuas, corpos esquálidos ou obesos, olhar vago ou assustado: outras estão cobertas por encardido camisão ornado de carimbos oficiais, ilusões de flores, dantesca irrisão. Cabelos quase raspados, descalças (sem calcinhas e sem calçado), sentadas ou deitadas pelo chão, algumas imóveis na mimese da morte, outras agitadas em cadeias de dor invisível e sem fundo. Uma come vômitos. Outra ingere fezes. Cheiro nauseante sobe do solo, desce do teto, vem das paredes, da pele, das bocas desdentadas onde os poucos dentes estão apodrecidos. Algumas sorriem. Outras choram. Uma fala. Outra grita. Muitas interrogam sem obter resposta. Urubus descem dos telhados, repartem vômitos e restos, passeiam indiferentes às vivas, expectantes das mortas. No refeitório sombrio, odor de urina penetra narinas; na cozinha, moscas dançam sobre panelas e caldeirões onde ferve comida mal-lavada, mal-cozida, mal-cheirosa; no dormitório, sem luz e ventilação, camas pegadas forçam os pés de umas contra as cabeças de outras. Promiscuidade, imundície, miséria, desolação. Seres humilhados e ofendidos no mergulho sem fim da angústia e do desamparo. Estamos num pavilhão de mulheres do Juqueri.[1]

---

[*] Originalmente publicado em: *Folha de S.Paulo*, p. 2, 13/02/1984.

[1] O Juqueri, Asylo de Alienados do Juquery, foi inaugurado, para internar 80 pessoas. Foi fundado, em 1898, por Franco da Rocha nas proximidades da cidade de São Paulo (atualmente no município que leva o nome de seu fundador). Segundo Navarro D. Sonim (*O Capa-branca*. São Paulo: Terceiro Nome, 2014), muitas das internações

No Pavilhão 5 da 1ª Colônia Feminina de Franco da Rocha estão ajuntadas por toda a vida mulheres com problemas diferentes e de todas as idades, sem cuidados médicos (clínico e psíquico) e sem assistência cotidiana, senão a da escassa e duvidosa vigilância, sob medicamentação destrutiva. À espera da morte por desnutrição, anemia, pneumonia, choques, surras, estupros, abortos. Violadas no seu ser mais profundo, já não sabem há quanto tempo ali estão, mas sabem que ali não querem ficar, ainda que saibam que dali não poderão sair.

Divina dos Santos. Júlia Morandim. Maria Marta de Andrade e dezenas de outras mulheres apresentam propostas para melhorar um pouco as condições em que vivem. Mas quem as escutaria? São loucas. Querem médicos nos três períodos e diariamente (há meses não são tratadas), assim como funcionários que as ajudem, para um cotidiano menos degradante (a folha de pagamentos indica grande número de funcionários, mas escassos são os que cuidam das internas). "O governador eleito[2] disse que ia mudar tudo, mas com o aumento pequenininho do salário, qual o funcionário que vai querer trabalhar aqui?", indaga a louca (!) Divina. Denunciam a falta de higiene, a péssima alimentação, a inércia, a escravidão e os maus-tratos. Expostas à degradação, conservam a consciência de sua dignidade: pedem sabão, pasta, escova de dentes e roupa. Suplicam o mínimo: chinelos e calcinhas. "Pode a gente ir lá na frente, receber visita, viver assim, sem calcinhas?", indaga Rosa Maria. "Pode a gente comer essa comida? Pensam que a gente é porco?", indaga Afaria Tereza.

São mulheres da classe trabalhadora. Falam do trabalho, da roça, da fábrica, do barraco, da favela. Lembram-se dos companheiros e

não tinham diagnóstico de problemas mentais, numa longa lista de internos que incluem desde esquizofrênicos, alcoólatras, até pessoas com Síndrome de Down, além de presos políticos. A história do Hospital Psiquiátrico do Juquery tem ainda por explicar mais de 120 mil internações, pelo menos 33 mil mortes lá ocorridas e os muitos corpos cujo local de enterro se desconhece. E, apesar da instituição ter sido oficialmente fechada em 2005, seu processo de desativação até hoje não foi concluído, abrigando pessoas que, depois de 30 anos de internação, não possuem mais vínculos familiares ou possibilidade de reinserção na vida social. (N. das Org.)

[2] Em 1984, o governador de São Paulo era André Franco Montoro, eleito pelo PMDB, nas primeiras eleições direta para o cargo desde o golpe militar de abril de 1964. (N. das Org.)

maridos desaparecidos ou mortos. Choram filhos perdidos ou dados, a pobreza das famílias que forçou o internamento por falta de recursos para outro tratamento. Desejam falar e serem ouvidas. Achegam-se, tocam nossas mãos, afagam desajeitadamente nossas cabeças, esperando que as afaguemos também, ressurgindo ao mundo dos vivos. Sorriem entre lágrimas. Carregam pacotes – estão cheios de vazio. Trapos e papéis velhos, criação do lar imaginário que levam consigo. Temem a noite e maldizem o dia.

"A senhora me responda, por favor", diz Divina, "por que quando a gente fica boa e consciente, sai daqui e não consegue trabalho? Eu respondo. Porque as pessoas lá fora têm medo da gente. Não compreendem que o que aconteceu com a gente pode acontecer com qualquer um. Deus fez um mundo tão bonito, por que as pessoas lá fora são ruins?". Mas como Divina poderia esperar que "os de fora" a compreendessem se "os de dentro" a compreendem menos ainda? Se, por medo e cinismo, segregam, espancam, deixam morrer?

Como nas prisões, nos asilos, em toda instituição total-totalitária, o hospital psiquiátrico exclui, humilha, culpa, degrada, vigia, pune, tortura, controla tempo e espaço, medica e destrói. E quando pertence ao Estado, coroa essas práticas com o desprezo pelo doente e com a corrupção administrativa. Tudo científico, objetivo, neutro, competente. Jovita, 81 anos, morre exposta ao calor do sol. Laudo médico: morte por infarto. Leonilda, 54 anos, morre por excesso de exposição ao sol. Laudo médico: morte por septicemia. Quanto tempo ficaram expostas? Que medicamentos as impediam de sentir o calor, a ponto de morrerem queimadas? Quem cuidava delas? Perguntas sem resposta. Mulheres e homens amanhecem mortos com sinais de escoriações, choques, agressões, lutas, espancamentos. Laudo médico: morte acidental.

"Por favor, não vão embora. Não deixem que me levem. Vão me amarrar, me bater, me dar choque, me dar 'sossega-leão' porque eu falei tudo isso pra vocês", grita Júlia, ao ser levada para o dormitório. De longe, ainda escutamos sua súplica: "Eles dizem que a gente é louca quando fala a verdade".

Horror e vergonha[*]

Parecia tempo de malufismo: policiais armados até os dentes, metralhadoras em punho, disparando contra uma população desarmada (na televisão, um comandante da polícia nos explica que "metralhadora é arma de proteção coletiva"!). Um rapazinho, ensanguentado, afirma ter sido espancando por policiais dentro de sua própria casa. Uma mocinha, filho nos braços, soluça diante das câmeras da Rede Manchete (única a entrevistar os boias-frias, enquanto outras emissoras colocam no ar o secretário de Segurança, o governador Montoro e o ministro Marco Maciel). A mocinha, de 20 anos, acaba de enviuvar: foi morto seu marido, Orlando Correa, de 22 anos, boia-fria em greve, na cidade de Leme. "Ele só estava procurando o bem da família. Ele não merecia isso, meu Deus", lamenta ela, entre lágrimas. E a pergunta, suspensa como um grito parado no ar: "Por que isso tinha que acontecer?".

Parecia tempo de malufismo: parlamentares arrastados pelas ruas de Leme, levados a delegacias de polícia para serem autuados, carros oficiais atacados pelos policiais, deputados sob acusação de "incitar a violência" e "incitar agitação". Lembram-se de Maluf, Murilo Macedo e Marco Maciel dizendo exatamente a mesma coisa quando parlamentares do antigo MDB estiveram apoiando os metalúrgicos do ABC,[1] em 1978 e 1979?

---

[*] Originalmente publicado em: *Folha de S.Paulo*, p. 2, 14/07/1986.

[1] A expressão "ABC Paulista" refere-se a três municípios da Região Metropolitana de São Paulo: Santo André, São Bernardo do Campo e São Caetano (muitas vezes incluindo também um "D" para Diadema). O ABC é conhecido por sediar

Parecia tempo de malufismo: Roberto Della Manna, presidente da Fiesp, envia carta ao governador do Estado solicitando reforço policial contra o "regime de grevismo" e, um dia depois, a polícia, metralhadoras em punho, sai matando, em Leme[2] – além de Orlando Correa, foi morta Cibele Aparecida, 17 anos, cortadora de cana e empregada doméstica. Trinta feridos na Santa Casa de Misericórdia. Ninguém carregava armas.

Parecia tempo de malufismo: enquanto a UDR[3] é fundada, as autoridades (SNI,[4] ministro Marco Maciel, ministro Paulo Brossard, delegado Romeu Tuma,[5] comandantes de PM) acusam CUT e PT de provocarem "agitações no campo" com a finalidade de "desestabilizar a Nova República". Caça às bruxas. Teriam pesquisas secretas do SNI revelado uma possível vitória do PT para o governo do Estado, em São Paulo? Talvez. Não está Quércia exigindo a renúncia de Suplicy, afirmando que o episódio de Leme "foi provocado para desestabilizar sua candidatura"? Não está Sarney apoiando Antônio Ermírio porque o SNI lhe garantiu que este "tira votos de Suplicy"?

Parece tempo de malufismo: às acusações disparatadas e sem fundamento (fornecidas pela polícia) junta-se o total desinteresse dos poderes públicos pelas condições cotidianas de violência da vida e do trabalho dos boias-frias (sequer indagam de onde vem a expressão "boia--fria"). Há quinze dias, imprensa e televisão mostravam os cortadores de cana solicitando ao Ministério do Trabalho solução negociada para

---

o maior polo de indústrias automobilísticas no Brasil, pela história do "Sindicato de Metalúrgicos do ABC", de sua resistência à ditadura civil-militar de 1964, e pela criação do Partido dos Trabalhadores, em 1980, apenas seis anos antes da publicação deste artigo. (N. das Org.)

[2] Sobre o "Caso Leme", ver o próximo capítulo: "Leme, urgente". (N. das Org.)

[3] A UDR (União Democrática Ruralista) foi fundada em 1985, um ano antes da publicação deste artigo. (N. das Org.)

[4] O SNI (Serviço Nacional de Informações) foi um órgão criado pela ditadura civil-militar em 13 de junho de 1964, instituição oficialmente extinta com a redemocratização do país. (N. das Org.)

[5] Delegado de Polícia, foi diretor geral do DOPS Paulista (Departamento de Ordem Política e Social de São Paulo), órgão de repressão da ditadura civil-militar, entre 1977 e 1982, a quem pesam acusações de ocultamento de cadáveres e falseamento de informações sobre torturados, assassinados e desaparecidos políticos. Faleceu em 2010, período em que ainda disputava a reeleição ao cargo de senador pelo PTB, último partido político ao qual se filiou, depois de ter participado do PL (atual PR) e do PFL (atual DEM). (N. das Org.)

o problema, criado desde a greve de Guariba. Nesta, a batalha fora pelo número de "ruas de corte", a resposta dos usineiros tendo sido a passagem das "ruas" ao pagamento por tonelada, lesando os trabalhadores mais uma vez. A greve de Leme se faz contra essa "solução" safada dos usineiros. Mas isso parece irrelevante às autoridades ditas competentes. Cinismo?

É tempo de malufismo. Que SNI, ministros e comandantes de polícia queiram a repressão dos boias-frias, quem se surpreenderia? Mas surpreende a cegueira política do governo do PMDB, preferindo ignorar a oposição sistemática e publicamente notória que a instituição policial fez e faz ao governo do Estado.

Neste triste fim de governo do PMDB (o da "participação democrática", alguém ainda se lembra do *slogan*?), a situação vai do patético (a linguagem humanista desacompanhada de práticas para efetuá-la) ao grotesco (Quércia e seu "pacote da segurança", Montoro adotando a fala da extrema-direita sobre "agentes provocadores vindos de fora"). Torna-se evidente que o governo do PMDB nunca se empenhou a fundo para mudar as relações sociedade-polícia. Assim não fosse e todos atropelos e desacertos, publicamente conhecidos, na área de segurança teriam merecido análise política, em lugar de votos piedosos e de conivência secreta. Mais triste – uma vergonha – é o governo do PMDB recusar-se a enxergar o que se passa à sua volta e localizar o verdadeiro jogo de desestabilização. O pior cego é aquele que não quer ver.

Leme, urgente[*]

Há 72 horas, rádios, televisões e jornais garantem que estamos vivendo uma "grande festa democrática" e as autoridades civis, policiais e militares não se cansam de repetir que "tudo transcorre na mais perfeita normalidade". Por que essa obrigação de enunciar fatos que, sendo fatos, não careceriam de enunciação? É verdade que a distribuição do tempo para a propaganda eleitoral gratuita nos meios de comunicação, a censura aos não candidatos, o uso jamais igualado das máquinas administrativas estaduais e federais, o uso ilimitado do poderio econômico na campanha eleitoral, e, agora, a precariedade sem precedentes da Justiça Eleitoral e de seus tribunais para as apurações, fazem supor a necessidade de um discurso celebrativo para tentar a dissimulação de quadro político tão desolador. Nesse discurso, porém, há um grande silêncio. Um fato, este sim real e alarmante, não é mencionado (como, aliás, a celebração do nascimento do partido único no Brasil deixa de mencionar o número assustador de votos brancos e nulos, nestas eleições): o caso de Leme.[1]

---

[*] Originalmente publicado em: *Folha de S.Paulo*, p. 2, 17/11/1986.

[1] Manifestação grevista de trabalhadores rurais na cidade de Leme, interior de São Paulo, que foi reprimida com extrema truculência pela polícia militar. Sobre o incidente constam relatos de que policiais teriam invadido casas para retirar moradores e espancá-los, assim como realizado disparos de armas de fogo, tendo resultado em duas mortes oficiais: Orlando Correia e Sibely Aparecida Manoel. Entre as lideranças políticas e sindicais presentes no ato da greve estavam os membros

Todos se lembram da presteza, logo após o massacre de Leme, com que autoridades da República lançaram sobre o PT acusações levianas, irresponsáveis, torpes, indecentes, indignas, crapulosas, celeradas, fraudulentas. Do Presidente da República ao seu Ministro da Justiça, do governador do Estado ao seu secretário de Segurança, do SNI ao delegado da Polícia Federal, o conjunto das instituições e autoridades republicanas afirmou, sem provas e, depois, contra as provas (como o boletim de ocorrência n° 1.203, hoje "redescoberto", ao qual fora anteriormente dado sumiço, dentro da "normalidade democrática") que o Partido dos Trabalhadores lançava-se na "luta armada" e no "conflito violento" para macular as eleições deste 15 de novembro. Uma única voz levantou-se em defesa do direito de voz e informação para o PT: o jornalista Ferreira Netto. Depois dele, as revistas *Afinal* e *Senhor*. E, agora, a *Veja*.

Testemunhas, boias-frias e habitantes de Leme, parlamentares e candidatos do PT afirmaram em alto e bom som que tiros, mortes, pancadaria e prisões violentas haviam sido perpetrados pela polícia. Esse testemunho não foi ouvido. Interessava apenas ferir os mais elementares princípios do Direito e da Justiça, avitá-los às vésperas de eleições para uma Constituinte, desde que isso pudesse barrar o caminho político do PT. A curto prazo, a farsa foi bem-sucedida. Mas a política não se faz a curto prazo, apenas. Nem a justiça, nem o direito, nem a lei.

---

da bancada petista da Assembleia Legislativa de São Paulo José Genoino e Djalma Bom, que, de acordo com testemunhas, tentaram impedir o massacre. Após a tragédia, a Polícia Militar divulgou sua versão, sem apresentação de provas, indícios ou evidências, na qual os tiros teriam partido do carro oficial do Legislativo, onde estavam os então deputados estaduais petistas, que supostamente teriam "provocado o confronto" e matado os trabalhadores para jogar a culpa na PM e desestabilizar o governo de Montoro e a candidatura do PMDB naquelas eleições. Após investigação policial e exames periciais, concluiu-se que os tiros foram inequivocamente disparados pela polícia. Contudo, enquanto o inquérito era ainda conduzido, o então secretário de Justiça de Montoro, Eduardo Muylaert (PMDB), e o ministro da Justiça Paulo Brossard (PMDB) afirmavam peremptoriamente que independentemente do que houve no local a culpa teria sido dos deputados, chegando a dizer que se estes "não estivessem em Leme nada teria acontecido" (segundo jornal *Folha de S.Paulo* do dia 13/07/1986). Os grandes meios de comunicação decidiram aceitar e defender abertamente essa versão da polícia, o que caracterizou tal episódio como provavelmente a primeira tentativa da mídia de criminalizar o Partido dos Trabalhadores. (N. das Org.)

Pretendendo enlamear a prática política do PT, as autoridades apenas enlamearam a si próprias e deixaram exposto o arremedo de república e de democracia existente no país.

Trágico, o episódio de Leme torna-se, agora, grotesco. Procurando fatos para esclarecer o que foi apenas uma história totalmente inventada pelos governantes "democráticos" do PMDB, o delegado Lopes, após quatro meses de investigação perfeitamente idônea, mas absolutamente desnecessária, impõe um desmentido às autoridades constituídas. Estas, porém, cuja indignidade não deixa margem de dúvida, conseguiram aumentá-la, pois negam-se, hoje, ao mínimo exigido pela lei e pela Justiça, isto é, o desmentido público. Silenciosas, comemoram a "grande festa democrática" na "mais perfeita normalidade".

Parafraseando o editorial do primeiro número de corajosa revista de oposição que, nos anos 1970, dissera: "contra fatos há argumentos", diremos que os opositores de ontem, detentores do poder hoje, conseguiram de uma só vez pisotear fatos e destruir argumentos.

Índios livres e capazes já[*]

Depois de massacrar os principais chefes indígenas que defendiam os direitos de suas nações – mortos a bala, a pauladas, em emboscadas, em "acidentes" rodoviários –; depois de permitir ou estimular a invasão das terras indígenas por grileiros e latifundiários (tanto as terras demarcadas como aquelas que, por lei, deveriam estar demarcadas desde 1917 e não estão); depois de permitir ou estimular a mineração indiscriminada (e legalmente proibida) em terras de nações, deixando-as à mercê da violência dos senhores dos garimpos (nacionais e multinacionais) que destroem roças, reservas de caça e pesca, matam e esfolam os homens e estupram as mulheres; depois de autorizar o uso de agrotóxicos letais em terras habitadas por comunidades indígenas (como fez a Capemi em Tucuruí), o Governo Federal honra o país com a recepção dos chefes de nações por tropas militares, em Brasília. Como observou um leitor desta *Folha*, basta comparar as fotos da recepção aos reis da Suécia e as dos chefes de nações indígenas para que se perceba tudo: a discriminação racial, a violência política, a exclusão social e o desprezo arrogante. Sem dúvida, o Planalto não se esqueceu (e não quer que a sociedade brasileira se esqueça) de que o Brasil é uma força invasora e de ocupação de Pindorama. Genocídio puro e simples.

[*] Originalmente publicado em: *Folha de S.Paulo*, p. 2, 09/04/1984.

O chefe xavante e deputado federal Juruna,[1] constituiu em caráter permanente a Comissão Parlamentar do Índio, encarregada de opinar sobre todos os projetos de lei referentes aos indígenas, de vigiar e controlar a correta aplicação da legislação e de investigar os casos de violação dos direitos. Também, graças a Juruna, a Câmara dos Deputados aprovou projeto de lei que modifica a composição do Conselho Diretor da Funai, para que seja composto de pessoas indicadas pelas comunidades indígenas e conhecedoras dos problemas do índio. Trata-se da desmilitarização da Funai (que sempre reduziu as questões indígenas aos termos da Lei de Segurança Nacional, por descabido e absurdo que fosse tratar 200 mil pessoas como ameaça à segurança nacional) e de seu desatrelamento do Ministério do Interior e do Ministério Extraordinário para Assuntos Fundiários (atrelamento que sempre deixou as nações indígenas ao sabor dos interesses econômicos das grandes empreiteiras e das empresas multinacionais).

Ora, no mesmo momento em que tais conquistas poderiam ser concretizadas, duas medidas "legais" procuram destruí-las.

---

[1] Mário Juruna nasceu em Couto Magalhães (MT), em 1943, filho dos índios xavantes Isaías Butsé e Mercedes Ro'Otsitsina. Foi o primeiro e único parlamentar indígena do Brasil. Viveu na selva, sem contato com a civilização, até os 17 anos. Adulto, tornou-se cacique da aldeia xavante Namunjurá, localizada na reserva indígena de São Marcos (MT). Iniciou sua militância em 1977, quando foi à Brasília pedir ao governo agasalhos, cobertores e sapatos para sua comunidade. Ficou conhecido por seu gravador, que usava para registrar as promessas dos "brancos", que considerava mentirosos. Nas eleições de 1982 elegeu-se deputado federal pelo estado do Rio de Janeiro, na legenda do Partido Democrático Trabalhista (PDT). Ao declarar antes de ser empossado que não usaria paletó e gravata nem pronunciaria seus discursos em português, causou certa inquietação no Congresso e suscitou discussões na imprensa sobre a questão do decoro parlamentar. Iniciou sua legislatura em fevereiro de 1983 e em abril do ano seguinte encontrou-se com o ministro do Interior, coronel Mário Andreazza, a quem entregou um documento, elaborado a partir de depoimentos de 360 líderes sertanistas e missionários, acusando a Fundação Nacional do Índio (Funai) de estar distanciada da realidade indígena. Estreou na tribuna da Câmara no Dia Nacional do Índio, 19 de abril, sugerindo o retorno dos militares aos quartéis e afirmando a necessidade de a Funai ser administrada por índios, e não por militares. Ao final do discurso, presenteou o presidente da Câmara, Flávio Marcílio, com um cocar, sendo aplaudido pela bancada de oposição e pelas mais de quatrocentas pessoas que ocupavam as galerias. Ainda em 1983, foi membro da Comissão do Interior da Câmara dos Deputados e, em 1984, encaminhou ao procurador-geral da República, Inocêncio Mártires Coelho, um documento elaborado por líderes indígenas reivindicando que o

A primeira se encontra no Artigo 3º do novo Código Civil,[2] onde se lê que os índios "são absolutamente incapazes de exercer pessoalmente os atos da vida civil". Trocando em miúdos: os índios perdem o direito à eficácia jurídica da manifestação de sua vontade e o Estado, em lugar de assisti-los, passa a representá-los, isto é, estarão sob a tutela da Funai, que decidirá sobre os destinos indígenas sem consultar as comunidades e sem que estas possam acionar qualquer dispositivo legal e jurídico para se defenderem. Os atuais abusos de poder passarão, simplesmente, a ter força de lei. Vergonha do arbítrio no momento em que a sociedade tenta conquistar a democracia e nova legalidade, além de ser uma falsidade (jurídica e cultural), pois os índios sabem perfeitamente gerir sua vontade. Tanto assim que têm sido assassinados por isso. Racismo infame.

A segunda medida se encontra num projeto de lei de um deputado do PDS de Roraima, que pretende a emancipação administrativa

---

Supremo Tribunal Federal (STF) considerasse inconstitucional o decreto que submetia a demarcação de suas terras – antes atribuição da Funai – à autorização de um grupo formado por representantes dos Ministérios de Assuntos Fundiários e do Interior, do Instituto Nacional de Colonização e Reforma Agrária (Incra) e dos governos estaduais. Ainda na legislatura 1983-1987, Juruna presidiu a Comissão do Índio, tendo conseguido aprovar um projeto que modificava a composição da diretoria da Funai, o que garantiu a formação de um conselho diretor para fiscalizar a atuação da entidade nas áreas indígenas. Foi contratado pelo Projeto Rondon e colocado à disposição da Constituinte como assessor técnico. Faleceu em Brasília no dia 17 de julho de 2002. Sua trajetória foi retratada pelo documentário *Juruna: O espírito da floresta*, do diretor Armando Lacerda. (N. das Org.)

[2] O novo Código Civil de 2002 prevê, em seu parágrafo único do artigo 4º, que a capacidade dos índios será regulada por legislação especial. Esta lei especial é o Estatuto do Índio (Lei n.º 6.001, de 19 de dezembro de 1973), que define índio ou silvícola como "todo indivíduo de origem e ascendência pré-colombiana que se identifica e é identificado como pertencente a um grupo étnico cujas características culturais o distinguem da sociedade nacional" (art. 3.º, inc. I). A legislação especial dispõe que os índios e as comunidades indígenas ainda não integrados à comunhão nacional ficam sujeitos ao regime tutelar da União, que será exercido por meio da Fundação Nacional do Índio (Funai), fundação pública vinculada ao Ministério da Justiça, criada pela Lei n.º 5.371, de 5 de dezembro de 1967, em substituição ao antigo Serviço de Proteção ao Índio, que datava de 1910. Nos termos do Estatuto do Índio, "são considerados nulos os atos praticados entre índios não integrados e qualquer pessoa estranha à comunidade indígena quando não tenha havido assistência do órgão tutelar competente" (art. 7.º, § 8.º, da Lei n.º 6.001/73). (N. das Org.)

compulsória dos índios. Trocando em miúdos: todo aquele que incomodar o poder vigente será compulsoriamente transformado num "cidadão comum" e sujeito às penas previstas na lei comum. Não apenas perde sua condição milenar de índio, mas também o direito à posse e ao usufruto de suas terras. A "incapacidade" é, pois, complementada pela "emancipação". Roubam-lhe o ser completo.

Contra tamanha indignidade, exijamos: índios livres e capazes já.

Ah! Esse povo violento que não sabe o que faz[*]

Aprendemos nas escolas e nos livros que somos um povo ordeiro e pacífico, detestando a violência a tal ponto que, de todas as nações do globo, o Brasil é a única cuja história "foi feita sem sangue". Isto lembra os filmes de Hollywood, das décadas de 1940 e 1950, nos quais o romance do casalzinho aparecia com o inevitável beijo na boca depois do qual a tela escurecia sob um som melodioso para que, a seguir, as personagens retornassem com a mocinha, pudicamente e com mil rodeios, contasse ao maridinho que iriam ter um filhinho. Os mais velhos sabiam o que ocorreria quando a tela escurecesse, enquanto as meninas muito jovens acreditavam que beijar na boca engravida. Se a hipocrisia filisteia de Hollywood pretendia abolir a realidade do sexo, a ideologia dominante no Brasil pretende negar a realidade da violência social e política.

Subitamente, porém, o crime, anteriormente confinado às favelas e às quadrilhas de "marginais", parece ter penetrado nos melhores lares: estupros, adultérios vingados a bala, parricídio, matricídio, delinquência, furtos, corrupção financeira, prepotência no trânsito, aumentando acidentes e mortes, tudo isso, de repente, entrou no cotidiano das cidades. Admite-se, agora, que a violência existe, porém, sob duas condições: ou como acidente que não afeta nossa índole não violenta, ou como ato irresponsável dos pobres.

---

[*] Artigo inédito. Foi escrito em fevereiro de 1982 para a página "Tendências e Debates" da *Folha de S.Paulo*, porém não foi publicado pelo jornal.

O quebra-quebra numa estação ferroviária da Refesa,[1] na sexta-feira, dia 6 de fevereiro, parece vir a calhar para confirmar a violência popular. Tanto assim, que as chamadas "autoridades competentes" declararam lastimar que o povo tenha sido irresponsável, voltando-se contra o patrimônio público para demonstrar, mais uma vez, que não sabe o que faz. A polícia chegou mesmo a procurar "subversivos infiltrados no seio do povo".

Para os que acompanharam os noticiários, algumas perguntas de bom-senso são prementes. A primeira se refere ao acontecimento em si. Que faziam, numa sexta-feira à noitinha, 10 mil pessoas esperando por 2 trens suburbanos, cada qual já transportando 2.500 passageiros? Essas 10 mil pessoas iam embarcar nesses 2 trens? Os trens possuem capacidade para transportar 13 mil pessoas? Em que condições? Qual o número de vagões e qual a capacidade de cada um deles? Qual a potência das locomotivas? Todavia, nenhuma dessas perguntas foi feita nem respondida pelas "autoridades competentes", que preferiam afirmar que o quebra-quebra foi uma explosão momentânea e irresponsável da massa violenta.

A segunda pergunta é mais ampla: quantas pessoas, diariamente, usam esses trens? Por quanto tempo dura o trajeto casa-trabalho-casa (ou casa-escola-casa)? Quantas vezes os trens atrasam ou se quebram e quais as consequências para os usuários? Como e em quanto tempo é feita a reparação dos trens?

Não é possível ignorar que são milhares de pessoas a usar diariamente esses trens, com passageiros como "pingentes" agarrados a portas e janelas, despencando e morrendo pelo caminho, com pessoas pisoteadas em vagões superlotados, locomotivas deterioradas, leitos mal-conservados, propícios aos frequentes descarrilamentos. A grande maioria desses passageiros é constituída de trabalhadores com baixos salários, enfrentando subemprego e desemprego, morando em condições precárias e, via de regra, fazendo, no início da madrugada, uma parte do percurso a pé por não terem recursos para pagar um transporte que os leve até o trem, repetindo a mesma situação no início da noite, no regresso para casa. É no interior desse cotidiano, com muitas horas

---

[1] Rede Ferroviária de São Paulo, antigo nome da atual CPTM paulista, sob responsabilidade do governo estadual.

gastas num transporte precário, que é preciso inserir episódios de quebra-quebra, dos quais se pode dizer tudo quanto se queira menos que são inexplicáveis explosões da violência popular.

Também merecem atenção, no acontecimento de 6 de fevereiro, as declarações contraditórias dos encarregados da Refesa visando a incriminar os passageiros. Assim, enquanto um dos encarregados afirmava que a população é impaciente e agressiva, pois um dos trens precisou de uma locomotiva de substituição que levara apenas 10 minutos para chegar, outro declarava que a referida locomotiva chegara em meia hora, mas os passageiros, sem nenhum espírito de colaboração, se recusaram a descer dos vagões para que o novo engate fosse feito, iniciando o tumulto. Ora, um terceiro encarregado, verificando as causas do sucedido, declarou, em primeiro lugar, que o maquinista teria podido reparar a locomotiva (sem que fosse preciso trocá-la) se tivesse contado com uma mangueira suplementar, como é de hábito – portanto, os problemas não são excepcionais e sim costumeiros; e, em segundo lugar, que a locomotiva substituta não se encaixava nos vagões porque de fabricações diferentes e incompatíveis, sendo impossível o engate. Essas duas declarações nos dão uma levíssima ideia de como são conservados e reparados os trens, além de nos levar a perguntar por que, afinal, um dos encarregados se queixou da impaciência dos passageiros e, outro, da má vontade deles. Na verdade, seria preciso que fossem telepatas para conhecer todas essas dificuldades, das quais, aliás, não foram informados. De fato, foram intimados a descer do trem, sem maiores explicações. Seria preciso que fossem santos para, com paciência, não reagir.

Um aspecto importante a ressaltar é o que disseram as testemunhas do acontecimento. Todas declararam que os 13 mil passageiros atacaram *coisas*: trens, ônibus, uma Kombi, uma banca de jornal fechada; em contrapartida, todas declararam que a polícia chegou atacando *gente*, e o fez indiscriminadamente, espancando também pessoas que não estavam envolvidas no quebra-quebra. Evidentemente, não se trata de pedir que a polícia lance pétalas de flores ao som de valsas vienenses para acalmar uma multidão enfurecida. O problema, porém, é que essa multidão, ao contrário do que acontece, por exemplo, nos estádios de futebol, não estava agredindo ninguém e a ação policial não foi capaz de proteger coisas sem danificar pessoas. Ou melhor, tratou pessoas como se fossem coisas.

Uma "autoridade competente" declarou, com desânimo, que o povo não percebeu ter atacado a si próprio, visto que os trens são comprados, conservados e reparados com dinheiro do povo. Ah! Esse povo violento que não sabe o que faz... Imaturo, impaciente, irresponsável, vingativo, ignorante de seus próprios interesses...

O acontecimento, entretanto, parece revelar o oposto: o povo entende perfeitamente que é ele quem paga pelos trens e por isso mesmo sabe que está sendo cotidianamente lesado, mal servido, ignorado em seus direitos, portanto, tratado com violência. Mas, como sempre, no Brasil, quem é violentado é posto como agente da violência.

Dois e dois são cinco[*]

Quando, nos anos 1970, ouvíamos Caetano cantar "dois e dois são cinco", o sentido desse canto era translúcido: fazia ver a opacidade da ditadura. A tortura exprimindo-se no torturar dos números. Descrição luminosa de um poder escuro.

A linguagem, aprendemos todos, possui duas dimensões fundamentais: a indicativa ou denotativa (o signo é índice de algo, o assinalado ou indicado) e a expressiva ou conotativa (o signo significa – como no refrão de Gil: "que também significa" –, exprime um sentido). Quando a linguagem desestrutura denotações e conotações instituídas, cria algo extraordinário: a literatura. Linguagem que indica, exprime, significa a si mesma e, ao fazê-lo, torna-se reveladora de verdades ocultas, fundas, mais reais do que as coisas imediatamente dadas. Superfície profunda.

Há, porém, outra maneira de desfazer-se da denotação ou da indicação, não para criar novo campo de sentido e verdade, mas para mentir: "Dois e dois são cinco".

Frequentemente, e sobretudo na política, distinguir denotação e conotação é decisivo. Se alguém diz: "sou a favor da reforma agrária, mas sem violência", essa afirmação possui um sentido ou uma conotação diferente daquela que diz: "vou leiloar boi gordo para comprar deputados constituintes". Todavia, a denotação de ambas é

---

[*] Originalmente publicado em: *Folha de S.Paulo*, p. 2, 06/10/1986.

a mesma: a UDR. No Brasil, a política efetua contínuo baralhamento das dimensões da linguagem pois, no universo da linguagem, não há denotação pura nem conotação pura (não sendo casual que a ciência sempre aspirasse por uma linguagem purificada, notação perfeita que eliminasse ambiguidades e paradoxos da palavra). Por vezes, o baralhamento assume dimensão de pesadelo (não é o sonho região privilegiada das "confusões" ente signo e sentido?). Quem, senão em pesadelo, imaginaria ouvir de Maluf a frase: "fiz opção preferencial pelos pobres"? Pode ele denotar a CNBB? Porém, mais do que baralhamento, a fala dos poderosos, no Brasil, é capaz de façanha maior e permanente: uma denotação que não denota, um índice que não indica, um número que não numera. Tagarelice silenciosa. Muitas vezes, criminosa.

A revista *Afinal* (30/09/1986, p. 68) traz matéria sobre importação de leite europeu contaminado por altos índices de radioatividade. Entrevistando a dra. Verônica de Eston, da USP, especialista em medicina nuclear, a revista informa que "as análises acusam um índice de radioatividade mil vezes superior ao índice normal", provocando alterações profundas nos organismos em formação, isto é, nas crianças e nos jovens até 18 anos, justamente os que mais necessitam do leite e o consomem. A dra. Eston declara que todas as tentativas para localizar o leite e sua distribuição foram infrutíferas, nenhuma informação foi obtida junto a órgãos oficiais. *Afinal* deixou duas perguntas: onde está e quem distribui o leite e por que a Comissão Nacional de Energia Nuclear apresentou ao Conselho Interministerial de Abastecimento laudo garantindo boas condições do leite, permitindo sua importação?

Parte dessas indagações são respondidas por Janio de Freitas (*Folha de S.Paulo*, 04/10/86). O laudo favorável foi obtido porque a comissão realizou pequena e simples operação: mudou os números, os índices, "elevando a presença tolerável de césio em 76% acima da contaminação detectada. Ou cerca de 1.800 vezes acima do índice com que o organismo brasileiro está habituado". Manipulação feita em consonância com a mudança da tabela dos índices de radioatividade, operada pela Comunidade Econômica Europeia, após Chernobyl.

Essa operação tão singela, esse pequeno "arranjo" denotativo coloca a sociedade brasileira numa situação escabrosa: deixar que crianças e jovens (sobretudo os das famílias de baixa renda, já desnutridos) consumam esse leite, configura genocídio; aceitar índices e tabelas das empresas europeias para se safarem dos prejuízos da desgraça russa, impondo ao resto do planeta o ônus da tragédia, configura colonialismo puro; manipular números que passam a indicar coisa nenhuma para satisfazer a interesses obscuros contra a proteção do bem público e a saúde dos cidadãos, configura mentira e crime.

Mas por que nos surpreenderíamos? Haveria equívoco maior do que designar o partido do governo como uma aliança democrática? Dois e dois são cinco, no Brasil.

Nós, negros e mulatos[*]

"Um negro tão bom. Negro de alma branca". Quem não ouviu essa frase corriqueira dita cotidianamente neste país?

"Crioulo parado é suspeito: correndo é culpado" – essa frase esteve gravada num mural da Escola de Polícia, na Universidade de São Paulo. Negro, por definição e por natureza, é "marginal".

"Já fez negrada. Quando não faz na entrada, faz na saída". Quem desconhece a expressão? O estigma colado à pele.

"Usando o carro do patrão, hein?", a famosa piada do frentista ao encher de gasolina o carro dirigido por um negro.

"Favor usar o elevador de serviço, ô, crioulo!" – com essa frase foi recebido um membro do Consulado Americano, num desses edifícios classe média com suíte e duas garagens, estilo *méditerranée*.

O cotidiano brasileiro incorporou, simultaneamente, feroz racismo e o mito de que vivemos numa democracia racial. Evidentemente, o mito é reforçado pela ideia de que racismo é o *apartheid* sul-africano e a antiga segregação norte-americana. Providos com o apaziguador mito da democracia racial, podemos discriminar à vontade.

A começar pelos impolutos liberais. Na insurreição de 1817, no Nordeste, liberais como Antônio Carlos de Andrada e Silva (irmão do Patriarca da Independência) diziam que a luta contra a colonização jamais deveria encaminhar-se para a "enchente negra", isto é, para a abolição da escravatura, danosa para a revolução liberal branca. Logo após a Abolição, um jornal paulistano (autodenominado *Bravo Matutino*[1]) falava no perigo da "toxina negra que envenena nossa sociedade".

---

[*] Originalmente publicado em: *Folha de S.Paulo*, p. 2, 30/12/1985.

[1] *O Estado de S. Paulo*, na época *A Província de São Paulo*.

Pior que a franqueza dos liberais é a discriminação paternalista, tão clara na sociologia de Gilberto Freyre e tão bem analisada por Flora Süssekind, ao mostrar a imagem do negro como arlequim nos romances e peças teatrais do século XIX e início do século XX. Arlequim: engraçado, dissimulado, trapalhão, de bom coração, mas inevitavelmente perverso. Ou a Mãe Preta e o Pai Preto – românticas figuras de sacrifício, abnegação e sobretudo de resignação, "negros de alma branca".

Pior que o paternalismo, é a discriminação inconsciente, enraizada em nossa mentalidade: vejam-se os papéis que cabem aos negros nos filmes, nas novelas de televisão, na publicidade. Reforço do lugar subalterno e resignado. Reforço da segregação nas profissões.

Pior que a discriminação inconsciente é a destruição deliberada: Rui Barbosa queimando os arquivos da escravatura (fonte preciosa para a elaboração da memória histórica negra); abandono, queima e perda de cartas, poemas, relatos de lutas dos negros; ausência de espaço no processo social do trabalho, na escolarização, no acesso à cultura letrada.

Pior que tudo isso, é o elogio do racismo por vias transversais: o elogio das religiões afro-brasileiras (perseguidas pela polícia e que nunca têm seus membros convidados a participar de cultos ecumênicos, pois, tidas como magia e superstição, estão impedidas de celebrar o sagrado nos recintos reservados às religiões brancas), elogio que as defende enquanto "tradições", portanto como passado morto e inofensivo que, por estar arquivado, pode participar das "tradições nacionais" sem ameaçar a cultura presente. Elogio da sensualidade negra (sambistas, passistas, mulatas, negro-tipo-exportação), elogio que é suprema desqualificação, pois elogiar o corpo numa cultura (branca ocidental cristã) que valoriza o espírito contra a carne, o intelecto contra a sensibilidade, a razão contra os sentimentos, não é elogiar, mas desvalorizar as "ordens inferiores".

Democracia significa ter e criar direitos, declará-los publicamente e vê-los publicamente reconhecidos. A luta dos negros pela democracia vai além das outras (assemelha-se à da maioria dos oprimidos brasileiros), pois é luta pelo direito primordial à humanidade. Essa luta, porém, só terá êxito se a população branca (que não enxerga sua própria mestiçagem) desvencilhar-se do mito da democracia racial inexistente, da imagem do arlequim e do paternalismo que elogia o que não preza.

Aquém do liberalismo[*]

No final do século XVIII, a burguesia francesa proclamou os Direitos do Homem e do Cidadão. No limiar do século XXI, a classe dominante brasileira ainda não conseguiu absorver o que sua predecessora europeia estabeleceu há dois séculos. Pior. A incultura crassa e a ferocidade, marcas da classe dominante brasileira, fazem com que confunda direitos humanos e subversão internacional! Até parece a nobreza do Ancien Régime, só que sem o charme, evidentemente. Afinal, o Palácio dos Bandeirantes está para Versailles, assim como Afanásio[1] está para Voltaire.

Basta ver o que a imprensa paulistana tentou fazer com a reputação e o trabalho do padre Agostinho[2] para que avaliemos a ignorância e a ferocidade. Segundo a imprensa, padre Agostinho teria promovido a fuga do "famigerado Naldinho" (o adjetivo fala por si mesmo) lançando mão de "ideologias progressistas, alienígenas, Teologia da Libertação e comunismo internacional". Inútil explicar à culta imprensa que Naldinho não carecia de tanta teoria para fugir da Febem. Inútil explicar que as "ideias" atribuídas ao padre Agostinho poderiam dar um excelente

---

[*] Originalmente publicado em: *Folha de S.Paulo*, p. 2, 02/12/1985.

[1] Afanásio Jazadji, radialista e âncora de televisão com programas sensacionalistas de denúncias.

[2] Padre Agostinho Duarte, membro da Comissão Teotônio Vilela de Direitos dos Encarcerados em Instituições Totais (prisões, asilos, albergues, leprosários e manicômios).

novo "Samba do Crioulo Doido",[3] pois não podem estar juntas, sendo incompatíveis entre si e mutuamente excludentes. Por que inútil? Porque a salada mental atribuída ao acusado recebe, na imprensa paulistana, um nome preciso. Chama-se: defesa dos direitos humanos. Eis o alvo.

Num país autoritário como o Brasil, onde as ditaduras não são a exceção, mas a regra, e onde a "transição democrática" se realiza sob os auspícios da Lei de Segurança Nacional, a campanha movida contra os direitos humanos assinala o problema da lei num universo de opressão. As comissões de defesa dos diretos humanos existem em países como o Brasil não só porque neles a lei é puro arbítrio dos dominantes, mas também porque neles os dominados estão impedidos de se organizar para lutar por direitos fundamentais. Isso significa que a sociedade se encontra polarizada entre um Alto que faz prevalecer sua vontade particular ("o que agrada ao rei tem forca de lei", reza o despotismo) e um Baixo que se relaciona com o arbítrio através da transgressão. As relações sociais não chegam a ser políticas porque se reduzem a relações de força. As comissões de direitos humanos cumprem, então, três finalidades importantes: 1) limitam o poderio do Alto; 2) criam um espaço público de auto-organização da sociedade em busca de legalidade legítima; 3) procuram oferecer aos dominados formas de ação que permitam romper o círculo vicioso e fatal do arbítrio-transgressão-arbítrio. É essa tríplice finalidade que os poderosos e sua imprensa pretendem anular.

Enlameando reputações; pervertendo ideias, valores e práticas diferentes dos seus; espalhando fobias, rancor e violência; propugnando tortura e morte como solução para problemas econômicos e sociais; desejando, tacitamente, fornos crematórios e câmaras de gás; propalando, explicitamente, expectativas terroristas, essa imprensa faz vir à tona o horror da classe média ao mundo plebeu (onde teme cair) e o medo dos dominantes toda vez que é contestado seu "direito" de vigiar e punir.

Essas ideias e práticas não estão aquém da democracia apenas. Estão aquém do liberalismo que os poderosos e sua imprensa imaginam defender.

---

[3] Samba satírico composto em 1968 por Stanislaw Ponte Preta (jornalista Sérgio Porto), criador do FEBEAPÁ (Festival de Besteira que Assola o País).

Cadê os liberais?*

Um estrangeiro que lesse manchetes de jornais brasileiros imaginaria o país enfrentando insurreição armada nas cidades, guerrilha nos campos, guerra civil iminente. Em vão buscaria notícias sobre a censura feita pelo Dentel[1] às transmissões da Rádio Bandeirantes, noticiada com destaque em 8 de julho pela BBC. Difícil seria convencê-lo tratar-se, agora, de greve pacífica de trabalhadores da Petrobras contra a política econômica do governo ("pacotes econômicos" 2.012 e 2.024, expurgos do INPC, aumento do custo de vida que atinge o maior índice da história do país, fim do 13º salário, leilão das estatais, corte nos subsídios do trigo e do petróleo, desemprego e alta rotatividade da mão de obra). Talvez o estrangeiro indagasse: cadê os liberais para argumentar que greve é instrumento institucional de protesto e reivindicação de trabalhadores?

O senhor Ministro do Trabalho se põe a dizer que intervenção em sindicatos é coisa comum em países europeus, no Canadá e nos EUA. Ignora, portanto, que naqueles países sindicato é associação civil na qual o Estado não pode intervir como o faz aqui porque a legislação que rege nosso sindicalismo é cópia da *Carta del Lavoro* de Mussolini. Cadê os liberais para recordar a origem fascista da lei? Também distinguiu, o

---

* Originalmente publicado em: *Folha de S.Paulo*, p. 2, 11/07/1983.

[1] Departamento Nacional de Telecomunicações, encarregado da censura aos meios de comunicação.

senhor ministro, as greves atuais e as de 1963 e 1964 que, segundo ele, "derrubaram o presidente João Goulart". Até prova em contrário, a história registra que Jango Goulart foi derrubado pelas Forças Armadas e pela plutocracia nacional e multinacional, com o apoio dos Estados Unidos. Também declara o senhor ministro que a greve dos petroleiros é "questão semântica" (inédito: temos que admitir, então, que a polícia desceu o cassetete e as autoridades demitiram operários pelo mau uso do vernáculo!). Declara também que os sindicalistas receberam um telex da Petrobras sobre a rotatividade (no país dos despachantes, da firma reconhecida, do xerox "autenticado", da falta de credibilidade ministerial, querer que alguém confie num telex é estonteante!) e que o nível de emprego será mantido. Aqui, sim, a questão é "semântica": os operários não reivindicam nível de emprego, pois sabem que este pode ser mantido através de demissões e recontratações por salários muito mais baixos.

Depois foi a vez do senhor presidente da Petrobras dizer que a greve é produto de "pequenos interesses pessoais". Estaria ele, por equívoco, confundindo os grevistas com os proprietários das empreiteiras, financeiras e seguradoras como Delfin, Capemi, Coroa/Brastel, o proprietário desta última tendo alegado que seu poderio veio de "boas relações pessoais", isto é, do que hoje recebe o nome de *deficit público*?

A seguir, vem o senhor Ministro da Indústria e do Comércio dizendo a greve ter nascido de mentes "sem consciência" e fora do "recesso dos lares". Que se saiba, a história registra uma única greve saída "dos lares": a do sexo, convocada por Lisístrata, na antiga Grécia.

Para não perder a oportunidade, a presidenta de um partido que se diz trabalhista propõe que se repita por aqui a repressão de Gdański, não tendo, porém, especificado quem seria o Jaruzelski para tão glorioso feito. Depois de aprovar os decretos 2.012 e do 2.024, o PTB conseguiu superar-se a si mesmo.

E a chamada grande imprensa, autonomeada liberal, mas digna de Macondo e de Cochabamba, se põe em brados retumbantes contra uma greve "impatriótica e inoportuna" no momento em que a Pátria unida busca a redenção. Mas nenhuma menção aos fautores do calvário pátrio. Nenhuma análise da situação: dos trabalhadores destinados a arcar com o ônus de uma crise econômica que lhes rouba, novamente, os direitos políticos ao protesto. Não por acaso, os grevistas foram os grandes ausentes dos noticiários, coalhados de "falas oficiais": com a ausência, tentou-se despojá-los da condição de sujeitos sociais e políticos de sua ação.

País de dois pesos e duas medidas. Os empresários declaram que não cumprirão a Portaria 16 do CIP. Brasília vem até eles propondo diálogo, negociação e mudanças na portaria. Os trabalhadores do petróleo foram a Brasília para tentar o diálogo. Deram com o nariz na porta e, no regresso, com as portas dos sindicatos lacradas.

Afinal, cadê os liberais? Onde seus argumentos contra a censura e a repressão, em favor da democracia? O país pede suas luzes. Por que se escondem?

O assassinato de Margarida Alves[*]

Na noite do último 12, em Alagoa Grande, Paraíba, Margarida Maria Alves foi assassinada à porta de sua casa por pistoleiros que dispararam à queima-roupa tiros de escopeta calibre 12, estourando-lhe o rosto e o cérebro, diante dos filhos e do marido.

Quem era Margarida? Líder sindical, presidenta do Sindicato dos Trabalhadores Rurais de Alagoa Grande, região canavieira da Paraíba. Lavradora como seu marido, Severino. Morte e Vida Severina.

Por que foi assassinada? Não porque estivesse comandando guerrilha no campo, nem porque estivesse liderando movimento pela reforma agrária, mas porque vinha lutando pelos direitos dos trabalhadores rurais na região. Graças a seu esforço, haviam entrado na Justiça do Trabalho mais de 100 reclamações trabalhistas contra a falta de registro em carteira profissional, o não pagamento do 13º salário e férias ou repouso remunerado. Graças a seu empenho, 32 sindicatos, a Federação dos Trabalhadores na Agricultura e a Contag, iniciavam a campanha salarial e a reivindicação de dois hectares de terra para produção de alimentos, assim como a jornada de oito horas. Fundadora do Centro de Educação e Cultura do Trabalhador Rural, Margarida estava persuadida da necessidade de uma formação mínima para que os trabalhadores dos canaviais (cerca de 150 mil) pudessem reivindicar e lutar por seus direitos trabalhistas. Severino

---

[*] Originalmente publicado em: *Folha de S.Paulo*, p. 2. 22/08/1983.

está convencido de que os assassinos cumpriram ordens de usineiros e fazendeiros locais de um engenho no qual o filho de um deles espancara uma velha lavradora aleijada e contra quem Margarida movera uma ação.

Via de regra, quando nos voltamos para o Nordeste o fazemos cada vez que flagelados famintos e semimortos invadem cidades à procura de alimentos e de água. É a região tenebrosa da seca que chama nossa atenção. Ali onde crianças, insones de agonia (como relatou Gabeira, descrevendo a fome), morrem à míngua, enquanto pai e mãe lutam pela inscrição nas "frentes de trabalho" para obter 15 mil cruzeiros mensais trabalhando a média de 18 horas por dia. Mas há também a região dos canaviais, desmentindo, dia após dia, o mito da não violência brasileira. A região do poderio dos coronéis da política local, senhores de engenho e de usinas que respondem a bala às reivindicações trabalhistas dos lavradores. Região onde carteira profissional, jornada de 8 horas e 13° salário ainda não são direitos consignados em lei, mas obtidos com luta e morte. Região dos Odoricos Paraguaçu,[1] porém desprovidos do encanto galhofeiro do personagem de Dias Gomes, gente que nos lembra sinistras personagens de Graciliano e de Jorge Amado ou de *Os fuzis* de Ruy Guerra.

Na região dos canaviais (como na do cacau, do açúcar, da indústria extrativa) e na região da seca prevalecem os atos de violência generalizada contra os trabalhadores não só no plano da exploração máxima da mão de obra, mas também no do combate às suas tentativas de organização, consideradas perigosas por uma classe dominante que teme perder o controle sociopolítico da miséria. Intimidação, espancamento e morte são os recursos usados contra os que ousam erguer-se contra o despotismo dos senhores locais, fazendo do Nordeste como um todo a região mais explosiva do país.

A morte de Margarida, como a de Wilson Pinheiro e de tantos outros, tenderá a permanecer impune a menos que a sociedade

---

[1] Personagem de uma novela de Dias Gomes encenada pela Rede Globo, com grande sucesso de audiência. Quando, na história contada pela novela, a personagem do Coronel Paraguaçu morreu, a emissora organizou um evento público para seu funeral e milhares de telespectadores compareceram, aos prantos.

brasileira clame por justiça, clamor tanto mais necessário quando lemos as declarações dos grandes do Nordeste que, falando em "desobediência civil na zona rural", já se preparam para transformar a vítima em ré culpada.

Quantos mortos (por fome, sede ou bala) teremos que conservar em nossas consciências até sentirmos força para um categórico: "Basta"? Até quando o Nordeste dos flagelados e dos explorados será apenas uma longínqua imagem que suscita indignação ao mesmo tempo em que nos acostuma com a "banalidade do mal"?

Sobre a violência:
o Manicômio Judiciário de São Paulo[*]

Uma empresa agrícola de São Paulo descobriu, graças a pesquisas profundas, uma relação entre a fome do boia-fria e a baixa produtividade. Pergunta: onde há violência maior, na fome ou na "pesquisa" do óbvio?

Igual perplexidade há de sentir quem soube da declaração do diretor do Manicômio Judiciário de São Paulo: acabar com a "cela-forte", sim; mas com o choque elétrico, não. Ou a do senhor secretário da Segurança: "uma morte por dia (pela polícia) é uma boa média". Mas talvez já estejamos tão anestesiados que tais fatos não nos atinjam. Afinal, não é este o país da democracia racial onde circula pacificamente a mais racista das frases: "um negro de alma branca"?

Fala-se em "surto" de violência no Brasil, fazendo supor que é algo acidental. Até quando conservaremos o mito da não violência brasileira, a despeito de fatos e da história (Palmares, Canudos, Contestado, massacre de populares na Primeira República, o DIP no Estado Novo,[1] a OBAN,[2] o AI-5,[3] o extermínio de indígenas e de posseiros)? Graças

---

[*] Originalmente publicado em: *Folha de S.Paulo*, p. 2, 21/02/1984.

[1] Departamento de Imprensa e Propaganda, encarregado da censura.

[2] Operação Bandeirantes: financiada durante a ditadura por empresários de São Paulo para prisão e tortura de presos políticos.

[3] O Ato Institucional n.º 5, AI-5, baixado em 13 de dezembro de 1968, durante o governo do general Costa e Silva, foi a expressão mais acabada da ditadura civil-militar brasileira (1964-1985). Vigorou até dezembro de 1978 e produziu um

a essa mitologia, costuma-se apresentar como causas do atual "surto" da violência do país: 1) a transferência dos métodos repressivos usados contra a "guerra subversiva" para o tratamento policial do restante da sociedade, particularmente as classes populares, com impunidade dos agentes de repressão; 2) arcaísmo, burocratização, centralização e falta de independência do Judiciário; 3) a modernização: urbanização descontrolada, migração, desemprego, subemprego, perda dos laços tradicionais de convivência. Afora as duas primeiras causas, a última atribui a violência à pobreza, criminalizando as camadas populares. Curioso. Se considerarmos que violência é tratar um ser humano como coisa, a violência está institucionalizada no país (transportes coletivos, discriminação social, sexual, racial).

Se considerarmos que, entre outras capacidades, um ser humano possui três – pensar, exprimir-se e agir conforme escolhas –, enquanto uma coisa é inerte, muda e passiva, todo ato que reprima essas capacidades, tratando gente como se fosse coisa, é violência. Sua forma-limite aparece nos presídios, manicômios, albergues de menores e asilos de velhos.

Para o Manicômio Judiciário[4] de São Paulo são enviadas centenas de pessoas que juízes julgaram loucas[5] (sem que saibamos o que entendem por loucura), sendo ali submetidas a um processo contínuo de degradação e desumanização. Além de perder a cidadania (se um dia a teve), como "louco" o preso perde a humanidade. Não tem direito a cultivar um pedaço de terra (sequer um vaso), fazer arte-

---

elenco de ações arbitrárias de efeitos duradouros. Definiu o momento mais duro do regime, dando poder de exceção aos governantes para punir arbitrariamente os que fossem inimigos do regime – os chamados "subversivos" – ou como tal considerados.

[4] O Manicômio Judiciário foi sediado pelo Hospital Psiquiátrico do Juquery (de que trata o capítulo "Travessia do Inferno" deste livro). Esta instituição foi utilizada no período da ditadura civil-militar de 1964 como sistema prisional político, cujos registros, somente entre os anos 1970 e 1980, chegam ao absurdo número de quase 20 mil "internações". (N. das Org.)

[5] O Direito Romano definia a pessoa como aquele que está na plena posse de sua razão e de seus bens, e por isso é um sujeito de direitos, e recusava essa condição para aquele que não estivesse na plena posse de sua razão – juridicamente definido como o que perdeu a mente, o demente. O louco é aquele que está destituído de razão, e a loucura é tratada pela psiquiatria como uma forma de alienação mental. (N. das Org.)

sanato, ler, escrever, ter um animal de estimação, manter contato com o exterior. Encurralado entre um pátio imundo e dormitórios promíscuos, fica na inanição, pois, curiosamente, para o Manicômio Judiciário, saúde é sinônimo de apatia. Resultado: cada vez que alguém vira gente (age ou reage) é visto como perigoso para a ordem e a disciplina. Sem dúvida, a loucura é região obscura,[6] faz medo a todos nós e traz dor e sofrimento profundo a quem a ela sucumbiu. Alguns médicos, psicólogos e assistentes sociais do MJ têm tentado refletir sobre isso e mudar o que por lá se passa. Inútil. São vistos como obstáculo à "boa" organização, que reconduz o "agitado" à "saúde" por meio de espancamentos, cela-forte, choque elétrico e Anatensol.[7] Cela-forte: cubículo de cimento, vazia, onde o isolado permanece nu e por tempo indeterminado, havendo apenas uma latrina cuja descarga é acionada de fora para limpeza de fezes e urina e para fornecimento de água a ser bebida. Anatensol: medicamento que atua sobre centros nervosos, transformando o paciente em monte amorfo de carne e osso, sem recuperação plena depois de passado o efeito mais forte.

Há uma semana, houve rebelião e morte no MJ, mas até agora não se sabe por que as marcas de balas só existem de fora para dentro

---

[6] Discussões sobre o doente mental como pessoa, e não como alienado nem como coisa, apareceram nas três Conferências Nacionais de Saúde Mental, realizadas no Brasil em 1987, 1992 e 2001, com a afirmação de que era preciso criar um novo lugar social para a doença mental. Para tanto, seria necessário "construir uma mudança no modo de pensar a pessoa com transtornos mentais em sua existência sofrimento, e não apenas a partir de seu diagnóstico (BRASIL, 1992)". (N. das Org.)

[7] No Brasil a Luta Antimanicomial põe em pauta a discussão da condição do indivíduo "doente mental" como um não sujeito ou um indivíduo privado de direitos, denunciando a violação do direito à liberdade e à convivência social. No final da ditadura civil-militar, por volta dos anos 1975/1985, tem início a Reforma Psiquiátrica no Brasil. No âmbito da saúde mental, o projeto político era reconhecer os "loucos" como sujeitos de razão e de vontade. A Reforma busca o reconhecimento da cidadania entendida como afirmação de direitos concretos. A Reforma Psiquiátrica brasileira é um movimento que sofreu a influência dos movimentos mundiais (principalmente do movimento italiano de desinstitucionalização, cuja crítica ao modelo médico-psiquiátrico objetivava criar práticas que transformassem e superassem o modelo manicomial). O movimento social da luta antimanicomial no Brasil culmina na conquista da Reforma Psiquiátrica, instituída pela Lei n.º 10.216, de 2001. (N. das Org.)

(pois nos relatos policiais e dos agentes manicomiais consta que os rebeldes estavam armados). Coisa de louco, hein?

Psicólogos, psiquiatras e psicanalistas consideram a esquizofrenia um componente psíquico existente em todo ser humano, potencializando-se em alguns por causas variadas, sendo um enigma para a compreensão científica e clínica. Um médico do MJ diz que reconhece um esquizofrênico "pelo cheiro". Devia doar seu nariz à humanidade. Coisa de louco, hein?

As populações periféricas e marginalizadas*

Em que sentido empregaremos aqui os termos "periféricas" e "marginalizadas"

Consideraremos "periféricas" as populações habitantes das grandes cidades industriais que constituem a força de trabalho social e são forçadas pela acumulação do capital e pela especulação imobiliária a morar em aglomerados distantes dos centros e carentes de todo tipo de infraestrutura e serviços básicos (arruamento, luz, água, esgoto, transporte, escola, postos de saúde). Em suma, a periferia é entendida aqui como o local onde vivem ou simplesmente dormem (cidades-dormitórios) contingentes majoritários da classe trabalhadora que faz funcionar a máquina econômica do país. É a população que atravessa a cidade diariamente, gastando de três a quatro horas em transportes coletivos onde é carregada como gado – os "pingentes" –, que não foi beneficiada com o sistema do BNH porque sua renda não lhe permite obter empréstimos para a construção da casa própria (12 salários mínimos), vivendo por isso em barracos ou cubículos de alvenaria construídos graças a mutirões, população que necessita trabalhar em média 20 horas por dia para obter a chamada "ração essencial" (quantidade mínima indispensável para um

---

* Texto inédito, apresentando em agosto de 1983 no Congresso Nacional dos Advogados Pró-Constituinte. 6° Painel – Condições de vida do povo brasileiro.

trabalhador viver – decreto-lei n. 399, de 30 de abril de 1938), sem contar as necessidades de sua família nem as suas próprias quanto a vestuário, transporte, saúde e moradia (a ração é apenas o alimento), e que não encontra nas imediações da habitação nenhum serviço básico que atenda às necessidades mínimas de uma sobrevivência decente. Do ponto de vista de sua composição social, a periferia é formada por aquela parte da sociedade que permite à sociedade como um todo existir, funcionar e acumular riquezas. A periferia constitui a maioria das populações das grandes cidades. Em 1975, data de comemoração do "milagre brasileiro" e do início da "distensão lenta, gradual e segura", na Grande São Paulo, 19% dos empregados ganhavam até um salário mínimo, 54% até dois, 75% até três. Considerando-se a diminuição real dos salários, o aumento do desemprego e do subemprego e a subida incontrolável do custo de vida, pode-se afirmar que a parte da força de trabalho que ainda não fora lançada à periferia, atualmente aí vive. Enfim, um último aspecto que define a periferia é o loteamento clandestino, isto é, além das habitações serem precárias e dos locais não contarem com serviços básicos, grande parte da população periférica é lograda adquirindo lotes imaginários que não pode conservar porque a posse é ilegal, ou melhor, inexistente legalmente.

Quanto à "marginalidade", não a tomaremos no sentido em que foi definida por muitos cientistas sociais, segundo os quais é marginal todo trabalho ou serviço que não participa diretamente da produção de valor ou da acumulação e reprodução do capital – todo o setor designado como "terciário" e todo o setor agrário considerado "tradicional". Seguindo as análises de Paoli e Fischer, tomaremos marginalidade em dois sentidos principais. No primeiro, consideraremos que, do ponto de vista da força de trabalho, não há marginalidade, isto é, todo serviço (da faxineira ao biscateiro, do zelador ao guardador de automóveis, do jardineiro ao mensageiro, da lavadeira à costureira) contribui direta ou indiretamente para a acumulação do capital, seja porque contribui para a reprodução da força de trabalho industrial do campo e da cidade, seja porque contribui para a circulação de mercadorias. No segundo sentido, consideraremos marginal todo aquele que, participando direta ou indiretamente da produção e da circulação de mercadorias, no entanto, não desfruta sequer das garantias legais e sociais mínimas para a sobrevivência física, psíquica, política e cultural. Estão marginalizados, "os meninos de rua" (os chamados menores carentes), os favelados (declarados velhos e inaptos para o trabalho entre os 30 e 40 anos), os detentos dos presídios, manicômios, leprosários, asilos, albergues, os trabalhadores não qualificados, os boias-frias, os analfabetos, os flagelados por secas e cheias, os posseiros, os indígenas.

Em que sentido vincularemos periferia e marginalidade

Visto que não procuramos apenas uma definição sociológica da população periférica e marginalizada, mas que tentaremos alcançá-las do ponto de vista político e cultural, podemos dizer que há entre a periferia e a marginalidade pelo menos os seguintes vínculos:

– geograficamente, periferia e marginalidade parecem não coincidir, pois favelas, cortiços, prisões, asilos, albergues, podem situar-se no centro dos centros urbanos (particularmente é esse o traço da favela e do cortiço), porém socialmente os habitantes da periferia e da "margem" pertencem a setores da mesma classe social: os trabalhadores ou as chamadas camadas populares;

– economicamente pode haver diferenças entre os habitantes da periferia e os da margem, isto é, estão inseridos de modo diferente no mercado de trabalho e, via de regra, os marginalizados tendem a ser identificados com os "marginais" enquanto os da periferia são considerados "trabalhadores propriamente ditos", porém, o trânsito da periferia para a margem é contínuo, nos períodos de crise econômica (desemprego e subemprego), como pode haver transito da margem para a periferia, nos períodos de crescimento econômico (maior oferta de trabalho). Isso significa que os habitantes da periferia e da margem mudam de lugar, sem mudar radicalmente de condição;

– consideraremos, porém, que a diferença fundamental entre a periferia e a margem se refere, por um lado, ao grau menor ou maior de espoliação a que as camadas populares estão submetidas, e, por outro lado, ao grau maior ou menor de organização da resistência e da contestação à ordem vigente. Assim, passa-se da periferia para a margem quando o grau de espoliação (física, psíquica, cultural) aumenta – isto é, depois que o sistema social e econômico explorou o vigor e as potencialidades da força de trabalho e a substitui por outra mais nova e vigorosa. Estar na margem é ter sido espoliado até o limite, ou não ter tido a possibilidade de ingressar no mercado de trabalho regular. Por outro lado, e como consequência, o grau de organização, de contestação e de resistência para defesa de interesses e direitos coletivos ou grupais é maior na periferia do que na margem. Em ambos os casos, registra-se a presença da solidariedade, mas na periferia essa solidariedade visa, além da ajuda mútua, à criação dos movimentos sociais.

– apesar das diferenças enormes entre as populações da periferia e as da margem, pode-se considerar que, sob alguns aspectos, constituem uma totalidade social, não apenas no sentido de formarem setores variados de uma mesma classe social, mas no sentido profundo de terem sido expropriadas, espoliadas e excluídas daquilo que se entende por cidadania. Sob esse aspecto, formam a população que foi marginalizada pelas classes dominantes da sociedade.

Algumas modalidades da marginalização das camadas populares

Se pretendêssemos enumerar todas as formas de marginalização das camadas populares teríamos simplesmente que reescrever a história social, política e cultural do país. Teríamos que escovar a história a contrapelo, como dizia Walter Benjamin; analisar as instituições totais, como o fizeram Foucault ou Goffman; analisar a escola e os meios de comunicação de massa; redefinir o que no Brasil se entende por violência, em geral, e por violência urbana, em particular, pois as definições correntes possuem uma única finalidade: criminalizar as camadas populares, demonstrar que são perigosas e subversivas. Teríamos também de considerar os mecanismos ideológicos que levam as populações da periferia a temer a população favelada e jamais se identificar com ela. Precisaríamos interrogar os procedimentos de desvalorização do saber popular e de sua apropriação institucional sob a forma de folclore, artesanato e festival. Precisaríamos analisar o porquê da proibição do voto ao analfabeto, da discriminação racial e sexual, da incorporação dos valores da classe dominante pela classe dominada, particularmente a maneira pela qual os dominados tendem a atribuir a si próprios, enquanto indivíduos, fracassos e derrotas cujas causas são estruturais ou institucionais. Teríamos também de compreender por que nos partidos políticos nunca se estabelece a relação de representação propriamente dita, uma vez que nos partidos conservadores e burocráticos, a relação representante-representado é a de clientela e nos partidos progressistas a de tutela, fazendo com que a paridade ou a igualdade, fundamento da representação, se converta em hierarquia, favor, subordinação. No âmbito deste comentário tais análises são impossíveis, ainda que somente elas pudessem lançar alguma luz sobre o processo contínuo da marginalização popular. Uma vez que os demais participantes deste painel abordarão formas específicas de espoliação das camadas populares no campo da saúde, da alimentação, da educação e das crianças, gostaria de abordar o tema sob dois ângulos apenas e que serão bastante genéricos: pelo ângulo da política e pelo ângulo da cultura.

Marginalização política

Comecemos pelo óbvio, isto é, que vivemos numa sociedade autoritária cuja peculiaridade é produzir a lei sob o aspecto da repressão mais do que sob o aspecto dos direitos. No Brasil, a lei tende mais a determinar o que não pode ser feito ou o que se deve fazer, e muito menos o que se tem o direito de fazer ou de exprimir. Um pequeno exemplo: o voto, que se saiba, é um direito. No Brasil, onde raramente se vota, o voto é obrigação que não cumprida sofre sanção. Também porque vivemos numa sociedade autoritária, tendemos a negligenciar a diferença profunda entre a república e apropriação privada do que é público, graças à qual os ocupantes do poder não o ocupam simplesmente (por uma delegação eleitoral), mas com ele se identificam. Outrora, os pensadores políticos davam um nome especial para perda da república pela privatização do público e do poder: despotismo ou tirania.

Como vivemos numa sociedade autoritária, a consciência dos direitos sociais e políticos que constituem a cidadania tende a ser soterrada graças a três procedimentos principais: 1) tanto a direita quanto a esquerda, por motivos diferentes e por meio de análises diferentes, estão convencidas de que as camadas populares não estão aptas para o exercício político, devendo ser conduzidas por elites dirigentes (direita) ou por vanguardas esclarecidas (esquerda), isto é, há desqualificação *a priori* das manifestações políticas populares, que são consideradas sediciosas pela direita e imaturas pela esquerda; 2) tanto a esquerda quanto a direita fundamentam suas análises da sociedade brasileira partindo do mesmo postulado (ainda que sua formulação seja diferenciada), qual seja, o que chamam de "fragilidade da sociedade civil". Em nome dessa fragilidade, a direita propõe que elites dirigentes determinem os caminhos da sociedade graças ao Estado, enquanto a esquerda propõe que vanguardas esclarecidas tomem o Estado para, partindo dele, criar uma sociedade justa. Nos dois casos, há uma concepção vertical da política que exclui da construção de uma nova sociedade a própria sociedade com suas diferenças e conflitos internos; 3) do ponto de vista da direita, as divisões sociais são consideradas formas institucionais de organização da sociedade segundo funções determinadas a cada um de seus membros, de sorte que àqueles aos quais cabe a função do trabalho e dos serviços não compete a função política; do lado da esquerda, a divisão social é encarada como produto da exploração econômica e da dominação política que, uma vez abolidas, tornarão a sociedade reconciliada consigo mesma e transparente. Num caso, a harmonia social é o postulado do *status quo*; no outro, é o postulado da sociedade futura. Ora, encaradas pelo prisma da harmonia, as manifestações políticas populares são consideradas desordem, pela direita, e instrumento de ação, para a esquerda. No primeiro caso, o problema político se resolve pela polícia – a marginalização política é efetuada, portanto, seja pela legislação política, seja pela impossibilidade das relações de representação, seja pela repressão pura e simples. No segundo caso, a marginalização política é mais sutil, na medida em que as camadas populares são chamadas a se manifestar e a atuar, porém apenas na qualidade de instrumento de uma ação política cujos caminhos ignora.

Uma das consequências mais visíveis desses procedimentos de marginalização política é a relação que direita e esquerda, partidos políticos e instituições sociais como os meios de comunicação de massa estabelecem com os movimentos sociais. A direita os teme e deseja sua supressão; a esquerda os acolhe, mas desde que, não tendo tido capacidade para gerá-los, possa pelo menos dirigi-los; os partidos políticos pretendem cooptá-los, roubando-lhes a autonomia e a potencialidade contestadora e de resistência; os meios de comunicação de massa os transformam em espetáculos. Aliás, nesses casos todos, mais vale falar em esforço de neutralização dos movimentos sociais do que propriamente em marginalização.

Marginalização cultural

Embora o termo "cultura", em suas origens, significasse "cuidado, amanho, cultivo", donde agricultura, puericultura e culto aos deuses, e embora os antropólogos empreguem o termo para se referir aos processos simbólicos e imaginários pelos quais uma sociedade estabelece relações com a natureza, com o sobrenatural, com o visível e o invisível, o possível e o impossível, o verdadeiro e o falso, o bom e o mau, o belo e o feio, o útil e o nocivo, o permitido e o proibido, definindo em seu interior suas formas de relação interpessoais e políticas, a sociedade burguesa, entretanto, restringe o termo cultura a um conjunto determinado de conhecimentos cujo critério básico é a escolaridade. Graças a esse procedimento, pode dividir a sociedade em "cultos" e "incultos". Essa divisão, que dissimula e revela ao mesmo tempo a divisão social das classes, tem significado amplo, pois legitima todas as formas conhecidas de exclusão política e cultural que marginaliza as populações periféricas e os marginalizados.

No caso do Brasil, onde o analfabetismo é a regra e onde o índice de evasão escolar nas primeiras séries é imenso porque as crianças devem abandonar a escola para auxiliar no sustento da família ou porque a subnutrição as impede de acompanhar os ensinamentos, onde o número de escolas é irrisório, os salários dos professores são escandalosos e os currículos escolares vergonhosos, a cultura letrada, erudita e científica é privilégio de classe e elemento poderoso de marginalização, segregação e exclusão social. Porém, há outros traços na questão cultural que merecem ser abordados, pois do contrário tenderíamos a imaginar que o simples término do analfabetismo, da evasão escolar e de escolas decentes pelo menos para o curso primário[1] diminuiria a marginalização sociopolítica graças à difusão de parcelas da cultura.

Em primeiro lugar, digamos o óbvio, isto é, que a escola é poderoso instrumento de reprodução da ideologia dominante, de tal modo que a simples ampliação da escolaridade não significa em si mesma a democratização cultural.

Em segundo lugar, digamos ainda o óbvio, isto é, que há seleção e triagem dos conhecimentos antes de sua difusão, de tal modo que se

[1] Era o nome do atual ensino fundamental.

ampliaria o campo do consumo cultural (como o desejam os meios de comunicação de massa), mas permaneceria intocado o campo da produção de conhecimentos, isto é, democratizada no plano do consumo, a cultura permanecerá privilégio no plano de sua criação, conservando a ideologia dos talentos e aptidões "naturais", dos quais as populações periféricas e marginalizadas estariam desprovidas.

Em terceiro lugar, porém, tentemos avançar nessa questão a fim de avaliarmos um pouco melhor por onde passa a marginalização cultural. Um dos primeiros resultados da divisão entre "cultos" e "incultos" é não somente a imposição "natural" da subordinação dos segundos aos primeiros, mas sim a própria definição do que seja a incultura. Esta, na verdade, não é um fato nem uma ideia, mas um processo: o de desqualificação do saber e dos conhecimentos possuídos pelas camadas populares. Assim, além de excluídos do circuito do saber dominante, os "periféricos" e "marginalizados" são desqualificados por esse saber (poderíamos aqui fornecer dezenas de exemplos, mas nosso tempo é exíguo e não o faremos).

Essa desqualificação é estimulada por algo que costumo designar como a ideologia da competência, cujas principais características são: 1) aceitação da divisão dos conhecimentos em especialidades cada vez mais fragmentadas e que não são ditadas por necessidades internas aos próprios conhecimentos, mas por imperativos externos ao saber, imperativos de natureza administrativa, burocrática e mercantil; 2) transformação das especialidades (administrativa e burocraticamente concebidas) em propriedade dos especialistas e em direito de autoridade para decidir e controlar pensamentos, sentimentos e ações dos demais, isto é, conversão do saber em direito natural ao exercício do poder, de sorte a dividir a sociedade em dois grandes grupos: os que decidem e os que executam; 3) uso desse poderio para um verdadeiro processo de intimidação social e política no qual os que não possuem a "competência" são espoliados de seus conhecimentos, desqualificados e transformados em incompetentes para pensar, sentir e agir. A ideologia da competência, negação da competência real de cada um, garante a alguns o direito de dirigir, controlar, manipular e punir os demais.

Em três campos principais essa ideologia atua sobre as populações periféricas e marginalizadas, levando-se em conta as definições que demos para esses termos ao iniciarmos nossa exposição. No caso da população periférica, que é majoritariamente a força de trabalho ligada à produção industrial, a "cultura" dos técnicos, gerentes, administradores e pessoal do DRH e DRI opera como divisão social entre os que tem poder de decisão e os que tem a obrigação da execução. Em outras palavras, com a taylorização e a fordização do processo de trabalho, a "cultura", inscrita nas máquinas e nos conhecimentos do setor do DRH e do DRI, opera de modo a garantir a exclusão dos trabalhadores do próprio processo de trabalho (o que não significa que tal procedimento seja um sucesso, como o revela a "greve do zelo"). No caso da população marginalizada, a "competência" opera como motor da autoincriminação e da culpabilização das vítimas, que se veem a si mesmas como suspeitas e culpadas potenciais, como agentes da violência. No caso das populações encarceradas, particularmente no caso dos considerados loucos, essa "competência" não só legitima os procedimentos descritos por Goffman (humilhação, despersonalização, desumanização), como ainda torna ilegível e incompreensível a expressão do encarcerado (novamente, aqui, poderíamos fornecer dezenas de exemplos, mas o tempo urge).

Porém, o golpe de mestre da "competência" sobre os "incompetentes" é dado no tratamento oferecido à cultura popular. Dissemos que esta é folclorizada e transformada em espetáculo, perdendo suas raízes de crítica, resistência e contestação da ordem vigente. Para que a folclorização seja possível é necessário pressupor uma certa concepção do tempo que permita unificar como expressões de uma única cultura formas antagônicas ou mesmo contraditórias de cultura. Concebendo-se o tempo como sequência linear e contínua de acontecimentos que rumam para determinados fins, designando esse caminhar contínuo com o nome de "progresso", a "competência" permite considerar a cultura popular como repositório das tradições e guardiã do passado, enquanto a cultura dita de elite é considerada preparação e guarida do futuro, cuja realização depende de seu poder no presente.

Da periferia e da margem para a democracia

Desde meados dos anos 1970, ainda sob o tacão da repressão e do terror, ainda sob o medo contínuo da prisão e da tortura, ainda sob o império da censura, surgiram nas periferias das grandes cidades os movimentos sociais populares, engrossados pelos movimentos das associações civis pelas liberdades e direitos. Esses movimentos (MF, NH, MN, SABs, CEBs, MCV, MCC, Justiça e Paz, MA, manifestações estudantis) não foram homogêneos, não reivindicavam nem reivindicam os mesmos objetivos, não tiveram o mesmo tipo de desenvolvimento, alguns se perderam pelo caminho, outros prosseguiram, outros nasceram. As greves do ABC Paulista de 1978 e 1979, seguidas pelas do funcionalismo público, dos médicos, dos professores, o surgimento das associações de docentes marcaram um novo período na sociedade brasileira. Seria impossível e, em certos casos, injusto colocar todos esses movimentos sob alguma forma de identidade. Todavia, houve uma que, em nosso entender, assinala o movimento de passagem da periferia e da margem para o centro da vida social e política: a luta pela conquista da cidadania.

A luta pela cidadania surgiu sob três formas principais, nem sempre simultâneas: em primeiro lugar, como exigência do estabelecimento de uma ordem legal de tipo democrático na qual os cidadãos participam da vida política através dos partidos e do voto, implicando uma diminuição do poder Executivo em benefício do Legislativo – aqui a cidadania está referida ao direito de participação política por meio da representação; em segundo lugar, como exigência do estabelecimento das garantias individuais, sociais e econômicas, políticas e culturais cujas linhas gerais definem o Estado de Direito, no qual vigoram pactos a serem conservados e o direito à oposição política sob todas as formas, implicando a abolição das leis de exceção, particularmente a lei de Segurança Nacional – aqui, além da defesa dos legislativos municipal, estadual e federal, coloca-se sobretudo a defesa da autonomia do Judiciário e a cidadania está referida ao fim da violência e aos direitos e liberdades civis; em terceiro lugar, como exigência de um novo modelo econômico destinado à redistribuição mais justa da renda, à estabilidade no emprego em virtude do direito ao trabalho, à autonomia e liberdade das organizações trabalhadoras, à exigência de uma política social que não só respeite a coisa pública como bem público, mas que atenda prioritariamente as classes populares, à exigência do direito de essas classes defenderem seus interesses e reivindicarem seus direitos por meio de movimentos sociais populares e de opinião pública, à exigência de participação direta nas decisões concernentes às condições de vida e de trabalho, à luta contra a tortura e a violência policial – aqui, a cidadania está referida à justiça social e econômica.

Dessas lutas, interessa-nos particularmente a terceira (ainda que inseparável das demais) porque nela podemos entrever o significado da passagem da periferia e da margem para o centro político. Com efeito, se a democracia é conservação de direitos e respeito por eles, contudo ela é antes de tudo a instauração de um espaço social e político pela *criação de novos direitos.*

Quando as populações periféricas e marginalizadas lutam pela água, pela luz, pelo esgoto, pela moradia, pela educação, pelo transporte, pela saúde, lutam pelo reconhecimento de um direito que lhes tem sido negado: o direito à vida. Quando as populações periféricas e marginalizadas lutam por liberdade sindical, pelo direito de greve, pela mudança do modelo econômico, pelo desatrelamento do trabalho das peias do Estado, pela estabilidade no emprego, pelo salário-desemprego, pelas comissões de fábrica, pelos direitos dos posseiros, pela transformação das condições de vida, trabalho e salário dos boias-frias e pela soberania da economia nacional, lutam pelo reconhecimento de algo que lhes tem sido sistematicamente negado: o reconhecimento da dignidade dos trabalhadores. Quando os movimentos populares da periferia e da margem lutam pela participação nas decisões que lhes dizem respeito, lutam por algo que sempre lhes foi negado: o direito à voz na política. Quando mulheres, homossexuais e lésbicas, de todas as bordas da margem clamam pelo reconhecimento da diferença sexual sem o estigma de vê-la convertida em papel social discriminador, lutam por algo que sempre lhes foi negado: o direito de fruir o próprio corpo sem transformá-lo em instrumento para um suposto rendimento produtivo ou máquina da engrenagem social. Quando os negros denunciam a discriminação racial e a hipocrisia da democracia racial brasileira, lutam por algo que sempre lhes foi negado: o direito de pertencer ao gênero humano. Todos esses movimentos, todas essas lutas se caracterizam pela criação de novos direitos e são estes os portadores de uma sociedade democrática. Quando não mais excluirmos os loucos e os velhos do gênero humano; quando não mais chamarmos as crianças de "menores", quando não mais virmos em cada favelado um criminoso e em cada trabalhador uma máquina sem espírito e sem pensamento, talvez, quem sabe, faremos deste país uma democracia.

O escândalo da fome
e do desemprego[*]

Em Inhuporanga, Ceará, foram registrados 21 óbitos de crianças cuja morte foi causada pela fome. Em Fortaleza, crianças são abandonadas nos hospitais pelas mães que, não podendo criá-las, esperam que outros, mais afortunados, o façam. Em São Paulo, 40% das crianças sofrem de anemia por ausência de ferro na alimentação e uma campanha iniciada pelo Centro de Hematologia recomenda às mães que, na falta de carne e outros alimentos ricos em ferro, a comida seja preparada em panelas de ferro ou que seja colocada uma ferradura no recipiente para que o ferro impregne os parcos alimentos.

Entre as imagens nordestinas gravando para sempre o quadro do Biafra brasileiro e as recomendações paliativas dos médicos paulistas, que nos trazem à lembrança a famosa receita da sopa de pedra, situa-se o escândalo. Escândalo no sentido bíblico da palavra, pois, se a política econômica e social dos governos não tem intenção assassina e, no entanto, seus efeitos são letais, são, biblicamente, o Mal. Basta lembrarmos, por exemplo, que a política energética desenvolvida pelo Proálcool, em São Paulo, não só fez desaparecerem as culturas de alimentos, como ainda expulsou os pequenos proprietários de suas terras, diminuiu a oferta de emprego para os boias-frias e empurrou famílias inteiras para a miséria das cidades. O desmatamento irresponsável nas terras do Sul contribuiu diretamente para o horror das

---

[*] Originalmente publicado em: *Folha de S.Paulo*, p. 2, 05/09/1983.

enchentes, e a "indústria da seca" nordestina ceifa vidas e desespera uma população à míngua.

Contra o escândalo da fome e do desemprego, desde as manifestações de abril, os desempregados de São Paulo vêm tentando organizar-se em comitês de bairro e assembleias plenárias unificadas em torno de uma pauta de reivindicações que já foi apresentada a todas as autoridades governamentais sem que resposta positiva lhes tenha sido dada. Hoje, 5 de setembro, os desempregados iniciam um protesto pacífico acampando no Ibirapuera em frente à Assembleia Legislativa e pedem a solidariedade da população em geral, dos sindicatos, da Igreja, de entidades como a OAB e ABI, solicitando apoio material, moral, político e jurídico. A escolha do local (não é zona comercial e não há o espantalho dos saques) foi feita com a intenção de tornar o desemprego maciçamente visível para as classes média e alta, que não conhecem o horror dos largos, praças e viadutos da miséria. Tornar o invisível visível também para os políticos e para a imprensa, mas visível também para os membros do Segundo Exército, na esperança de que o caráter pacífico do protesto sensibilize e politize quem o presenciar. O documento distribuído pela Plenária dos Comitês de Desempregados declara que a manifestação é pacífica e que não haverá resistência à repressão policial, se esta se fizer representar. Não pretendem pressionar o Legislativo nem o Segundo Exército, mas apenas fazer valer o direito à luta pública contra a fome, o arrocho salarial e o desemprego.

A pauta de reivindicações é sucinta e clara: criação imediata de frentes de trabalho, auxílio alimentação, passe-desemprego, não pagamento de água e luz (para os que ainda têm onde morar), congelamento dos preços dos gêneros de primeira necessidade, salário-desemprego, estabilidade no emprego (para os que ainda estão empregados), reforma agrária, derrubada da política de arrocho salarial (isto é, dos pacotes econômicos e particularmente do 2.045) e, no plano federal, liberdade de organização e manifestação contra a opressão exercida sobre os trabalhadores. Assim, a pauta vai desde medidas de emergência até mudança da política econômica e social, repondo a necessidade da reforma agrária, sem a qual a palavra dos governos – "fixar o homem no campo" – é oca ou de má-fé, e combatendo o novo decreto-lei que consagrará, se aprovado, anos de arrocho e expurgos salariais.

Os organizadores do acampamento sabem que não será fácil conservar a calma dos mais desesperados, cujas famílias estão ao desabrigo, se desfazendo com a doação das crianças e com as prisões e mortes dos que assaltam para comer. Também não será fácil manter o nível da politização, pois o movimento dos desempregados é extremamente heterogêneo. E sabem que um acampamento no Ibirapuera na Semana da Pátria pode não ser considerado um bom símbolo para festejar a Independência. Mas há o que festejar?

O paradoxo da defesa da ordem que pisoteia o direito[*]

Afastemos, por um momento, as considerações policialescas e moralistas que, nos últimos meses, têm cercado a discussão da violência no Brasil. Antes de regressarmos a alguns fatos alarmantes, façamos uma pequena tentativa de reflexão que nos ajudará a compreender as últimas ocorrências registradas no país.

Se considerarmos a Lei como expressão de direitos e obrigações elaborados e reconhecidos por uma sociedade política, o Direito como reconhecimento recíproco coletivo de princípios e valores constituídos pelas práticas conflitantes dos sujeitos sociais enquanto sujeitos, e o Poder como o polo no qual uma sociedade elabora a lei e o sistema que regulam sua prática e definem as formas de relação entre o público e o privado, sem dúvida há dificuldades imensas para concretizar todas essas instâncias em sociedades que escondem seus conflitos internos, escamoteiam as formas de exploração e de dominação de uma classe ou de um grupo social sobre outras classes e outros grupos sociais.

O ocultamento das divisões, a dissimulação dos conflitos e a recusa da realidade da exploração e da dominação atingem seu ápice nos regimes ditatoriais, nos quais a apropriação privada das leis e do poder e a abolição dos direitos também alcança o ponto mais alto. Não sendo social e politicamente trabalhados, a lei e o poder produzem,

[*] Originalmente publicado em: *Folha de S.Paulo*, p. 2, 19/12/1983.

entre outras consequências, a defesa armada da ordem vigente (que não pode ser preservada por práticas sociais, em decorrência da despolitização) e a disseminação do medo e do terror para garanti-la. Quando, porém, esses mecanismos começam a perder a eficácia – seja porque desapareceram compensações que os sustentavam, seja porque novas práticas sociopolíticas os solapam cotidianamente, seja porque sua inércia e peso roubam-lhes toda possibilidade de reconhecimento – um fenômeno peculiar acontece, se uma nova sociabilidade não nasceu: espalham-se pelo interior da sociedade e entre os indivíduos práticas que, pouco antes, presidiam a ação dos dominantes. A lei reduzida ao arbítrio pessoal, o não reconhecimento dos direitos, o desprezo recíproco e o terror (isto é, o conflito sem mediação, resolvido pela morte dos adversários) passam a cimentar as relações sociais.

Quando a política ditatorial produziu a máxima desigualdade econômica e social, a riqueza de uns insultando a miséria de outros; quando produziu a máxima despolitização que transforma a sociedade num agregado de indivíduos sem poder de decisão; quando afirma ser isto a ordem e o resto o caos, persuadindo os indivíduos da necessidade de buscar uma autoridade protetora que os salve, estão abertas as comportas para a fascistização da sociedade.

Chegamos ao Brasil.

Aqui, os miseráveis que ainda não morreram de inanição assaltam e matam os pobres. Aqui, uma classe média estupefata com a perda de vantagens econômicas que a compensavam da falta de poder político, faz justiça com as próprias mãos, armando-se para proteger os resíduos de seu passado recente. Aqui, o assassino do operário Santo Dias[1] foi absolvido por um tribunal e os assassinos de Margarida Alves[2] perseguem sua advogada. Aqui, um procurador do Estado é visto assassinando a

---

[1] O policial militar Herculano Leonel foi acusado de ter disparado no líder sindical Santo Dias em piquete realizado no fim de outubro de 1979, contra o qual as forças policiais agiram com enorme brutalidade. Após o tiro que atingiu Santo Dias nas costas, o metalúrgico foi levado para o hospital, onde chegou já sem vida. Durante o translado do corpo, a esposa de Santo Dias, com receio de que o corpo desaparecesse, fez questão de acompanhá-lo no carro que o levaria ao Instituto Médico Legal, apesar da pressão dos policiais para que deixasse o veículo seguir desacompanhado. (N. das Org.)

[2] Ver o capítulo "O assassinato de Margarida Alves". (N. das Org.)

socos e pontapés um menino negro que roubara uma correntinha de ouro, enquanto, logo adiante, um grupo de engravatados com pastinha 007 tenta linchar um desempregado que assaltou uma moça. Aqui, um general da República agride um jornalista e o força a desculpas públicas, após definir "medidas de emergência" como providência democrática porque "democracia é respeito à lei".[3]

Sob a aparência do paradoxo, vigora a coerência surrealista: defesa da ordem que pisoteia o direito em nome da lei. A ordem defendida é exatamente aquela que, pela apropriação privada da lei, é incompatível com o direito. Há, pois, uma legalidade presidindo essa ordem que abole os direitos, institucionaliza a violência e instaura uma sociabilidade terrorista de vítimas e algozes, açulados pelos meios de comunicação de massa. O interesse maior dessa ordem é indiferenciar as formas da violência para fazê-las parecer como enorme ameaça que sobe dos porões da sociedade ao topo do Estado, ameaçando sua "estabilidade".

Nesse contexto, a defesa da pena de morte e das eleições indiretas obedece à mesma lógica. A nós, a tarefa de combatê-las, se queremos o fim da violência e uma sociedade democrática.

---

[3] Refere-se ao episódio em que o general Newton Cruz, que foi chefe do Serviço Nacional de Informação (SNI) e do Comando Militar do Planalto, ameaça e agride um jornalista em coletiva de imprensa televisiva, forçando-o a desculpar-se por supostamente tê-lo desrespeitado. (N. das Orgs.)

Os direitos humanos[*]

Declarados no século XVIII (durante a Revolução Francesa) e reiterados no século XX (pela ONU, após a Segunda Guerra Mundial), os direitos do homem e do cidadão ainda não conseguiram chegar ao Brasil, no limiar do século XXI. Em princípio, não haveria porque se desesperar. Quem ouviu loas ao chamado Plano Tropical, barreira que os governantes pretendem erguer contra a especulação e a preguiça em nome do trabalho honesto, há de se lembrar de falas semelhantes, no século XVII, contra a usura e o comércio em favor da indústria nascente. Lembrança atualizada, há pouco, em artigo de Cláudio Lembo, na página 3 desta *Folha*, quando afirmava que o chamado Plano Tropical conduz o país à descoberta das virtudes burguesas: trabalho, esforço, poupança, parcimônia, frugalidade, crédito, honestidade e investimento. Virtudes estudadas no clássico de Max Weber, *A ética protestante e o espírito do capitalismo*. Se, como afirmam os economistas, nosso capitalismo é tardio, consequentemente, nosso calvinismo também será tardio. E se as virtudes burguesas do século XVII só nos chegam no final do século XX, podemos esperar que os direitos do homem e do cidadão, declarados no século XVIII, nos cheguem no final do século XXI. Não há porque se desesperar.

Em sua essência, os direitos do homem e do cidadão são simples: direitos humanos (à vida, ao trabalho, à saúde, à educação, à alimentação,

[*] Originalmente publicado em: *Folha de S.Paulo*, p. 2, 07/07/1986.

à moradia, à cultura) e direitos civis (liberdade, igualdade jurídica e justiça). Por suas origens, tais direitos não podem ser considerados produto de subversão comunista (qualquer leitor de *A questão judaica*, de Marx, conhece as críticas acerbas do autor às abstrações e ao formalismo desses direitos atribuídos aos indivíduos e à natureza humana, quando há classes sociais e determinação histórica do "natural"). São princípios liberais, *no more*. Princípios burgueses, *rien de plus*.

Resta saber por que, no Brasil, além de serem considerados subversão comunista (esquecendo-se de que, neste mesmo momento, nos países de "socialismo real", os dissidentes invocam tais direitos contra a ordem vigente), os direitos do homem e do cidadão ficaram circunscritos a um único aspecto: a segurança patrimonial e pessoal contra a violência e a criminalidade, e, por uma espécie de entropia conceitual, reduziram-se, na fala da extrema direita, ao lema: "proteger o bandido contra a vítima". Por que o campo dos direitos humanos (sociais e civis) ficaram reduzidos à questão policial e carcerária?

Duas respostas são aqui possíveis, A primeira nos vem, paradoxalmente, de Marx (a quem a imprensa e a mídia, além da extrema-direita, parecem atribuir a origem da formulação de tais direitos!). Com efeito, criticando a Constituição Francesa de 1795, fundada na Declaração dos Direitos de 1791, Marx comenta a ênfase que fora dada à segurança: "A segurança é o conceito supremo da sociedade burguesa, o conceito da polícia, segundo o qual a sociedade só existe para garantir a cada um de seus membros a conservação de sua pessoa, de seus direitos e de suas propriedades". Muito se criticou Marx por não haver compreendido o significado democrático dos direitos humanos e por não haver captado o significado da instauração da lei como polo oposto ao arbítrio dos governantes. Todavia, para quem vive no Brasil e vê a redução dos direitos e da lei à questão da segurança e da polícia, cabe indagar se Marx, afinal, não teria tido razão em suas críticas.

A segunda resposta possível nos vem da realidade sociopolítica brasileira. Poderíamos considerar surpreendente a restrição aos direitos humanos e sua deformação policialesca se o Brasil fosse uma república. Não o é (basta a celebração contínua do "jeitinho" para atestar a indistinção entre o público e o privado). Se aqui houvesse cidadãos. Não os há (nos edifícios, os elevadores não se dividem em "social" e "de serviço"? Os anúncios de emprego, quando solicitam "boa aparência" não estão avisando que negros não serão aceitos? Os anúncios imobiliários não dividem as cidades em "zonas nobres" e "não nobres"?). Se aqui houvesse seres humanos. Não os há (ou são considerados humanos os 77 milhões de famintos do relatório escrito por Hélio Jaguaribe?). Sociedade autoritária, rigidamente hierarquizada e regulada por relações pessoais de favor e clientela, a sociedade brasileira se vê a si mesma dividida em dois polos: a "elite" e os "subalternos". Consequentemente, a "elite" não carece de direitos, porquanto possui privilégios. E os "subalternos" não devem ter direitos porque deixariam de ser "subalternos".

Ora, onde os "subalternos" melhor aparecem como não fazendo jus ao *jus*, indignos do Direito? Onde se mostram indignos da cidadania? Na criminalidade. Onde melhor patenteiam sua não humanidade e sua indignidade para aspirar aos direitos humanos? Na violência. E, pois, pela criminalização contínua dos "subalternos", por sua redução à esfera da força, da polícia e da prisão, que se procura desmantelar o significado global dos Direitos do Homem e do Cidadão. Com efeito, numa sociedade como a brasileira, a luta por direitos só pode ser uma luta popular, pois somente os dominados e explorados não possuem direitos. Quando os dominantes reduzem esses direitos à dimensão policial-carcerária, procuram invalidar lutas populares democráticas por direitos. Apresentando a plebe como temível quando não teme, o poder bloqueia a criação de direitos e revela seu caráter não democrático. O resto é balela.

Teologia e política[*]

Embora o assunto mereça tratamento mais amplo (que faremos em outro artigo, nesta semana, para a p. 3 desta *Folha*), cabem aqui algumas observações gerais sobre a convocação de frei Leonardo Boff pela Sagrada Congregação para a Doutrina da Fé (novo nome para a velha Inquisição), no próximo dia 7 de setembro de 1984.

Muitos, provavelmente, sentiram-se surpreendidos ao saberem que esse tipo de tribunal, com sua peculiar forma de interrogatório, ainda existe e que será acionado justamente sob o pontificado de um Papa que luta contra essa modalidade de atuação nos chamados países socialistas do Leste Europeu. No entanto, para além da surpresa, cabe indagar o que está em jogo no combate ao livro de Leonardo Boff *Igreja: carisma e poder*.

Seguindo a tradição franciscana e as posições do Concílio Vaticano II, frei Leonardo adota a opção preferencial pelos pobres, contrapõe a igreja governamental, hierárquica, conservadora e comprometida com os dominantes e a igreja popular, profética, nascida nas lutas concretas dos povos oprimidos em busca de justiça. Pensa a libertação como emancipação humana que se realiza na história e pela política.

A Inquisição, de triste memória, considera essa teologia perigosa porque, empregando o instrumental bíblico e marxista, divide a unidade

---

[*] Originalmente publicado em: *Folha de S.Paulo*, p. 2, 3/9/1984.

da cristandade (um só senhor, uma só fé, um só batismo), uma vez que revela as divisões que atravessam a Sociedade Cristã como divisões socioeconômicas, políticas e culturais. Em termos simples: há cristãos oprimindo cristãos. Em termos conceituais: há luta de classes. Segundo a Inquisição, o perigo é duplo: racha a unidade indivisa dos fiéis e abala os fundamentos da hierarquia, da disciplina e da autoridade eclesiásticas. A divisão real e aceitável, conforme os inquisidores, seria entre os "pobres de espírito" e os abençoados, e não entre pobres e ricos; entre os "proprietários sem consciência moral" e os humanitários. Quanto à hierarquia e à autoridade, nada a declarar. São fatos e direitos. Ponto final.

Mais interessante do que a posição da Sagrada Congregação tem sido a dos setores católicos leigos conservadores (tanto setores da classe dominante quanto da classe média urbana): são favoráveis à condenação da Teologia da Libertação alegando que teologia e política não podem ser confundidas e que, ao sê-lo, põem em perigo a "paz social".

Ora, essa alegação é curiosa pelo menos por dois motivos: em primeiro lugar porque, ao contrário da Inquisição (muito prudente neste aspecto), ignora a história da sociedade ocidental como teológico-política (ignorância que chega às raias da cegueira face ao óbvio como, por exemplo, não indagar por que, sendo o Cristianismo uma religião muito simples de amor a Deus e ao próximo, precisou e precisa da Igreja como instituição jurídico-política, um Estado como o do Vaticano para garantir a remissão dos pecados e a ressureição da carne, isto é, os conservadores sequer indagam por que os mistérios da fé levaram ao surgimento de um governo pontifício). Em segundo lugar, por que a diferença e separação entre teologia e política (separação pela qual racionalistas como o filósofo Espinosa correram risco de vida, excomunhão e censura) pregadas pelos conservadores não se referem à diferenciação possível entre ambas, mas ao medo dos vínculos entre uma certa teologia (profética) e uma certa política (emancipadora). Como no correr da Reforma Protestante e nos movimentos libertários da Idade Média, o que se teme não é a articulação entre teologia e política, mas entre religiosidade popular, crença na justiça e luta concreta por ela.

O grande espantalho em que foi convertida a Teologia da Libertação decorre, pois, de sua simplicidade: a cristandade está dividida entre opressores e oprimidos, essa divisão é anticristã e o cristão precisa lutar contra ela. Como os opressores aceitariam essa evidência? É esta a teologia que não interessou aos reformadores protestantes conservadores da Alemanha e da Inglaterra, nem ao papado e à realeza medievais. São Francisco de Assis que o diga.

A volta da Santa Inquisição[*]

A Teologia da Libertação vem sofrendo ataques de três proveniências: do Documento de Santa Fé (projeto para o programa de política interamericana do governo Reagan, redigido no Novo México, em 1980, por um grupo de assessores, alguns ligados à Trilateral, outros ao Conselho de Relações Exteriores dos Estados Unidos); do Documento da Santa Sé (a "Instrução" baixada pela Sagrada Congregação para a Doutrina da Fé); e de artigos escritos por leigos, em revistas e jornais brasileiros.

É simples e direto o Documento de Santa Fé: "A manipulação dos meios de informação através de grupos vinculados à Igreja e de outras camarilhas encarregadas de debates em torno dos chamados direitos humanos tem desempenhado um crescente e importante papel na derrubada de governos – autoritários, sim, mas pró-norte-americanos – substituindo-os por ditaduras antinorte-americanas, comunistas ou pró-comunistas, de caráter totalitário. A política exterior dos EUA deve começar a enfrentar (e não simplesmente reagir posteriormente) a Teologia da Libertação, tal como é utilizada na América Latina pelo clero na Teologia da Libertação". Em consonância, e à medida que se agravam as tensões entre os EUA e a América Central, estreitaram-se os laços diplomáticos entre a administração Reagan e o Estado da Cidade do Vaticano, como o comprovam a visita do presidente americano ao Papa e as conversas com o núncio

[*] Originalmente publicado em: *Folha de S.Paulo*, p. 3, 07/09/1984.

apostólico nos EUA, Pio Laghi. Simultaneamente, no *front* ideológico, foi criado o Instituto de Religião e Democracia, encarregado de neutralizar as atividades das chamadas igrejas progressistas norte-americanas e de opor-se ao ecumenismo do Conselho Mundial das Igrejas, a ideologia do Instituto sendo de caráter geopolítico, fundada nas ideias de "subversão interna" e "agressão externa". Esse conjunto de medidas parece ter um objetivo imediato: persuadir o Vaticano a pôr um fim na Teologia da Libertação latino-americana, começando pela Nicarágua e El Salvador, mas com empenho especial sobre o Brasil, definido no Documento de Santa Fé como "uma das maiores potências mundiais" até o fim do século.

A resposta da Santa Fé é a "Instrução" da Santa Sé. Trata-se de documento que justifica a convocação de frei Leonardo Boff para responder a questões da Sagrada Congregação para a Doutrina da Fé, vulgo Inquisição (mudou de nome, mas não de princípios, formas e procedimentos).

A "Instrução" também é simples. Critica a Teologia da Libertação por romper a unidade da Igreja, seja porque a TL admite haver cristãos oprimindo cristãos, seja porque admite a via popular profética de emancipação, sem a tutela da Hierarquia e do Magistério eclesiásticos. Numa palavra, a Teologia da Libertação desvenda a rachadura socioeconômica e política da cristandade e os compromissos entre o poder eclesiástico e as classes dominantes, a própria instituição eclesiástica sendo parte constitutiva da dominação ou da opressão.

Evidentemente, a "Instrução" não emprega linguagem tão direta. Diz, por exemplo, que a Teologia da Libertação é criticável por aceitar "um conjunto de posições incompatíveis com a visão cristã do homem", isto é, esquece que a essência humana é o pecado e que a libertação é a redenção dos pecados pelo mistério da graça divina. Ou, então, que a Teologia da Libertação põe em risco os fundamentos da *Ecclesia*, esposa de Cristo, nascida da doação das Chaves do Reino a Pedro, visto que os novos teólogos consideram a instituição eclesiástica uma hierarquia comprometida com os opressores. E, mais do que isso, colocam no lugar da Hierarquia e do Magistério eclesiásticos a crença de que "o povo é a fonte dos ministérios e, portanto, pode dotar-se de ministros à sua escolha, de acordo com sua missão revolucionária histórica". De modo simples: erra a Teologia da Libertação ao afirmar *"vox populi, vox Dei"*. De modo conceitual: erra a Teologia da Libertação ao opor carisma e poder.

Em suas linhas gerais, a "Instrução" condena o marxismo da teologia latino-americana, que teria se apropriado acriticamente de um instrumental ateu e pouco adequado para a compreensão isenta da realidade. O marxismo dos novos teólogos estaria nas seguintes ideias: 1) admissão de que os homens fazem sua própria história em condições determinadas e que esse fazer humano seria uma epifania (isto é, revelação da verdade) e uma redenção (isto é, liberação contra a injustiça e a opressão); 2) admissão de que as sociedades, ainda que cristãs, não são comunidades unas e indivisas, mas sociedades propriamente ditas, portanto, internamente divididas pela exploração, dominação, desigualdade e violência, a luta de classes definindo a vida social e, nesse caso, "a unidade da Igreja é radicalmente negada", pois a Eucaristia, por exemplo, deixa de ser mistério compartilhado por todos os cristãos para converter-se em "celebração do povo em sua luta"; 3) confusão a respeito da ideia cristã de pobreza, transformada em pobreza material quando se trata "dos pobres de coração, em primeiro lugar"; confusão que conduz a Teologia da Libertação ao estímulo de revoluções que levam ao totalitarismo, quando deveria "libertar-se de uma miragem para apoiar-se no Evangelho".

O que se observa, portanto, é o esforço da "Instrução" para reconduzir a religiosidade ao campo do mistério, da transcendência, da universalidade que, em nome do coração e do espírito de cada um, criam a comunidade invisível e indivisa dos cristãos, malgrado a realidade visível da exploração e da violência. Além disso, a "Instrução" repõe a noção de luta de classes de modo a ser imediatamente repudiada pelos setores leigos conservadores, pois a luta não é entre duas classes, no cotidiano das leis e das instituições que perpetuam o poder de uma classe sobre outra, mas se reduz à imagem do povo revoltado e rebelde. A simplificação só pode ser intencional, pois se os leigos conservadores brasileiros são, em sua maioria, ignorantes quanto ao conceito de luta de classes e se aterrorizam com a imagem grosseira do povo "cão raivoso", tal confusão não deve existir nos cultos teólogos, membros da Santa Inquisição.

Em contrapartida, a visão que a "Instrução" possui do povo é altamente significativa. Os cristãos são irmãos porque filhos dos esponsais de Cristo com a sua Igreja que é, portanto, mãe dos fiéis. O dever dela é de tutela e de magistério; o dever deles é de "respeito filial". Assim sendo, a "Instrução" declara que a Teologia da Libertação, perdendo a transcendência do Reino e da pessoa humana, acaba "sacralizando a política e abusando da religiosidade do povo, em proveito de iniciativas revolucionárias". Reencontramos no documento, portanto, exatamente a mesma visão dos dominantes, para os quais o povo é ignorante, passivo, inculto, inocente e manipulável, isto é, o que gostariam que o povo fosse. Mas, no caso da "Instrução", há grave paradoxo, pois, para ela, o que torna o povo abusável é a religiosidade. O que nos leva a concluir que o Magistério eclesiástico, séculos a fio, pouco trouxe para a alma popular, senão a ignorância manipulável... Visão que a Teologia da Libertação recusa, sendo por isso criticada.

Um outro paradoxo percorre a "Instrução". A defesa da catolicidade da *Ecclesia* visível e invisível (institucional e comunidade de fé) não desconsidera a existência da violência e o documento fala nos abusos de poder das ditaduras latino-americanas, nas injustiças, na desconsideração pelos direitos humanos, nas enormes desigualdades econômicas. Todavia, considera também que as causas dessa situação não se encontram nas "estruturas econômicas" (como imagina o marxismo acrítico da Teologia da Libertação), mas na "falta de consciência moral" de "algumas oligarquias de proprietários". Transferindo o problema do plano socioeconômico e político para a esfera moral, o documento pode deixar a violência por conta de indivíduos imorais, salvando a unidade cristã, pois os maus e as más ovelhas sempre existiram, em decorrência da natureza pecadora dos homens. Onde o paradoxo? Em primeiro lugar, na necessidade de afirmar a unidade *de jure*, apesar das divisões *de facto*. Em segundo lugar, na luta contra toda tentativa de enfrentar a divisão social, negando-a como social para afirmá-la como moral. Ora, qual a diferença entre essa negação da divisão, em nome da unidade inexistente, e o "totalitarismo" combatido pelo texto? E qual a diferença entre atribuir as injustiças a desvios individuais e à invenção "totalitária" das dissidências individuais? A única diferença, ao que parece, é que, num caso, o "desvio" é obra do pecado e no outro, a "dissidência" é resultado da loucura. Penitência para uns e asilo psiquiátrico para outros? Mas o paradoxo cresce quando nos lembramos de que a salvaguarda da unidade *de jure*, defendida pela "Instrução", acaba fazendo dos teólogos da libertação dissidentes. Ou, em linguagem mais adequada, heréticos. Sem o que seria incompreensível a convocação de frei Leonardo pela Inquisição.

Embora, em face do Documento de Santa Fé e ao da Santa Sé, os artigos dos leigos brasileiros pareçam semifolclóricos, vale a pena considerá-los. Em primeiro lugar, dizem os leigos, frei Leonardo está envolvido numa questão de fé e de disciplina interna da Igreja. Pergunta-se: desde quando as necessidades da administração Reagan fazem parte da Sagrada Congregação para a Doutrina da Fé? Em segundo lugar, dizem, o erro da Teologia da Libertação está em politizar a teologia quando esta nada tem a ver com a política. Pergunta-se: por que foram perseguidos, excomungados, censurados todos os pensadores (da Idade Média à Modernidade) que ousaram diferenciar teologia e política e criticar o poder teológico-político? Todos, sem exceção, foram condenados como ateus. Um "mal-entendido" que durou séculos e ceifou vidas deve ter alguma explicação, pois não?

Se, no mundo cristão, teologia e política nada têm em comum, pergunta-se:

1) Sendo o cristianismo uma religião muito simples e acessível ao coração de quem tem fé (pois amar a Deus e ao próximo, crer na remissão dos pecados, na ressurreição da carne, na Santíssima Trindade e partilhar a eucaristia são crenças e atos fáceis para um crente cristão), por que sua preservação exige uma instituição jurídico-política, o Estado da Cidade do Vaticano, e a hierarquia eclesiástica? Se, agostinianamente, responder-se: *sub ratione peccatum*, isto é, precisa-se do aparato jurídico-político por causa do pecado, que torna o homem essencialmente desobediente, ter-se-á oferecido uma razão teológica para a política. Se se responder, tomisticamente, que os homens são seres sociais ou políticos por natureza, voltados para o bem-comum, e que a graça (por intermédio da *Ecclesia*) os ajuda nessa consecução, ter-se-á dado uma razão política para a institucionalização religiosa.

2) Por que, na Bíblia, entre vários nomes, Deus é chamado Rei dos Reis, Rei da Glória, Senhor dos Exércitos, Onipotente?

Por que seus nomes são designações políticas? "O Senhor fez chover fogo da parte do Senhor" (Gn, 19,24); "O cetro de retidão, o Cetro do teu Reino" (Sl. 45,6); "Deus é rei, vestido de majestade, está vestido, envolto em poder [...] seu trono está firme desde a origem" (Sl. 93,1-2); "Aquele que é, que era, que vem, o Onipotente" (Ap. 1,8); "Não terias poder algum sobre mim, se não te houvesse sido dado pelo Alto" (Jo. 19,11).

3) Por que, em decorrência do dito de Pedro e de Paulo de que "todo poder vem do Alto" e da afirmação de Provérbios de que "por mim reinam os reis e os príncipes governam", o direito de resistência foi sempre uma questão insolúvel para o cristianismo, na medida em que São Paulo deixou o preceito: "que toda pessoa se submeta à autoridade posta acima dela, pois não há autoridade que não venha de Deus e todas as que existem foram instituídas por Ele, quem resiste à autoridade se opõe à ordem estabelecida por Deus" (Rom. 13,1-2)? E São Pedro: "submeti-os a toda instituição humana, seja a do rei na qualidade de soberano, seja aos governantes delegados por ele para castigar os malfeitores e glorificar os bons" (I Pe. 2,13-14)? O que leva Santo Agostinho (em *A cidade de Deus*) a recorrer a um instrumento jurídico-político – o *jus peregrini* – para garantir a legalidade da não obediência cristã ao Império Romano, sem, contudo, contestar o poder de César, já que todo poder vem de Deus? O que levou São Tomás de Aquino a esforços para elaborar uma teoria política onde fosse possível distinguir entre o tirano e o bom governante, de modo a criar uma possibilidade, remota, ao direito de resistência, colocado, porém, sob a esperança de que a justiça (qualidade de Deus) punisse a tirania e não fosse ela punida pelos próprios tiranizados?

4) Por que, entre tantas terminologias possíveis, a teologia de Santo Agostinho escolhe justamente a da política para descrever o Paraíso, designando-o como *Civitas Dei*?

5) Por que, desde os primórdios, a *Ecclesia* está fraturada por uma disputa (hoje tão visível quanto no tempo de Bartolo de Perugia e Marsílio de Pádua) entre o poder papal e o poder

do Concílio, fratura decorrente da interpretação teológico-política das Chaves do Reino, isto é, a disputa para decidir se o poder foi conferido somente a Pedro (por Mt. 16,18) ou a todos os Apóstolos (por Mt. 18,18)?

6) Por que, desde Gregório Magno, instaura-se a teocracia papal e, desde Inocêncio IV (*Aeger cui levia*) o princípio petríneo do *religare* é definido como *officium* e *monarchatum* sustentando a figura do Papa como *gubernato a nemine judicatur,* portanto monarca dotado de poder absoluto? "*Non solum pontuficalem sed et regalem constituit monarchatum, beato Petro ejusque sucessoribus terreni simul ac coelestis imperii commissis habenis* [...] *In gremio enim fidelis ecclesie ambo gladii habentur administrationis* [...] *quo summus pontifex cesari, quem coronat, exhibet gladium vagina contentum* [...]"?

7) Por que, valendo-se da *Doação de Constantino*, de um lado, e do "Normando Anônimo", de outro, portanto da ideia do governante como Rei pela Graça de Deus (*Rex Dei Gratia*) e como Rei Imitação de Cristo e Imagem de Deus (*Rex Christomimetes, Imago Dei*), de Graciano, de um lado, e de João de Salisbury, de outro, a política cristã, marcada pela luta entre papas e imperadores, se constituiu como teocracia e, séculos mais tarde, em monarquia por direito divino?

8) Por que a Inquisição foi instaurada? Por que perseguiu preferencialmente judeus, mulheres (bruxas) e pensadores? O que é *ortodoxia*? Quem a define: o texto bíblico ou as interpretações dos concílios? Pergunta que Lutero e Calvino não puderam deixar de colocar.

9) Por que frei Bartolomeu de las Casas foi vencido por Sepúlveda na polêmica sobre o direito dos cristãos de explorar e escravizar os indígenas das Américas e, sobretudo, por que a exploração e a escravização foram juridicamente definidas, pela Igreja espanhola, como direitos dos conquistadores?

10) Por que queimaram Joana D'Arc, mas canonizaram a jovem camponesa Bernadette exatamente na época em que os movimentos socialistas urbanos cresciam e rumavam para o campo, na França?

11) O que foi a Questão do Padroado, no Brasil?

12) Por que houve a Concordata, pacto do Vaticano com Mussolini?[1]

As questões poderiam prosseguir. Poderiam ser dirigidas às perseguições dos protestantes conservadores aos protestantes radicais da Revolução Inglesa, aos que tinham esperança profética na Quinta Monarquia do Livro de Daniel e foram massacrados. Ou mesmo serem dirigidas às perseguições que, na Idade Média, sofreu a Ordem dos Franciscanos, à qual pertence frei Leonardo. A cada pergunta política, teríamos a surpresa de encontrar uma resposta teológica. Os que bradam contra a politização da Teologia da Libertação lembram os escribas e fariseus do Templo. Sabem que o que está em jogo não é a "politização", mas a qualidade ou natureza da política teológica, fraturada entre Carisma e Poder.

---

[1] Tratado de Latrão (1929) foi a concordata celebrada entre a Itália fascista e a Santa Sé, em que Mussolini reduzia e delimitava o território e a autoridade papal ao Estado do Vaticano, e a Santa Sé renunciava aos seus territórios ao reconhecer Roma como capital da Península Itálica, recebendo por isso uma vultuosa indenização pelos territórios perdidos pela Santa Sé. Em contrapartida, o Estado italiano deixava de ser laico, tornando o catolicismo religião oficial, e houve diversas intervenções na cultura e na vida civil, por exemplo, ao tornar obrigatório o ensino do catolicismo nas escolas ou, ainda, dar estatuto civil para ritos católicos como, por exemplo, o matrimônio religioso, que passou a receber o estatuto de união civil. (N. das Org.)

A tortura como
impossibilidade da política[*]

Os clássicos definiam a política como vida em comum e espaço comum dos cidadãos, reunidos por uma origem comum ou pelos mesmos ancestrais, para as decisões fundamentais da coletividade: guerra e paz, forma da propriedade, gestão dos fundos públicos, regulamentação de fronteiras entre o privado e o público, definição dos crimes contra a Cidade e das penas cabíveis, arbitragem dos conflitos entre particulares. Essa concepção da política, que assumia, em Atenas, a forma da democracia e, em Roma, a da república, afirmava como princípio que o poder pertence ao conjunto dos cidadãos, ainda que, de fato, os regimes políticos fossem aristocráticos, uma vez que os cidadãos válidos – a comunidade política – eram definidos como os melhores, em grego, os *aristói*, e em latim, os *optimates*. De fato, essa definição da cidadania implicava, de um lado, a afirmação de um conjunto de virtudes que os melhores, enquanto governantes, deveriam possuir, visando com isso a impedir a tirania, e, de outro lado, evidentemente, a exclusão política dos estrangeiros e dos considerados dependentes (mulheres, crianças e escravos); no caso de Roma, também a da plebe (os trabalhadores livres pobres).

Com o advento da Modernidade, desaparece a ideia de vida em comum e de espaço comum, ou seja, a ideia de comunidade

---

[*] Originalmente publicado em: ELOYSA, Branca (Org.). *I Seminário do grupo Tortura Nunca Mais*. São Paulo: Vozes, 1987.

política fundada na comunidade dos ancestrais, e em seu lugar surge a de sociedade, entendida como conjunto de indivíduos isolados ou independentes, sem uma origem comum, e que se relacionam por meio de contratos num espaço cindido pela presença de classes sociais antagônicas (os grandes, que desejam oprimir e comandar, e o povo, que não deseja ser oprimido nem comandado, no dizer de Maquiavel; burguesia e proletariado, no dizer de Marx). Surge o conceito de sociedade civil, entendida como espaço onde se efetuam os contratos entre indivíduos privados ou os interesses privados (o mercado), as relações de trabalho e a opinião pública como expressão racional de interesses conflitantes. Desenvolve-se também a ideia de que a paz, a segurança e a ordem não dependem das virtudes morais dos governantes, mas da qualidade das instituições públicas, isto é, do Estado propriamente dito. A divisão social das classes faz com que a burguesia, sob a defesa de ideias republicanas, defenda o ideal da política oligárquica, excluindo politicamente a plebe ou o proletariado, e desloque o problema da tirania, a defesa contra ela passando a depender da força das instituições para impedir que um indivíduo tome o poder do Estado e o exerça em defesa de seus próprios interesses. Eis porque Hegel definirá o Estado moderno como advento da racionalidade objetiva que ultrapassa os interesses subjetivos e fragmentados que constituem a sociedade civil; e Weber o definirá como direito ao monopólio legal da coerção e da violência, cujo exercício está vedado aos indivíduos particulares enquanto sujeitos privados. A separação entre o privado e o público se exprime, assim, na distinção entre sociedade civil e Estado.

Com isso, entretanto, a sociedade burguesa introduz para si mesma uma contradição, qual seja, a necessidade de criar e defender um espaço público e coletivo de poder, juridicamente definido como Estado de Direito, e, ao mesmo tempo, assegurar que o exercício desse poder público esteja a serviço de uma classe social determinada que, portanto, detém para si o poder legal do uso da coerção e da violência, privatizando o espaço público. Essa operação se realiza por meio de uma inversão que constitui o núcleo da ideologia burguesa ou da ideologia moderna: a universalização dos interesses particulares de uma das classes sociais (a burguesia), de maneira que ideias, valores, condutas e comportamentos definidos por essa classe particular apareçam como universais, isto é, válidos para todas as classes ou para todos os indivíduos. Essa contradição entre o particularismo da política e o universalismo da ideologia não é uma ilusão, mas um dos elementos mais importantes para o surgimento da democracia moderna. Com efeito, essa contradição, como toda contradição, se põe em movimento e abre as condições para que os indivíduos, tomados sem distinção de classe ou definidos pela cidadania jurídica (a igualdade perante a lei), exijam o direito de exercê-la e para que os indivíduos excluídos da cidadania (por razões econômicas, políticas e ideológicas) exijam o direito de possui-la. As lutas populares dos séculos XVI ao XVIII e as lutas proletárias dos séculos XIX e XX são a melhor ilustração dessa contradição, pois permitem distinguir entre o Estado de Direito (que preserva direitos juridicamente definidos) e a política democrática de luta e criação de novos direitos (econômicos, sociais, políticos e culturais).

Se tomarmos essa luta como referência, poderemos nos acercar das revoluções modernas e por meio delas compreender como e por que a tortura determina a impossibilidade da política.

Como explica Claude Lefort,[1] um dos aspectos essenciais das revoluções modernas, aquilo que as torna possíveis quer vençam quer fracassem, é o fato de que nelas a sociedade se polariza na visibilidade de dois extremos: um *Alto* opressor e um *Baixo* oprimido, anulando todos os matizes e todas as mediações que, em situação normal, constituem o tecido das relações sociopolíticas. Além disso, e sobretudo, o Alto, ou seja, o poder, é percebido pelo Baixo como tirânico e essa percepção possui um sentido decisivo. Com efeito, o poder não é algo que se localiza num setor particular da sociedade – o Estado –, mas aquilo que define para ela o justo e o injusto, o bom e o mau, o verdadeiro e o falso, o possível e o impossível, o legal e o ilegal, o legítimo e o iníquo, o passado e o futuro. Ora, na situação revolucionária, o Baixo da sociedade deixa de encarar o poder dessa maneira e como algo natural. Essa perda da "naturalidade" é o que permite vê-lo como dominação e tirania, devendo ser derrubado. Assim, o impulso revolucionário não se origina no plano econômico, jurídico ou intelectual, mas é eminentemente político. A relação com o poder sofre uma

---

[1] LEFORT, Claude. "A questão da revolução". In: *A invenção democrática: os limites da dominação totalitária*. Belo Horizonte: Autêntica, 2011.

alteração radical e sua derrubada explica porque o ideal de toda revolução é reencontrar a política no seu grau zero para recomeça-la por completo dando um novo sentido ao legítimo, ao legal, ao possível, ao necessário, ao bom, ao verdadeiro, ao justo e ao futuro. É a busca desse ponto originário da política que distingue entre uma revolução e revoltas, rebeliões e sedições, que se realizam de maneira pontual sobre alguns aspectos do instituído. Mas é justamente aqui que uma revolução se vê diante de uma alternativa contraditória. De fato, os que a fazem pretendem *fundar* a sociedade e a política; sua ação é *instituinte* no sentido forte do termo, pois a luta contra o passado e em favor do futuro se realiza num tempo e num espaço *sui generis*, isto é, perante o vazio institucional, quando o passado já não existe e o futuro ainda não foi criado. É nesse lugar e nesse instante inéditos que se decide o destino de uma revolução ou a alternativa contraditória posta por ela porque dela tanto podem vir a liberdade e a civilização quanto a servidão e a barbárie.

Aqui, é da barbárie que pretendemos falar. Isto é, do *terror*.

É célebre a análise de Hegel, na *Fenomenologia do Espírito*, do período do Terror na Revolução Francesa. Em fase de consolidação, na altura de 1791, a Revolução Francesa instaura uma contradição insolúvel: por um lado, seus sujeitos são definidos como indivíduos denominados cidadãos ou patriotas (portanto, uma dispersão), por outro, ela pretende realizar a Vontade Geral da sociedade (portanto, uma unidade indivisa). Ora, visto que seus sujeitos são indivíduos, nada impede que tenham, individualmente ou em grupos, ideias distintas do que seja a Vontade Geral e pretendam fazê-las valer para a sociedade como um todo. Entretanto, porque essa Vontade Geral é uma ideia metafísica, uma abstração que não possui mediações institucionais (ela opera no momento do vazio institucional entre o passado e o futuro), ela se atomiza nas vontades particulares concretas de indivíduos e grupos produzindo como resultado o surgimento de um tipo de agrupamento típico das situações revolucionárias: a facção. Como não há mediação institucional, não há classes em luta nem há partidos políticos em confronto, há apenas facções. A característica fundamental da facção, explica Hegel, é que para ela só há uma forma de relação com as outras facções: o aniquilamento, sob a forma da eliminação física das demais. Nesse embate de vida e morte, diz Hegel, a facção vitoriosa se chama governo, perante o qual todas as demais facções são suspeitas. O terror se instala com o movimento pelo qual a facção vitoriosa, ou o governo, julga que ser suspeito é, imediatamente, tornar-se culpado e, como tal, ser eliminado. A transformação imediata da suspeita em culpa e desta em extermínio é o núcleo do terror. Guerra e não política, a ação do terror é a guilhotina na praça pública. Sua retórica põe a divisão da sociedade em dois grandes grupos: os "amigos do povo" (a facção governante) e os "inimigos do povo" (as facções adversárias). Fazendo intervir, ao lado da ideia metafísica ou abstrata da Vontade Geral, uma entidade igualmente metafísica e abstrata – o Povo –, o terror se apresenta como poder tutelar, protetor, salvador desse ente ideal (que nunca fala, nunca diz o que pensa ou o que deseja, nunca age, existindo apenas na cabeça e na retórica dos dirigentes). Na qualidade de "amigo do povo", o dirigente arroga-se o direito de aniquilar física, psíquica e politicamente aqueles que sua retórica designa como "inimigos do povo". Legitima sua própria ação sem carecer de qualquer legalidade, pois a lei é sua vontade facciosa posta como Vontade Geral.

Em 1964 e 1968, no Brasil, a linguagem dos dominantes não possuía a beleza da retórica francesa nem seu refinamento, mas sua ação obedecia à mesma lógica. Evidentemente, havia uma diferença fundamental entre o se passara na França do século XVIII e o que se passou no Brasil com o golpe de 1º de abril de 1964: naquela, houve uma revolução; aqui, a preservação da ordem vigente por meio da violência nua. No entanto, aqui também as personagens metafísicas invocadas eram semelhantes: o povo, a nação, a pátria, a liberdade, a propriedade, com alguns acréscimos inexistentes na retórica francesa, isto é, a tradição e a família, que não poderiam encontrar lugar numa revolução que se voltara contra o passado opressor.

A suspensão de direitos e garantias civis e políticas e a quebra da institucionalidade deram ao golpe de 1º de abril a possibilidade de denominar-se a si mesmo "revolução", sem que o fosse sob qualquer aspecto. Valeu-se de elementos que caracterizam uma revolução real para assim se autonomear sem que tivesse qualquer direito de fazê-lo. Por que o fez? Para usar os procedimentos do terror legitimados pela retórica revolucionária. Esse uso permitiu que a facção vitoriosa se chamasse governo e fizesse com que as demais forças políticas se tornassem suspeitas, portanto, imediatamente culpadas, e, em nome da Vontade Geral (batizada com o nome de Segurança Nacional), impossibilitou o exercício da política e fez da tortura e do aniquilamento físico do adversário suas práticas preferenciais. Do terror, usou três recursos: a destituição pública de lideranças e grupos políticos conhecidos da população, a delação secreta para intimidação da sociedade em seu todo e a substituição da política pela polícia.

Na verdade, o golpe de abril, reunindo elementos do terror de Estado, do fascismo e da monarquia medieval adotou uma ideia peculiar do conceito e da prática da representação. Com efeito, estamos acostumados, graças à tradição liberal, a considerar que alguém exerce um mandato político porque representa interesses, demandas e direitos de seus representados. No caso do regime implantado em 1964, porém, a mescla de terror estatal, fascismo e monarquia medieval produziu uma inversão ideológica sobre a representação: não é por ser representante que alguém governa, mas, ao contrário, é porque governa que é representante.[2]

Essa concepção da representação é relevante para compreendermos porque a tortura foi institucionalizada. Se governar transforma alguém em representante, então é preciso saber o que esse alguém representa. Representa o Estado e, por meio dele, o governo, o qual, representando-se a si mesmo, identifica-se com a Vontade Geral, isto é, com a nação sob o signo da Segurança Nacional. Uma vez que representam a Segurança Nacional, os membros do governo consideram-se investidos do direito e do dever de defendê-la e, para essa defesa, institucionalizam a tortura. Dessa maneira, recuperam do terror, do fascismo e da monarquia por direito divino o poder de vida e morte sobre toda a sociedade. Consagram, assim, a impossibilidade da política.

★★★

[2] Na monarquia medieval, o rei tem o poder "pela graça de Deus" e é o representante da vontade divina perante os súditos. No terror da Revolução Francesa, o governante representa a Vontade Geral perante os cidadãos. No fascismo, o governante representa a pátria e nação perante os governados. Nos três casos, a fonte e origem da representação não são os governados, mas uma instância transcendente e superior – Deus, a Vontade Geral, a Pátria ou Nação.

Quando vamos aos dicionários da língua latina, descobrimos o parentesco semântico de um grupo de palavras: *tortura* é "a ação de torcer", *tortum* é "corda ou azorrague para tatear e torturar"; *tortuosus* é "torcido, enroscado, voltas, rodeios", *tortuose* é "maneira intrincada e dissimulada". Essas palavras se vinculam a dois verbos: *tortare*, isto é, "entortar, retorcer, atormentar" e *torquere*, "dobrar, torcer, entortar, reger, governar, angustiar, atormentar, destruir". O verbo *torquere* se refere à ação de dirigir, governar e atormentar; o verbo *tortare*, à ação de torcer e torturar. Por sua vez, o substantivo *tortor* é o algoz e o torturador, um dos títulos do governante dos deuses e do mundo, Júpiter. Curiosamente, portanto, o dicionário latino parece negar a afirmação que fizemos de que política e tortura são incompatíveis, pois o governante supremo dos deuses recebia o nome de torturador. Na verdade, porém, os termos reforçam nossa afirmação, pois o governo dos deuses, não sendo o governo dos homens, não é política. De fato, a tortura introduz um elemento essencial nas relações humanas, revelado em todos os depoimentos e memórias de torturados: ela instaura entre dois humanos uma relação não humana, na medida em que o torturador se coloca na posição de um deus e o torturado, na de criatura indefesa, culpada e não pessoa. Noutros termos, depoimentos e memórias de torturados revelam que a marca fundamental da situação de tortura é a desumanização dos participantes: o torturador se coloca acima da condição humana e força o torturado a se colocar abaixo dessa condição. O suplício é a dor e a humilhação com a finalidade de produzir desumanização.

Lendo e ouvindo depoimentos e memórias de torturados, três aspectos sempre me impressionaram, sufocando-me de horror e pavor.

Em primeiro lugar, o relato do que chamo de travessia do inferno: o suplício físico e psíquico, o desamparo, a solidão, o pânico, o sentimento de abandono, a perda da percepção e da memória, a infantilização e a destituição do humano. O que impressiona é a realização cabal da violência, isto é, a redução de um sujeito à condição de coisa. A violência, aqui, não é violação nem transgressão do instituído (essa é a ideologia dos dominantes que lhes permite designar o torturado como violento), ela é a destruição da essência de alguém, de sua humanidade, para transforma-lo na desumanidade de uma coisa. Violência paradoxal, pois o que o torturador deseja da "coisa" é que ela atue como "gente": uma coisa é inerte, passiva e silenciosa, mas o torturador deseja que a "coisa" sofra, grite, confesse, fale. Eis a insanidade da situação de tortura. Deseja-se que, por meio da dor e da degradação, um ser humano vire coisa e, ao mesmo tempo, que permaneça como gente para que reconheça no torturador um outro ser humano, pois, se esse reconhecimento não existir, não pode haver confissão, não pode haver capitulação, portanto, não pode haver admissão do poder do torturador. A tortura instaura uma situação-limite e impossível na qual se destrói a humanidade de alguém para que, paradoxalmente, atue como humano estabelecendo com o torturador uma relação intersubjetiva sem a qual torturar perde sentido.

Em segundo lugar, a consequência dessa experiência-limite. Nos relatos que li e ouvi, os torturados têm plena consciência dessa situação como transparece em suas falas: "eu fazia força para não parar de pensar", "eu fazia de tudo para não dormir", "eu fazia um esforço imenso para não me deixar seduzir", "eu fazia de tudo para discriminar", "eu procurava jeitos para ter certeza de que não estava enlouquecendo". A resistência é esforço gigantesco para não perder a lucidez, não permitindo que o torturador penetre na alma, no espírito, na inteligência do torturado. Isso sempre me traz à lembrança a distinção que Espinosa estabelece entre o escravizado e o aquele que aceita a servidão, escrevendo no *Tratado político* que tem poder sobre o corpo de outrem aquele que o acorrenta e tortura, tira-lhe todos meios de fuga; mas, tem poder absoluto sobre outrem aquele que, por meio do medo ou da sedução, se apossa de seu espírito. O que impressiona nos relatos é o esforço, às vezes bem-sucedido, às vezes fracassado, para não permitir que o torturador se aposse do espírito do torturado e, portanto, de sua humanidade.

Em terceiro lugar, o papel do teatro e da farsa na situação de tortura. Impressiona não só o jogo de gato e rato entre torturador e torturado, não só a produção de falsos por parte do torturador, mas a própria situação como teatral. Em muitos relatos, os torturados dizem ter o sentimento de estar num palco, não só porque havia a plateia de torturadores e companheiros, mas também pelo sentimento de irrealidade causado pelo aparato técnico-científico da tortura, que só pode intimidar quando exibido como espetáculo (seja pela descrição prévia de seu uso pelo torturador, seja pela visão de companheiros torturados). Algo essencial se revela aqui, gerando uma contradição insolúvel: essa exibição é clandestina. Não só porque tudo se passa nos porões e nas noites sem começo e sem fim, nem só porque disso não se fala nos meios de comunicação nem na sociedade ao ar livre; é clandestina porque torturadores e torturados não possuem nome nem lugar – todos parecem ter-se tornando ninguém. O teatro clandestino, essa situação de absurdo completo (que nem mesmo Ionesco poderia inventar), em que se exibe escondendo e se esconde exibindo, opera sob o sigilo de nomes e funções. Por isso o sentimento dos torturados de serem protagonistas de um espetáculo enlouquecedor no qual ninguém é o que o parece ser e onde nada é o que parece ser. A teatralização como espetáculo clandestino traz à tona a figura do poder absoluto porque sem nome, sem lugar e sem rosto. No entanto, ali mesmo, se o torturado se percebe sem direitos, paradoxalmente o torturador se confessa sem poderes. Como é possível tamanha alucinação? O torturado sabe, como sujeito humano e como sujeito político, que tem direitos e se vê numa situação-limite na qual os perdeu, mas sabe também que está despossuído desses direitos para tornar-se culpado de possuí-los. O torturador sabe, e o diz incessantemente, que tem todo poder sobre o outro, porém, ao mesmo tempo, afirma estar cumprindo ordens e que não tem o poder para deixar de fazer o que faz. Esse paradoxo, segundo os torturados, cria o maior de todos os riscos: o de, gradualmente, aquele que foi destituído de direitos identificar-se com aquele que apresenta destituído de poderes. Numa palavra, o risco da servidão voluntária, alvo supremo da tortura. Donde o esforço descomunal do torturado para não entrar no jogo do espetáculo clandestino e assegurar sua diferença perante o torturador: o torturado deve ser reduzido à insanidade, por isso sua luta pela lucidez; o torturador deseja ser portador da ordem e da lei, por isso seu medo contínuo de cair na insanidade. O que os identifica, porém, é a instância que os domina e que deles escapa: a máquina do próprio poder.

O reconhecimento recíproco de si e do outro como humano, eis o lugar onde se realiza a política, com suas lutas, seus conflitos, sua temporalidade aberta e criadora. É isso que a tortura destrói para em seu lugar colocar a farsa cruel da ditadura trajada nas vestes da república.

Salinas: linguagem e violência[*]

O *Dicionário Houaiss da Língua Portuguesa*, no verbete "retrato", registra: "retrato falado: retrato aproximado de um indivíduo procurado pela polícia, feito por um desenhista que reúne e combina determinados tipos fisionômicos com traços e sinais particulares, a partir do relato descritivo de testemunhas". Para quem viveu o sombrio período dos anos do terror de Estado é impossível esquecer os cartazes, espalhados pelas cidades, com os retratos dos "subversivos" procurados pela polícia da ditadura. Muitos desses retratos eram retratos falados. Por que Salinas traçou um retrato *calado*?

Pelos menos três motivos poderiam explicar essa decisão: o primeiro, mais óbvio, é a atitude irônica de quem oferece o retrato sem que precise ser "falado", colocando-se, portanto, fora do alcance policial; o segundo, mais sutil, indica que a testemunha é o próprio retratista; mas o terceiro, mais terrível e profundo, nos coloca diante do paradoxo intolerável da relação entre tortura e linguagem. Invenção humana, a linguagem institui a relação com o outro sem a mediação da violência nua. Como dissera Sócrates, visto que os deuses não colocaram janelas em nosso corpo para que nosso íntimo fosse imediatamente dado ao outro, os humanos inventaram a palavra para que pudéssemos nos reconhecer mutuamente. O paradoxo trazido pela tortura está em destruir a linguagem no exato momento em que, usando a violência,

[*] Originalmente publicado em: *Percurso*, n. 49-50, jun. 2012. Este texto é uma resenha do livro *Retrato calado,* de Luiz Roberto Salinas Fortes (Cosac Naify, 2012).

exige de alguém não só que fale, mas sobretudo que dê ao torturador o mais precioso de todos os bens: uma palavra verdadeira. É esse jogo inaceitável entre violência e verdade que Salinas, calando-se, diz.

★★★

Conheci Salinas em 1965, nos tempos em que a Faculdade de Filosofia ficava na rua Maria Antonia, quando ainda estávamos perplexos com o que se abatera sobre a universidade em 1964 e a ditadura dava seus primeiros passos sem que pudéssemos imaginar o que viria depois.

Éramos colegas no curso de pós-graduação, recém-instalado no Departamento de Filosofia. Lembro-me dele tímido e desajeitado, quando o escutei nas conversas do saguão da faculdade, no grêmio, nas rodas dos botecos da vizinhança. Descobri como era talentoso quando li seus trabalhos de estudante e seus artigos de jornalista. Enchia-me de admiração que ele houvesse conversado com Sartre e traduzido *L'imagination*. E era um dos homens mais bonitos que já vi.

Em 1966, já como professor, recebeu uma bolsa de estudos, partindo para a França. Quando regressou, eu estava indo rumo a Paris, também com uma bolsa de estudos. Só nos revimos em 1969, nos barracos da Cidade Universitária, onde fora jogada a Faculdade de Filosofia (junto com o Instituto de Psicologia), após a invasão militar e o incêndio da Maria Antonia, sob os auspícios de alguns estudantes da Universidade Mackenzie, membros do terrível CCC, o Comando de Caça aos Comunistas. Entrara em vigor o Ato Institucional nº 5. Como vários outros, também o Departamento de Filosofia estava quase dizimado: professores cassados, exilados; estudantes presos, clandestinos, desaparecidos. Os sobreviventes iniciavam o penoso esforço da resistência.

É difícil transmitir aos jovens estudantes de hoje uma ideia do que foi o dia a dia universitário de um tempo que, à direita, alguns chamaram de "milagre brasileiro" e, outros, à esquerda, designaram como "a dura repressão". Sem dúvida, muitos dos jovens de agora, se parentes e amigos de mortos ou desaparecidos, conhecem dramas e tragédias, e os menos familiarizados com elas ouviram falar ou leram sobre aqueles tempos. Todos eles podem imaginar, mesmo que com dificuldade, o que teria sido viver sob o medo, temendo a casa e a rua, o lugar de trabalho e o de lazer, o dia de ontem (que fiz?), o de hoje (que faço?), o de amanhã (que farão comigo?). Temer abrigar os perseguidos de agora para não se tornar perseguido depois, mas abrigá-los, embora em pânico. Ter medo da prisão e da tortura, de trair amigos e perder família. Desconfiar dos outros, de si e da própria sombra.

Talvez não seja incompreensível para os jovens de hoje o que pode ser o terror, cuja regra é tornar alguém suspeito, fazer do suspeito culpado e condená-lo à tortura e à prisão sem que saiba de que é acusado e sem qualquer direito à defesa. O que me parece difícil, porém, é explicar aos mais jovens o que um filósofo tentou explicar para si e para seus contemporâneos, ao término da Segunda Guerra Mundial: que o mundo do pré-guerra (para eles) e o mundo da pós-ditadura (para nós) não é um mundo natural, existente por si mesmo, dom de Deus, da Razão ou da Natureza aos homens, um fato bruto ou uma ideia clara e distinta, mas uma instituição humana forjada na luta, na contradição, no conflito, um trabalho no tempo e sobre o tempo. E também explicar-lhes que o mundo da ditadura não foi um mundo desnaturado, irracional, obra perversa de um Gênio Maligno ou de uma razão astuta e mesquinha, de forças abstratas e, sim, aquilo que, naquele tempo, Salinas, lendo com seus estudantes *A república*, de Platão, procurava com seus alunos: o sentido da figura de Trasímaco.[1] Mas para depois, estupefato, descobrir que a filosofia de que dispúnhamos não podia dar conta das engrenagens do poder e que nem mesmo Maquiavel poderia imaginar-se em tal caricatura de *O príncipe*.

Após suas duas prisões e a tortura a que fora submetido na segunda, Salinas reuniu os materiais de sua pesquisa em filosofia e redigiu sua tese de doutoramento, *Rousseau: da teoria à prática*. Essa tese é uma ruptura na tradição interpretativa do pensamento de Rousseau, considerado por muitos um retórico mentiroso e, por outros, um escritor inconsistente porque atravessado por contradições que não soube resolver. Subvertendo essa tradição, Salinas, sob o impacto da tortura, foi o único intérprete, e somente ele, que pôde mostrar que

---

[1] Trasímaco é um dos personagens do diálogo *A república*, de Platão, sobre a justiça. É o sofista que se opõe a Sócrates, definindo a justiça como a lei do mais forte.

as contradições imputadas a Rousseau não eram do filósofo, mas do mundo social e político que ele buscava compreender.

Amigos, temíamos o dia da defesa da tese, não sabendo o que poderia acontecer a Salinas diante de uma situação de interrogatório. Naquela tarde de 1974, o Salão Nobre da faculdade estava repleto: colegas, estudantes, amigos, velhos conhecidos, vieram todos para que Salinas soubesse do apreço merecido. Eram tempos em que solidariedades como essa nos serviam de valimento, dando valor e sentido ao trabalho e às vidas, tão desvalidas e desvaloradas alhures. A tese fora considerada excelente, mas precisava ser arguida. Arguiu-se. Arguimos. E Salinas, com o olhar perdido, não conseguia ouvir-nos. Cada um de nós sabia que ele não se via naquela sala, mas noutra, que não nos ouvia, mas escutava vozes que não podíamos escutar. Não nos respondeu. Concordamos em que nos entregaria por escrito as respostas, mais tarde. O que fez. Como é diferente a lembrança que guardo quando, anos depois, quando lutava pela democracia e por uma Assembleia Nacional Constituinte, defendeu com segurança e humor sua tese de livre-docência, ainda sobre Rousseau. Simbolicamente, porém, agora escolhera como tema a educação do cidadão e a festa cívica como expressões privilegiadas da utopia de uma nova e possível sociabilidade.

Traduziu Rousseau. Publicou seu doutoramento. Escreveu uma pequena obra-prima, *O iluminismo e os reis filósofos*. Organizou um simpósio de filosofia sobre a Assembleia Constituinte e iniciava os preparativos de um simpósio sobre liberdade e escravidão, a realizar-se em 1988, durante o centenário da Abolição.

Acreditávamos que o pesadelo terminara. Nunca havia findado.

Devíamos ter prestado mais atenção nessa premonitória passagem de *Retrato calado*: "A dor que continua doendo até hoje e que vai acabar por me matar se irrealiza, transmuda-se em simples 'ocorrência' equívoca, suscetível a uma infinidade de interpretações, de versões das mais arbitrárias, embora a dor que vai me matar continue doendo, bem presente no meu corpo, ferida aberta latejando na memória".

Quantas vezes vi Salinas apertar as têmporas – gesto último, que teve ao morrer – adivinhando uma dor sem nome, embora eu não soubesse que ele batia contra as grades sua própria cabeça, inscrição em seu corpo das barras das prisões onde tentaram roubar-lhe o espírito. Quantas vezes ouvi Salinas tropeçar na frase iniciada, tateando as palavras, perder o fio da meada e, não podendo alcançar meus ouvidos, tentar alcançar-me os olhos, lançando-me um olhar, misto de pasmo e agonia, fazendo-me adivinhar que a teia da tortura prendia-lhe a voz e voltava-lhe os olhos para cenas invisíveis aos meus. Quantas vezes pedi que me dissesse por que, escritor de clareza incomparável, falar se lhe tornara tão penoso. Às vezes, sorria apenas. Outras vezes, ria um riso tão gaguejante quanto sua fala. Por vezes, ria um riso solto, os olhos faiscantes. E um dia, como resposta, deu-me a ler a primeira versão de *Retrato calado*.

Havia, outrora, um tipo de gente a que se dava o nome de sábio. Não estava isento de paixões, pelo contrário, nelas mergulhara fundo. Mas não se contentava em experimentá-las ou observá-las nos outros. Esforçava-se para compreendê-las em si mesmo. Talvez os sábios tenham se extinguido ou, quiçá, existam dispersos pelo mundo e deles tenhamos pouca ou nenhuma notícia. Certamente Salinas acharia pomposo e descabido ser chamado de sábio. *Retrato calado*, porém, é testemunho de sabedoria.

Não nos coloca apenas diante da dor pungente da tortura física e moral, nem apenas diante do horror da vilania disfarçada em política dos servidores do pau de arara. Aqui, somos levados a ver o traçado de uma experiência impossível: a vertigem lúcida, o esforço para compreender uma tragédia pessoal e coletiva, fazendo-a memória e medida de um tempo fugidio que poderia cair no esquecimento.

É retrato de sabedoria por não ser um texto militante: Salinas recusa o lugar do herói e o da vítima. Aliás, ele sempre desconfiou das militâncias, perguntando-se, vida afora, se acertara nessa desconfiança. Indagação plena de sentido, pois, como escrevera um filósofo que ele estimava, quando a política se torna mania e miséria e a filosofia, fobia e rancor, caímos "numa prática manhosa e num pensamento supersticioso".

Retrato calado não nos coloca diante de alguém soberanamente cheio de certezas, enfrentando o opressor para dizer-lhe: "estou com a razão e a história assim o provará". Livro de sabedoria porque nos coloca diante de alguém perplexo ao descobrir que o opressor não é o outro absoluto, apenas outro ser humano, e que essa descoberta embaralha as ideias claras e distintas de bem e mal, vício e virtude, enigma de que não pode dar conta tudo quanto sonha nossa vã filosofia escolar. Aqui, estamos diante de alguém que se pergunta: o que é a razão? O que é a história? O que é a bondade? Alguém que atravessou, trôpego e cego, o labirinto do terror para descobrir, em estado de choque, o fio condutor dessa prodigiosa máquina de produção da culpa e de destruição humana do humano pela desintegração da fala e pelo sequestro do pensamento.

Retrato calado é a reconquista da palavra pelo Salinas escritor, professor, jornalista, filósofo. Resgate da dignidade do pensamento que, no abismo de sua fragilidade, recobra energia para expor a urdidura cerrada em que a violência captura a linguagem para enredá-la na trama imperial do torturador que desintegra o outro para que dele brote uma palavra íntegra, que avilta o torturado para que dele venha uma palavra verdadeira, que submete a presa para que ela lhe faça o dom fantástico de uma palavra livre que o absolveria no momento mesmo em que ele a escarnece.

Apertando as têmporas, Salinas transforma o grito inarticulado em palavra articulada para encontrar a origem da linguagem. Transforma em verbo a dor, em frase a cólera, em escrita a vergonha, em ideia a agonia, em pensamento a matéria vociferante da experiência bárbara, para que assim se torne, como escreveu alguém antes dele, "um bem verdadeiro porque capaz de comunicar-se a todos".

Meditação sobre o destino, o acaso, a adversidade, a razão e os afetos, despida de heroísmo porque tecida na serenidade dos perplexos, este livro de Salinas é obra do autor em busca de si mesmo. Trabalho do pensamento e obra de liberdade, que por isso mesmo não cai na armadilha da revolta, essa triste simbiose entre filosofia e política, pois, como escreveu alguém, todo mundo gosta que o filósofo seja um revoltado porque sua revolta apazigua a má consciência e todos podem regressar satisfeitos aos seus costumeiros afazeres. Este livro, erguendo-se contra "os herdeiros de Trasímaco", diz não à revolta e à resignação.

Se *Retrato calado* diz as ideias de Salinas, também fala de sua pessoa: integro de caráter, puro de coração, lúcido no pensamento, sóbrio na palavra, generoso nos afetos e para quem a amizade possuía os traços com que a desenhou Aristóteles ao lembrar que, no bem-querer mútuo, os amigos superam os limites impostos pela finitude e imitam a plenitude do divino.

Um lugar chamado Maria Antonia[*]

> *— Mas, afinal, quem é essa tal de Maria*
> *Antonia de quem vocês não param de falar?*
> *— Não é quem, é o quê.*
> *— Era uma rua, lá em São Paulo. Foi um*
> *tempo, sabe? Já faz tempo.*
>
> Conversa no exílio, inverno
> de um ano dos anos 1970

Na pequena sala 7, no primeiro andar, a aula é pontuada pelo tilintar do marcador quando, lá fora, o cobrador registra as passagens pagas ou avisa o motorneiro para prosseguir caminho. Ligando a rua da Consolação e a avenida Angélica, o bonde atravessa a rua Maria Antonia. Quem nele subiu lá pelos lados da Biblioteca Municipal, desce em frente à faculdade.

Colunas greco-romanas sustentam a fachada avarandada. Logo na entrada, painéis exibem fotografias dos primeiros professores e formandos da Faculdade de Filosofia, Ciências e Letras. Um pequeno lance de escada. O saguão: um balcão de madeira, o livro e o relógio de ponto, um telefone e uma instituição: Dona Floripes, desde sempre na

---

[*] Originalmente publicado em: *Folhetim*, 22/01/1984. Republicado em SANTOS, Maria Cecilia Loschiavo dos (Org.). *Maria Antonia: uma rua na contramão*. São Paulo: Nobel, 1988.

recepção. Cadeiras circundam o saguão, encostadas às paredes, sob os amplos vitrais. Professores e estudantes transitam, conversam, esperam pelo momento de entrar em classe, quando soar a campainha, acionada pelo Seo Zé Miguel. Comentam-se notícias de jornal, o último filme, um comício, as disputas estudantis no Grêmio. Ensaia-se perante os colegas o seminário, trocam-se livros, bibliografias, notas de aula, enquanto professores passam pela saleta da correspondência, entregando e recebendo cartas, livros, revistas. À direita e à esquerda, salas de aula: sobre um pequeno tablado de madeira, a cátedra (cadeira de espaldar alto diante de uma mesa modesta); distribuídas pela sala, mesas onde se instalam os alunos, dois a dois. O tratamento de professores e estudantes é cerimonioso – senhor, senhora (nunca, porém, o "Vossa Excelência" da Faculdade de Direito do Largo de São Francisco).

À esquerda do saguão, uma escada branca, corrimão de ferro. Subindo, no primeiro andar, à direita, a Secretaria, onde reina o Seo Miranda. Um corredor conduz a salas de aula. Na maior delas, conferencistas estrangeiros ou outros convidados são ouvidos. Nela é ministrado o curso de Didática Geral para todos os licenciados da faculdade. O velho professor de Pedagogia explica o princípio do terceiro excluído: "Ou é cadeira ou é banco, não há terceiro termo". Lá do fundo, o gaiato, aluno de Filosofia, replica: "E o banquinho?". No segundo andar, salas de professores, bibliotecas dos departamentos de Filosofia e Ciências Sociais, e a sala onde, quando for chegado o tempo, serão ministrados cursos de pós-graduação dos dois departamentos. No terceiro andar, diretoria, reitoria, secretaria-geral, salão nobre onde se reúnem a Congregação e o Conselho Universitário, defendem-se teses, ministram-se aulas inaugurais. No último andar, sala de estar, cafezinho dos professores e funcionários, uma varanda ajardinada.

De volta ao saguão, descendo a escada, almoxarifado, centros estudantis. Um pátio. À direita, a Biblioteca Central. Em frente, o grêmio e um restaurante. Pelo interior do Grêmio, um lance de escada conduz ao prédio vizinho, onde se encontram as Exatas e as Letras. Prosseguindo pelo pátio, mais à esquerda, as escolas de Economia e de Administração, instalação moderna, porta da frente abrindo para a rua Dr. Vila Nova.

Em torno da faculdade, a Maria Antonia se espalha em livrarias, repúblicas de estudantes, o Bar do Zé, o Bar Querência (depois,

Científico), o Bar Sem Nome. Diante da faculdade, ergue-se a imponência protestante do Mackenzie[1] nos seus tijolinhos vermelhos, como convém a uma universidade norte-americana. A guerra ainda estava circunscrita aos torneios esportivos, o Mackenzie até mesmo cedendo seu auditório para ciclos de conferências da Filosofia, um deles ostensivamente de esquerda, aberto por Caio Prado Júnior.

Numa ponta, a Vila Buarque com seus palacetes, na outra, a Rua da Consolação: cursinho do Grêmio (na Martinico Prado), Bar Redondo, Teatro de Arena, *Estadão*.[2] Que acontecimento, o primeiro número do *Jornal da Tarde*, lido ainda quente das prensas! Tão intelectual... avenida São Luís, Bar Barba-Azul, Pari Bar, ponto de encontro de artistas, escritores, professores estrangeiros. Avenida Ipiranga: cinemas, Salada Paulista, Bar do Jeca. Na esquina com a avenida São João, o Bar Brahma. Mais abaixo, no Largo do Paissandu, o Filé do Moraes, único restaurante da cidade aberto depois da meia-noite, recebendo os que vinham jantar depois da sessão de cinema dedicada aos filmes de arte.

★★★

Começavam os anos 1960. Na Biblioteca Municipal, o grupo dos "Desajustados da Vida", *beatniks* existencialistas, sentenciava: "Deus está morto. Vimos seu enterro. Oficiado por Sartre, que O lançou ao Sena". No final da década, numa exposição do II Exército, no saguão dos Diários Associados, um cartaz: *Sartre e Marcuse conduzem ao vício.*

Sartre veio. Simone também. Foram primeiro a Cuba e depois chegaram à Maria Antonia. Polêmicas inflamadas sobre a pretensão de conciliar marxismo e existencialismo, oficialmente definido pela esquerda como ideologia pequeno-burguesa decadente. Mas todo mundo estava lá, ocupando o Salão Nobre para vê-los: o pessoal das Exatas, das Ciências Sociais, da Filosofia, médicos, advogados, jornalistas, direita, esquerda, franco-atiradores. Como lá estiveram todos quando, durante um mês, Foucault apresentou *Les Mots et les Choses*, ainda inédito. Chegara a hora e a vez do estruturalismo, das descontinuidades e das

---

[1] Universidade Presbiteriana Mackenzie. (N. das Org.)

[2] O jornal *O Estado de São Paulo*, cujo novo edifício, recém-inaugurado, tinha na fachada um imenso painel de azulejos da autoria de Portinari. (N. das Org.)

rupturas epistemológicas, do "discurso" e das "leituras", das cesuras. "Não tem história no que esse cidadão faz!", bradava um professor de História, marxista. E prosseguia: "Já nem parece o autor da *História da loucura.* Foram-se Braudel e Soboul?". Escândalo epistêmico! E que prosseguiria para tormento de muitos quando os livros de Althusser despejaram a maquinaria do althusserianismo, ousando ser estruturalista *e* marxista. Querelas de antanho... Do tempo em que os debates giravam em torno da cientificidade, finalmente indubitável, do materialismo histórico e dialético, jogando a derradeira pá de cal sobre os humanismos vários ao separar de vez ideologia e ciência. Seminários para ler rigorosamente *O capital* – historiadores, sociólogos, filósofos, literatos, economistas, físicos, matemáticos se puseram a campo: era a gente da faculdade que não iria sucumbir à "moda Althusser. Hegel os protegia. Ou, no comentário galhofeiro de alguém: "Setz, Gesetz e Re-Gesetz".

De tocaia, no saguão, os rapazes do recém-criado Departamento de Psicologia estavam à cata de quem aceitasse submeter-se aos testes, demonstrando haver uma ciência psicológica. "O teste é objetivo, sabe? Puramente científico. Não vamos invadir sua intimidade. Olhe, nem precisa dar seu nome." O pessoal das Exatas sorria. A turma da Filosofia tecia sabidas considerações sobre os limites epistemológicos da Psicologia, deixando por conta do grupo de Ciências Sociais a crítica à falta de rigor nos questionários e nas "medidas". Todo mundo encontrava um jeito safadinho de escapulir dos testes, dos quais, afinal, o que se tinha era medo mesmo. Sabe-se lá o que revelariam? O gosto pela Psicanálise viria só um pouco depois. Por enquanto, era tida como um "grosseiro biologismo positivista", em contraste com os antropólogos, que lidavam com as estruturas elementares do parentesco. Mas destes, diziam alguns com um muxoxo de superioridade: "São uns funcionalistas". *Dixit.*

No Rio, eram os tempos do ISEB.[3] Na Maria Antonia, os sociólogos explicavam a diferença conceitual e política entre as expressões "país atrasado" e "país subdesenvolvido" (ainda não chegara o momento do "país em vias de desenvolvimento" nem do "país dependente").

---

[3] Instituto Superior de Estudos Brasileiros, dirigido por Álvaro Vieira Pinto e Hélio Jaguaribe, com a finalidade de oferecer ao governo de Juscelino Kubitschek um programa nacional-desenvolvimentista. (N. das Org.)

"Desenvolvimento desigual e combinado" era uma noção que ainda não chegara, mas estava quase chegando. Debatia-se "o projeto" para o país. Falava-se em revolução democrático-burguesa, em nacionalismo. A revolução se faz por etapas? É aceitável a aliança de classes? Artigos na *Revista Brasiliense*, no Suplemento Literário do *Estadão* e no *Jornal da Tarde* polemizavam: há ou não um pensamento brasileiro? É preciso criá-lo, se não existir. Qual é o caráter nacional brasileiro? Quem é o povo no Brasil? No curso de Ética e Política, os alunos de Filosofia, História e Ciências Sociais enfrentavam o tema da dissertação: "Quais os problemas éticos de um indivíduo de um país subdesenvolvido?". E a meninada do CPC[4] entoava o "Big Ben",[5] repetindo o refrão: "subdesenvolvido, subdesenvolvido, subdesenvolvido". Discutia-se Brecht e Lukács, enquanto, no Grêmio, acirravam-se as disputas entre as chapas da direita, do PCB, da Polop, da JUC. "Ela é corajosa mesmo. Sabia que os pais dela são do PCB e ela é da Polop?", "Não diga! Menina de fibra."

E vieram *Gimba*, *Eles não usam Black-tie*, *A semente*.[6] O Grêmio apinhado: Gianfrancesco Guarnieri veio debater sua última peça. "É isso mesmo", declara convicta a estudante de longos cabelos flamejantes, "aquela mulher só conhece o amor pequeno-burguês, pegajoso, contrarrevolucionário". Pronta e zangada, a réplica de um professor: "Que bobagem é essa de amor pequeno-burguês? Qual o amor que não é pegajoso? Que tolice é essa de amor contrarrevolucionário?". O que era o amor? Extasiados, víamos sessões seguidas de *Hiroshima, mon amour*. Ninguém poderia ignorar a *Nouvelle Vague* nem o cinema italiano: "*La dolce vita* é um filme cristão". "Não é, não." "Ora, o que você pensa que é o peixe no final do filme?" Kurosawa. Cinema-novo. Na Bienal de Artes de São Paulo, em companhia de Vlado Herzog, reverentes, acompanhávamos a projeção de *Outubro* e de *O encouraçado Potemkin*. Depois viriam *Oito e meio* e *O ano passado em*

---

[4] Centro Popular de Cultura, proposto pelo Partido Comunista Brasileiro e disseminado por todo o país. (N. das Org.)

[5] A letra de uma das canções de protesto do CPC se referia ao imperialismo dos Estados Unidos e da Inglaterra e tinha como refrão: "Eles nos fizeram um *big ben*/ Subdesenvolvido, subdesenvolvido, subdesenvolvido". (N. das Org.)

[6] Peças de Gianfrancesco Guarnieri encenadas no recém-criado Teatro Oficina. (N. das Org.)

Marienbad. No Teatro de Arena, Augusto Boal inventava o sistema do Coringa.[7] O Oficina encenava *Os pequenos burgueses*. Um dia, que nem sonhávamos possível, pois contrariava a marcha certeira da história, uma outra marcha[8] nos faria ver *Terra em transe*, nós que havíamos visto *Rio, 40 graus...* O TUCA[9] ganharia o prêmio do Festival de Nancy com *Morte e vida severina* e, alguns anos depois, no tecido de uma outra história (que havíamos julgado impossível), o TUSP[10] arrancaria aplausos, no mesmo lugar, com *Os fuzis da Senhora Carrar*, com direção de Flávio Império, seus atores indo, logo depois, protagonizar *Os herdeiros,* esperança de um mundo que, afinal, não viria. Estavam por vir as polêmicas em torno de Godard, os festivais da MPB, as canções de protesto desalojando o intimismo da bossa-nova. Mas, ainda não. Seria depois. Um pouco muito depois.

Era ainda o tempo do cerimonial das defesas de tese. Salão Nobre abarrotado. As becas negras engalanadas nas cores das diferentes escolas e disciplinas. As pesquisas concluídas, atestando que o propósito da fundação – criar pesquisadores de "alto nível" – se cumpria, malgrado a férrea oposição das Grandes Escolas[11] à Maria Antonia.

Entre a recíproca emulação de grupos autorreferidos, confiantes em sua excelência, e os ressentimentos nascidos de disputas e discriminações; em meio ao despotismo da cátedra e à louca competição por ela desencadeada, destroçando impiedosamente vidas, carreiras e esperanças tanto quanto estimulando o florescer de outras; laica, livre-pensadora, racista, machista, mesquinha e fecunda, ciosa de sua autonomia e liberdade, conflituosa, distribuidora de privilégios contestáveis e, no entanto, malgrado injustiças, também capaz de reconhecimento pelas obras que fazia nascer, a Maria Antonia se preparava, na gestão do reitor Ulhôa Cintra, para sua primeira reforma universitária. Sob

---

[7] Numa peça, os atores se revezavam nos diferentes papéis, cada um representando um mesmo personagem nas diferentes cenas; eram todos coringas (isto é, podendo ocupar todos os lugares), sem a hierarquia entre atores principais e atores coadjuvantes. (N. das Org.)

[8] A Marcha da Família com Deus pela Liberdade, de que se falará mais adiante.

[9] Teatro da Universidade Católica de São Paulo (PUC-SP)

[10] Teatro da Universidade de São Paulo (USP).

[11] Medicina, Direito e Politécnica.

sua orientação, almejava-se criar verdadeiramente uma universidade em sentido pleno e não mero nome para um conglomerado de escolas rivais. O sinal de partida fora dado pelo "baixo clero": de um lado, a criação da Associação dos Assistentes (de onde nasceria, anos depois, a ADUSP), e de outro, a célebre greve "do terço" ou a reivindicação da representação estudantil de 1/3 nos órgãos colegiados, até então restritos a professores. "É o comunismo! É o comunismo chegando", bradavam horrorizados os conservadores, naquele ano de 1963. Viriam à forra em 1964.

★★★

– Gente! O Jânio renunciou!
– Impossível! De onde você tirou isso?
– Acabou de dar no rádio, agorinha mesmo.
– Mas por quê?
– Ele disse que foi pressionado por forças ocultas.
– Foi o Lacerda, pessoal. Foi coisa do Lacerda, vocês vão ver.
– E agora? Com o Jango na China, ainda por cima. É golpe, na certa.
– Já estão dizendo que não vão empossá-lo.
– Mandaram que ele voltasse imediatamente.
– Que nada, parece que mandaram dizer pra ele ficar por lá até as coisas ficarem claras por aqui.
– O rádio está dizendo que o Jango vem vindo.

Interrompidas as aulas, abandonados os livros, esquecidos no balcão o cafezinho e na mesa o chope, subindo a Consolação, descendo a Vila Buarque, partindo do centro da cidade, pequena multidão se apinha na Maria Antonia, falando, gesticulando, discutindo. Grupinhos cochicham enquanto outros iniciam quase-comícios no saguão da faculdade. Suposições correm o risco de virar certezas e certezas desmoronam em indagações sem resposta.

Parlamentarismo. Plebiscito. Presidencialismo. Reformas de Base. Plano Trienal. Movimento de Educação Popular. "Abaixo o imperialismo!" Ligas Camponesas. "Senta a PUA!" Greve dos 100 mil. *Brasil, Urgente*. AP. Revolta dos sargentos e marinheiros. Sobe ministério, cai ministério. "Os magnos interesses da Nação..." Operação Popeye. Operação Brother Sam.[12]

— A Marcha da Família com Deus vem vindo! Tem gente que não acaba mais!

— Os estandartes da TFP[13] estão ocupando toda a rua!

— O Adhemar[14] e a dona Leonor estão na frente!

— Estão rezando o terço da família-que-reza-unida.

— Escutem! O Adhemar está invocando a "adorável criatura".[15]

— A Igreja em peso! Escutem: estão cantando!

Salve a Mãe de Deus e nossa
Sem pecado concebida
Protegei os vossos filhos, ó Mãe terna e compadecida
Protegei a nossa gente, ó Senhora Aparecida.

— Invadiram a casa do prof. Schenberg. Foi preso. Destruíram quadros, a biblioteca. Rasgaram a Enciclopédia Britânica dizendo que era comunista e levaram *O vermelho e o negro*[16] como prova de comunismo!

— Estão interrogando o prof. Cruz Costa: "O professor de Filosofia acredita em Deus? As meninas da Filosofia praticam o amor livre? O professor sabe se meu nome estava na lista dos que iam para o paredão?".

— Mandaram que ele cantasse o Hino Nacional para provar que não é comunista. Ele disse que só cantaria se o coronel cantasse primeiro. Desistiram.

— Um delegado de Rio Claro apostou que prenderia um professor. Prendeu o prof. Raw, só para ganhar a aposta. Prenderam o professor Kerr também...

---

[12] Operações de intervenção no Brasil por meio do Departamento de Estado dos Estados Unidos.

[13] Sigla da organização católica de extrema direita Tradição, Família e Propriedade. (N. das Org.)

[14] Adhemar de Barros, governador do Estado de São Paulo. (N. das Org.)

[15] Maneira como o governador se referia à Virgem Maria.

[16] Romance de Stendhal, que se passa na França do século XIX. O título é objeto de controvérsia: o vermelho é a cor dos imperadores, e o negro, a dos padres ou da Igreja (o personagem, Julien Sorel, é um seminarista e tem sonhos napoleônicos), mas também podem ser as cores do jogo da roleta. (N. das Org.)

– Estão instalando IPMs.[17] Dizem que vão expulsar estudantes. E Fernando Henrique, Florestan, Fidelino de Figueiredo. Muita gente. Querem acabar com a Maria Antonia.

– Está correndo um abaixo-assinado na Câmara dos Deputados para liquidar o curso de Ciências Sociais porque é subversivo.

– O Gama e Silva[18] está mancomunado com o DOPS. A coisa está saindo daqui de dentro mesmo. É a tal Comissão Geral de Investigações.

– Ouviram o que o Gama e Silva declarou? "Há um grandioso trabalho à frente da Comissão Geral de Investigações."

– Leram o artigo do Paulo Duarte? Incrível! Duma coragem. Duma dignidade. Diz que há dedo-duro em toda parte, que são professores fazendo o serviço sujo. Uma vergonha.

– Disseram que vão "limpar" as bibliotecas, tirar os livros imorais. Como no Paraná, quando rasgaram os livros de Eça de Queirós.

Anoitece nos primeiros dias de abril. Golpeada, a Maria Antonia procura conservar o ritmo. Aulas. Debates inflamados na Congregação e no Conselho Universitário. Gente no saguão, nas calçadas. De repente, correria: "Vão invadir a faculdade!". Alguns fecham as janelas, outros vigiam a rua e o pátio. Professores, alunos, funcionários cerram a porta principal e nela se apoiam para protegê-la. Ruídos de carros e botas. Inútil guarnição, protetora desprotegida: portas e janelas são arrombadas aos pontapés, salas de aulas invadidas, professores, alunos e funcionários revistados, alguns expulsos, outros presos, enviados ao DOPS para interrogatório. Livros destruídos, papéis rasgados e espalhados pelo chão, máquinas de escrever destroçadas a pancadas. O vandalismo que arrombara o edifício começa, agora, o arrombamento de vidas, ideias, carreiras e consciências. Tem início o expurgo, fundado em denúncias anônimas, calúnias, delação, rancores dos medíocres aspirando pelos cargos aos quais não poderiam chegar senão pela força e pela ignomínia. Para muitos vai-se abrindo a trilha dos anos vindouros: o exílio.

Sob vigilância, ideias são censuradas, programas alterados, cursos cancelados. Na reunião da SBPC, prisões. Está institucionalizada a sanha

---

[17] Inquérito Policial Militar.

[18] Professor da Faculdade de Direito e reitor da USP. (N. das Org.)

do terrorismo cultural. Mas era véspera, ainda. Todavia, quão cheia de presságios para quem, com os olhos turvados de hoje, lê o que o olhar incrédulo de ontem não pudera enxergar: "O setor estudantil é um daqueles em que a Revolução [sic] não logrou ainda introduzir o seu processo de saneamento". Era assim que, mais uma vez, o *Estadão* soava as trombetas do "bravo matutino": no início do século, o saneamento contra a "toxina negra" que conspurcava a pura raça bandeirante; em outubro de 1964, contra estudantes "exóticos"[19] e seus irresponsáveis professores.

Ato Institucional nº 2. Eleições indiretas para a presidência da República, extinção dos partidos políticos, direito de cassação de mandatos parlamentares. Foi dado "o golpe dentro do golpe".

— Fecharam o Congresso.
— Dizem que o Adhemar está se ralando de medo porque vão mexer na corrupção...
— Tem golpista querendo criar uma Frente Ampla. Coisa do Lacerda, já se sabe.
— Não vão conseguir nada. A "linha dura" está ganhando a parada.

> *O governo chegou à conclusão de que a agitação estudantil que se observa neste momento tem inspiração comunista e alcance subversivo e vai agir em consequência.*
> Marechal Castelo Branco, abril de 1966

> *Vem, vamos embora,*
> *que esperar não é saber.*
> *Quem sabe faz a hora,*
> *não espera acontecer.*
> Geraldo Vandré

Doutrina da Segurança Nacional: é criada a figura do inimigo interno, que deve ser aniquilado. Mas a dissonância não se faz esperar:

---

[19] Na linguagem da direita, "exótico" significava estrangeiro subversivo, soviético ou cubano.

música de protesto, literatura empenhada, cinema novo. Esta é uma Terra em Transe.

O Arena emite sua *Opinião* e *Canta Zumbi*. Artistas comem cru o coração do cantor de televisão que acaba de morrer: o Oficina entra na *Roda viva* e acende *O rei da vela*. Não há como calar *Quarup*. Sob luz ofuscante, Nelson Pereira dos Santos faz ranger o carro de boi de *Vidas secas*. Vem vindo o Nordeste de Ruy Guerra com *Os fuzis*.

Invasão do *pop*. País absurdo da Tropicália. "Que coisa é essa de botar guitarra elétrica? Importação sem imaginação." "Que nada. Não entendeu que é o choque do tradicional e do moderno? Estão escrachando o mau gosto nacional." Irreverentes dadaístas: "O monumento é de papel crepom e prata... Carmem Miranda, da, da". *Latino-americanidad*, paradoxo de um nacionalismo continental: "Soy loco por ti, América".

Lá vem vindo o *Pasquim*. No Rio, *Revista Civilização Brasileira*; na Maria Antonia, *Teoria e prática* e *Aparte,* nossa *New Left Review*.

O crítico sentencia: "No fundo, essa produção cultural não está adiante de seu público. É simples emulação de palco e plateia intelectualizados".

Terminam os IPMs com estudantes e professores absolvidos, mas muitos já estão a caminho do longo exílio. São criados os cursos de pós-graduação. Na pequena escadaria da varanda da Maria Antonia, os "excedentes"[20] estão acampados. Exigem as vagas a que têm direito, aprovados que foram nos vestibulares. Às pressas, a ditadura procura satisfazer à classe média que lhe dera apoio: aumenta as vagas universitárias, sem, entretanto, ampliar o corpo docente nem colocar recursos na infraestrutura acadêmica, e põe a reforma universitária na ordem do dia, ameaçando o ensino público e gratuito (cobrança de anuidades, taxas, criação de "fundações"), tentando transformar as universidades em empresas e inventando a indústria do vestibular.

Incauto em sua onipotência, o Conselho Federal de Educação deixa cair a bomba: a reforma universitária segue as ordens do relatório de Mr. Atcon e do Acordo MEC-USAID. "Abaixo a ditadura!/ Viva a liberdade!/ Fora, fora MEC-USAID", replicam os estudantes, no

---

[20] Designação dada aos estudantes aprovados nos exames vestibulares, mas para os quais não havia vagas nos cursos. (N. das Org.)

mês de abril. Em Brasília, a polícia reprime a manifestação estudantil contra o embaixador dos Estados Unidos. Maio de 1968: respondendo às manifestações de abril, o Relatório Meira Matos propõe que o governo proíba os grêmios estudantis existentes e ajude a organizar os estudantes da "maioria democrática" em diretórios que neutralizem a ação nefasta da "minoria esquerdista e instruída". Na Maria Antonia explode o Relatório Ferri, que pretende implantar a reforma universitária contra a proposta da criação da Universidade Crítica, feita por estudantes e professores, que, em repúdio à ação da reitoria, ocupam a faculdade. Abrir vagas, ampliar o corpo docente, aumentar verbas e recursos, criar cursos básicos para integração de toda universidade, pôr um fim na tirania da cátedra, instaurar os departamentos com seus colegiados, eis a reforma que apaixonadamente se discute dia e noite, na Maria Antonia ocupada. "Fora com a universidade elitista e de classe! Pela universidade crítica, livre e aberta!"

Sexta-Feira Sangrenta: vinte e oito mortos. Enlutada, caminha a Passeata dos Cem Mil. Choram estudantes e professores, no Rio. E no Brasil.

Da lágrima passa-se ao grito: "A forma das últimas manifestações é condizente com a concepção da revolução brasileira, através de um longo processo de luta armada, que vá acumulando forças até a tomada do poder político", declara a UEE de São Paulo. Pelas ruas, um coral se avoluma: "o povo unido jamais vencido", "o povo organizado derruba a ditadura", "abaixo a repressão/mais pão e mais feijão". Guerrilha urbana. Guerrilha no campo. A guerrilha é o agente revolucionário ou apenas o braço armado da revolução? A revolução deve partir do campo ou da cidade? Foco ou partido? "Viva Guevara!... Um, dois, muitos Vietnãs." Mao: "A revolução cultural não virá depois da revolução, mas se fará ao mesmo tempo que ela". Na Maria Antonia, a polêmica: "luta política" ou "luta específica"? Mobilização reivindicatória ou violência revolucionária?

– Tá uma confusão danada! O Erwin[21] viu um casal dormindo na diretoria, enrolado na bandeira do Brasil! Tá fulo de raiva.

Liberação sexual. Sim, as meninas e os meninos da Maria Antonia praticam o "amor livre", coronel. Não, a maioria não "praticava

---

[21] Erwin Rosenthal, professor de Letras e diretor da faculdade. (N. das Org.)

amor livre" nos anos 50, capitão. "Virgindade dá câncer", pipocam os muros pichados. Sim, "é proibido proibir". Pensar e viver, subitamente reconciliados numa ética libertária, fazem da Maria Antonia um espaço livre para uma experiência revolucionária: suas paredes, vitrais da sociedade, ganham transparência para receber a luz vinda de longe e emitir lampejos do que imaginava ir além do possível cumprindo a marcha do tempo: "Sejamos realistas: peçamos o impossível".

A imprensa reage, bradando contra o caos, a anarquia, a imoralidade dos costumes. "Ordem! Ordem!", esbraveja, em nome da Pátria conspurcada. É preciso acabar com a subversão. "Sartre e Marcuse conduzem ao vício." A imaginação no poder? Família e Propriedade ameaçadas. É preciso pôr um cobro nessa loucura comunista. Libertinos. Devassos.

A Universidade Crítica prossegue seu caminho: tem início a campanha pela representação paritária dos estudantes nos órgãos colegiados da universidade. "É o fim do mundo! Querem acabar com o princípio da hierarquia e da autoridade! O que esses fedelhos estão pensando?" O Departamento de Filosofia é o primeiro a tornar-se paritário, dirigido por um professor e uma aluna.

Outubro de 1968. Domingo, dia 3. Fervilha a Universidade Crítica: seminários, mesas-redondas, conferências, grupos de trabalho analisam os caminhos abertos pela guerrilha, inventam-se "codinomes", em segredo passa-se "o ponto". Isolada por guarnições militares que ocupam suas duas pontas, a rua Maria Antonia está inundada de sol e pelos acordes da *Internacional*. Será a luta final. Mas não aquela que libertaria os filhos da terra...

Ruído de carros pesados, cães a latir, estrépito de botas pelo calçamento, sirenes, gritos, palavras de ordem, comandos.

– Estão vindo! O Exército e a polícia estão chegando!

– Atenção! Cada qual procure um lugar para defender a faculdade. Rápido, rápido!

– Olhem, olhem! Estão subindo na torre e nos telhados do Mackenzie! O CCC[22] os chamou para lá! Vão metralhar, gente, vão metralhar!

---

[22] Comando de Caça aos Comunistas. (N. das Org.)

– Estão jogando bombas. Precisamos de coquetel molotov!

– Não temos! Ninguém pensou que seriam necessários.

– Pedras, pessoal, jogar pedras!

– A Esther Ferraz[23] abriu o Mackenzie pra OBAN![24] Veio ajudar o CCC! Olhem, olhem! Tão chegando aos montes!

– Estão metralhando! Tem um morto! Tem um morto!

– Mataram um estudante!

– Mataram um...

– Mataram...

– Fogo! A Maria Antonia está pegando fogo! Água, pessoal, água, pelo amor de Deus!

– Fogo, fogo! A faculdade pegou fogo! Todo mundo tem que sair. Não pode haver mais mortos.

Sob gritos furiosos e fogo cerrado – incêndio de um lado, metralhadoras e bombas, de outro – é esvaziada a Faculdade de Filosofia, Ciências e Letras. Seus ocupantes, submetidos ao "corredor polonês", são lançados em camburões, rumo ao DOI-CODI, ao DOPS e à OBAN. Quem dera a ordem? O governador Abreu Sodré garante ter recebido a ordem de invasão do ministro Gama e Silva, mas afirma que se recusou a cumpri-la. O reitor, Mário Guimarães Ferri, por seu turno, assegura ter-se recusado a obedecer à ordem vinda do governador. Talvez tenha sido uma ação voluntária e espontânea das "forças da ordem", sem carecer de ordens, sob a ordem do Partido da Ordem?

12 de outubro de 1968: presos os participantes do 30º Congresso da UNE, que é dissolvida e posta na ilegalidade. Logo depois viria o Decreto nº 477 para completar a repressão aos estudantes.

Dezembro. Sexta-feira, 13: Promulgado o Ato Institucional nº 5.

20 de dezembro de 1968 e 29 de abril de 1969: decretos presidenciais aposentando professores da USP. Há erros: docentes de outras universidades aposentados como membros da USP; outros são aposentados sem que sequer fossem professores. Caça às bruxas no

---

[23] Esther de Figueiredo Ferraz, reitora da Universidade Mackenzie e posteriormente Ministra da Educação. (N. das Org.)

[24] Operação Bandeirante, órgão paramilitar de repressão política, em São Paulo. (N. das Org.)

meio estudantil. Prisões, torturas, mortes, desaparecimentos, exílio. Clandestinidade. Perseguição dos "suspeitos". Campeia a delação.

– Por que cassaram Bento e Giannotti[25]?
– Por que aceitaram a paritária?
– Não se sabe. O decreto não dá motivos. Não há acusação. Portanto, não há defesa.
– Leram o *Diário Oficial*? Dois professores depuseram contra a Emília Viotti.[26] Disseram que espalhava ideias prejudiciais para a juventude.
– Por causa das propostas para a reforma universitária?
– Que nada! Pretexto. Rancores. Uma patifaria.

Imenso Febeapá.[27] Mas o horror estanca o riso. O grotesco faz sangrar. O bonde já não atravessa a Maria Antônia, indo da Rua da Consolação à Avenida Angélica.

★★★

1969 – 1984

De longe em longe, um edifício. Desiguais, aqui um grande, ali um pequeno. Há palácios em estilo mussoliniano (omitida a sacada da Piazza Venezia). Acolá, uma arrojada criação arquitetônica, lançada na leveza do espaço. Há sóbrios e pesados quadrados, há retângulos, medrosamente agarrados ao solo. Esqueletos dos prédios da residência estudantil, roídos pelo tempo, pela incúria e pelo medo da subversão. Há barracos pré-fabricados, sem acústica e sem isolamento térmico – no verão, corpos e mentes entorpecidos pelo calor; no inverno, gente encolhidinha a tiritar; quando chove, o telhado é um bumbo

---

[25] Bento Prado Júnior e José Arthur Giannotti, professores do Departamento de Filosofia. (N. das Org.)

[26] Emília Viotti da Costa, professora do Departamento de História.

[27] Festival de Besteira que Assola o País. Expressão criada por Stanislaw Ponte Preta, pseudônimo do escritor e jornalista Sérgio Porto, para ironizar a estupidez e o grotesco da ditadura. (N. das Org.)

dissonante, as águas inundam salas de aula e bibliotecas; umidade e mofo, nuns, secura quebradiça, noutros; largos vãos cortam os ares, mas as salas de aula são exíguas. Raros os que possuem centros de vivência para estudantes, professores e funcionários. Quando os possuem, estão sabiamente segregados, evitando o "perigoso" contato das três categorias.

Geometricamente racional, topologicamente significativo, o espaço, dividido em feudos dos senhores gerentes, se reparte como se sob a ação de um demiurgo ensandecido, Gênio Maligno a dispor as construções e as ruas encurvadas numa obra que parece devida "mais ao acaso do que à vontade de homens usando da razão".[28] Entre uma escola e outra, terrenos vagos onde o olhar poderia encontrar repouso, se fizessem paisagem em vez de desolação. Avenidas desembocam em praças circulares, curva atrás de curva. "Me disseram que é de propósito. Pra diminuir a velocidade dos automóveis que poderão ser alcançados por carros pesados do Exército ou da polícia, em caso de perseguição de subversivos". Cada país tem o Haussmann[29] que merece.

O isolamento é a regra. Cada unidade, centrada em si mesma, nada sabe do que vai pelas outras. A informação não circula, as ideias não se comunicam. Sem a bela e recolhida quietude do claustro, sem o vívido burburinho da cidade, uma favela habitada por pequenos funcionários, num extremo, a Escola de Polícia, na entrada, agora cercada de grades e portões, ergue-se o *campus* universitário: poucos transeuntes, muitos carros e muitas motos, de quando em vez, um ônibus. Nele não há lazer nem relação com o mundo circundante. Apressadas, as pessoas o atravessam rumo ao trabalho, uma divindade taylorista tendo tomado todas as precauções para que aí reine o ritmo de uma empresa e a agitação não ultrapasse a barreira dos Sísifos da burocracia. "Antigamente, os universitários se encontravam nas catedrais. A gente se encontra no saguão do Banespa."[30] A ética calvinista,

---

[28] Trecho de Descartes no *Discurso do Método*. (N. das Org.)

[29] Arquiteto que reurbanizou Paris, no século XIX, abrindo grandes avenidas (os *boulevards*), de maneira a impedir que as classes populares fizessem barricadas nas ruas, como aconteceu durante a Comuna de Paris. (N. das Org.)

[30] Antigo Banco do Estado de São Paulo privatizado pelo governo estadual, que o vendeu ao Banco Santander. Havia no *campus* uma agência do Banespa, responsável pelo pagamento dos salários de professores e funcionários. (N. das Org.)

tardia como o capitalismo nacional, invade o *campus* (ou seria *pastus?*) para impor-lhe a faina dos predestinados. Tempo é dinheiro; não seja tolo fazendo pesquisas demoradas. "Produza, produza!"

Foi desfeita a Faculdade de Filosofia, Ciências e Letras. A modernização, identificada com a eficácia produtivista e com a divisão administrativa dos conhecimentos, além de proteger-se contra o surgimento do coletivo, fragmentou a antiga faculdade em institutos, escolas e numa Faculdade de Filosofia, Letras e Ciências Humanas. Esta última, continuamente ameaçada de nova fragmentação para atender aos desejos de mando de alguns.

Expulsos da Maria Antonia como criminosos, professores, estudantes e funcionários da nova faculdade foram lançados em barracos (exceção para História e Geografia, que haviam conseguido um prédio próprio). Porém, se as instalações são precárias para os recém-chegados, estes compartilham com os demais a experiência do mundo vigiado: em todo o *campus*, telefones "grampeados", em algumas salas (de aula, de congregações, de conselhos departamentais, de secretarias), microfones ocultos, à escuta de nosso pavor. Policiais travestidos de professores, funcionários e estudantes, ou professores, estudantes e funcionários transformados em policiais, transitam em toda parte. Todo dia, a terrível expectativa: "Ele virá? Não virá? Onde estará?", "Será que ela foi presa? Estará morta? Desaparecida?". Todo dia, o alarme: "Vão invadir o *campus*!". Todo dia, a indesejada notícia: "Prenderam".

Decisões emanam de autoridades desconhecidas. "*Senhor Antonio Candido*: o que consta é que em algum lugar da universidade, mas não pertencendo à universidade, estão instalados agentes de segurança [...] Oficialmente, esses agentes não existem, portanto, é lógico que seja negada a sua existência oficialmente. O que se diz, e há indícios disso, é que há na universidade uma comissão chamada 'comissão especial'. É formada de professores da universidade [...] O que se diz é o seguinte: quando essa comissão recebe os processos, ela os encaminha aos agentes de segurança, sem nenhum despacho escrito, de modo que não fica vestígio nenhum".[31] Silenciosa e secretamente são feitas cassações

---

[31] Depoimento do professor Antonio Candido perante a Comissão de Inquérito da Assembleia Legislativa de São Paulo, presidida pelo deputado Alberto Goldman. (N. das Orgs.).

brancas, expulsões de alunos e desaparição de processos. *"Senhor Alberto Goldman*: É um trabalho policial?" *"Senhor Antônio Guimarães Ferri*[32]: É um trabalho policial." *"Senhor Alberto Goldman*: Então existe uma espécie de triagem policial sobre os professores." *"Senhor Antônio Guimarães Ferri*: Eu não diria policial, mas profissional."

– Bem, professora, não posso lhe dizer o que está segurando o processo de contratação desse professor. Confidencialmente, só lhe digo que sabem que ele andou no Congresso de Ibiúna. Ingênuo. Lambari, não peixe graúdo, que esse soube fugir, não é? A senhora sabe... Mas apareça para um cafezinho, a senhora é tão... hã... simpática.

– Escute professor, vejo que o senhor está com jeito de gente honesta. Nem barbudo ou cabeludo o senhor é! Só que nada posso fazer. Foi um mal-entendido que o trouxe aqui, sabe? É. O senhor não me viu nem me falou. Esta sala não existe. Nem eu, professor.

Sobre o silêncio e o medo, entre 1969 e 1984, ergue-se a universidade modernizada, onde se fará dos conselhos departamentais e interdepartamentais, das congregações, das comissões, do Conselho Universitário, da administração, uma intrincada rede de poder burocrático fortemente centralizado, em nome da "eficiência, modernização, flexibilidade administrativa e formação de recursos humanos de alto nível para o desenvolvimento do país", graças a um "repertório de soluções realistas e de medidas operacionais que permitem racionalizar a organização das atividades universitárias, conferindo-lhes maior eficiência e produtividade". Cidadela da ordem, inculta e estúpida, a direção universitária parece uma seleção de futebol vitalícia, o goleiro de hoje sendo o centroavante de amanhã, à espera do momento em que jogará nas pontas, depois de haver sido o capitão do time. Dada a idade provecta, quem sabe lhe farão presente duma lasquinha do que restou da Jules Rimet. Só não nos peçam para servirmos de torcida.

No entanto, se acreditarmos que o saber é interrogação, interpretação e invenção do novo a partir do material bruto oferecido pela experiência imediata, acreditaremos que o saber, mergulhado na

---

[32] Reitor da USP. (N. das Org.)

história cultural, social e política, dotado de autorreflexão que lhe faz constituir também uma temporalidade interna, é trabalho para pensar o ainda não pensado, para dizer o ainda não proferido, para fazer o ainda não realizado. Se assim for, resta uma esperança de criação, de invenção de caminhos, de perda de certezas e de recusa do existente pela liberdade do possível. Nesse lapso de tempo em que nos é dado respirar, que também nos seja dado pensar, dizer e fazer uma outra universidade onde a alegria das descobertas, o trabalho dos conflitos, a acolhida do que, em nosso tempo, pede para ser efetuado deem sentido à busca da emancipação, nossa e alheia. Para isso lutaram bravamente os estudantes e muitos professores, no correr sombrio dos anos 1970. Que a resistência não tenha sido vã.

O Tribunal Tiradentes*

No dia 10 de maio, em São Paulo, o Tribunal Tiradentes julgou e condenou a Lei de Segurança Nacional, exigindo sua revogação total e imediata.[1]

Juristas demonstraram ser essa lei incompatível com o Estado de Direito, com uma ordem jurídica democrática e com a ideia e a prática da justiça. Demonstraram o vínculo entre a LSN e a Doutrina da Segurança Nacional, inspirada nas ideologias machartista e stalinista

---

* Originalmente publicado em: *Folha de S.Paulo*, Tendências e Debates, p. 3, 12/05/1983.

[1] Realizado pela primeira vez em 10 de maio de 1983, o Tribunal Tiradentes foi convocado para julgar a Lei de Segurança Nacional (LSN). A repercussão do julgamento teve imensa eficiência simbólica, para utilizar as palavras de Paulo Sérgio Pinheiro (publicadas na *Folha de S.Paulo*, em 07/05/1983), quando "entidades da sociedade chamam para si a tarefa de denunciar a maior excrecência legal sobrevivente da última ditadura". Com o auditório do Teatro Municipal de São Paulo completamente lotado e repleto de representantes da sociedade civil, movimentos sociais, deputados e senadores, o julgamento foi presidido pelo ex-senador Teotônio Vilela e o júri foi composto por Gilmar Carneiro dos Santos, Dalmo Dallari, Antenor Ferrari, dom Cândido Padim, Miguel Seabra Fagundes e Hélio Bicudo. Atuando como advogado de acusação, o presidente da OAB, Márcio Tomaz Bastos; enquanto a defesa foi exercida por Luiz Eduardo Greenhalgh. Foram convocadas testemunhas, a primeira o jornalista Hélio Fernandes, descrevendo diversos casos do cerceamento da liberdade de expressão com prisão e encarceramento de quem a exercia; como testemunha da repressão violenta aos movimentos estudantis arbitrariamente praticados em nome da LSN, foi ouvido

dos anos 1940 e 1950, para as quais segurança nacional significa estado de guerra permanente, pois o inimigo não se situa no exterior, mas no interior da sociedade na qualidade de inimigo interno. Essa figura transformou todo e qualquer cidadão em suspeito, *de jure*, e culpado, *de facto*, suspeita e culpa sendo caracterizadas de maneira extremamente indeterminada, mas evidenciando que a segurança não concerne à nação e à sociedade e sim à proteção dos governantes contra os governados. Sabemos que um regime político no qual a facção vitoriosa se chama governo e rodos os demais são suspeitos e por isso culpados possui um nome preciso: chama-se, como tão bem nomeou Hegel, Terror.

Uma legalidade assim constituída apresenta duas características principais e simultâneas: por um lado, a interdição ao direito de oposição e, por outro lado, a impossibilidade de determinar a verdade ou falsidade do poder, pois como escreveu em 1955 Merleau-Ponty, a verdade do poder só é visível para aqueles que não o exercem.

As testemunhas que depuseram perante o Tribunal – jornalistas, estudantes, operários, camponeses – tornaram visível a violência da Lei de Segurança Nacional e não sem motivo concluíram seus depoimentos afirmando a necessidade de justiça. Esse clamor não é novo. Durante os anos 1970, trabalhadores grevistas, posseiros, boias-frias, índios, prisioneiros políticos declaravam, para escândalo de muitos: "a nós não importam o legal ou o ilegal, mas o justo".

É possível que os que se escandalizaram fossem movidos por dois motivos: por considerarem que, sem lei, instalam-se o arbítrio e o terror, ou por considerarem que a lei está destinada a determinar o conteúdo e a forma do justo e do injusto para uma sociedade. Todavia, a Lei de Segurança Nacional nos convida a meditar sobre o problema de uma visão formalista e abstrata da legalidade, uma vez que nos coloca diante da injustiça sob forma de lei.

---

o depoimento da presidente da UNE, Clara Araújo; e, finalmente, como testemunha da perseguição truculenta contra a organização dos movimentos populares e organizações sindicais, de imensos efeitos no cerceamento do exercício de direitos políticos e civis, foi ouvido o presidente do PT Luiz Inácio Lula da Silva. Após mais de quatro horas de julgamento, por unanimidade, a Lei de Segurança Nacional foi condenada, exigindo-se, em nome do Tribunal de Tiradentes, a sua revogação imediata. O Tribunal Tiradentes foi reunido numa segunda ocasião, em 1984, para o julgamento do Colegiado Eleitoral.

Incansavelmente, juristas têm discutido as duas formas canônicas do Direito: *justum quia jussum* (justo porque ordenado) ou *jussum quia justum* (ordenado porque justo)? Justo porque legal ou legal porque justo? E, pelo menos desde os gregos, os filósofos indagavam e indagam o que seria melhor: a boa lei contra o mau governo ou o bom governo contra a má lei? Questão que a modernidade, ao se desfazer da imagem do bom governante moralmente virtuoso e portador da justiça, deslocou para a avaliação da qualidade das próprias instituições. E, com Maquiavel, voltou-se para a afirmação do laço indissolúvel entre a lei, o desejo de liberdade e a recusa da opressão, portanto, como realização da justiça no interior das divisões sociais que opõem os Grandes (que desejam oprimir e comandar) e o Povo (que não deseja ser oprimido nem comandado).

Diante da divisão social, ninguém duvida que é funesta a inexistência da lei como polo simbólico da unificação e da ordenação político-social sob a forma da não opressão e com a qual os cidadãos reconhecem o que respeitam e o que repudiam. Não sem razão, os que defendem a democracia consideram que nela se desenvolvem dois aspectos essenciais no que tange à lei: em primeiro lugar, como "enigma decifrado de todas as constituições", na democracia, o povo elabora sua própria lei, de sorte que, ao legislar, obedecerá apenas a si mesmo, realizando, como escreveu Espinosa, o desejo de todo cidadão de "governar e não ser governado"; em segundo lugar, na democracia, a lei se encontra permanentemente sujeita ao confronto e ao conflito de grupos e classes que, na luta por direitos, modificam a legalidade em nome de uma nova enunciação do justo.

Nessa perspectiva, onde situar a Lei de Segurança Nacional?

É uma lei e, como tal, ordenação do que é público. Ora, tendo emanado do Executivo e sido aprovada por decurso de prazo, pode ser considerada legal, mas poderá ser considerada democrática (ou suscetível de conviver com a democratização em curso no país)? Não tendo como fim a segurança dos cidadãos contra a opressão, mas a proteção dos governantes contra os governados, pode dispensar a pergunta pelo justo? Não operando como expressão da coisa pública – direitos, vontades, interesses e liberdades sociais –, mas como apropriação privada do público por um punhado de mandantes, é compatível com a ordem republicana e com a concepção democrática da lei como enunciação de direitos?

Atingindo prioritariamente trabalhadores manuais da cidade e do campo, jornalistas, estudantes, políticos e intelectuais, isto é, os que exprimem publicamente conflitos, diferenças, antagonismos, reinvindicações e críticas, a Lei de Segurança Nacional também visa tacitamente toda manifestação de oposição possível e, sob esse aspecto, não teria produzido o clamor: "a nós não importam o legal e o ilegal, mas o justo"? Não é em nome da justiça e da liberdade, de uma legalidade democrática entendida como não petrificação da lei e do poder que, hoje, se luta contra a LSN?

O formalismo abstrato da legalidade tem permitido, neste país, a famosa dicotomia entre o "país real" e o "país legal", tão ao gosto do pensamento conservador, mas também tem servido de disfarce para o autoritarismo dos mandantes e dos bem-pensantes que desejariam mandar também. Na luta contra a LSN emergem facetas do pensamento autoritário e da legalidade brasileiros que não convém esquecer, prevalecendo na história política do país a fórmula "justo porque ordenado", sem que indaguemos de onde emanou a ordem.

Sabemos que, no correr das lutas contra regimes absolutistas, o pensamento cristão enfrentou um problema insolúvel, qual seja, o do direito à resistência política, uma vez que para o cristianismo todo poder vem de Deus – "Por mim reinam os reis e os príncipes governam". A solução encontrada por teólogos católicos e protestantes consistiu em distinguir entre o cargo e a lei (incontestáveis por sua origem sagrada) e o ocupante ou o governante tirânico (que deveria ser desobedecido ou destituído). Mas, não sem motivo, um dos teóricos modernos da democracia, Espinosa, escreveu que os homens julgam mais fácil derrubar um tirano e substituí-lo por outro do que destituir as causas da tirania, isto é, a própria lei. Ora, uma das inovações fundamentais trazidas por aquilo que alguns designam como "revolução democrática" consistiu em dessacralizar a origem da lei e do poder, em afirmar a origem humana da lei e, por isso, revelar o laço entre a lei injusta e o governo injusto, de tal modo que a resistência política ("não nos importam o legal e o ilegal") e a ação transformadora ("a nós importa a lei justa") pudessem, a um só tempo, contestar o tirano contestando a causa da tirania.

É sob esse aspecto, cremos, que vale a pena compreender o Tribunal Tiradentes e lembrar que aqueles que dele participam certamente fariam suas palavras de Espinosa: "Se fosse tão fácil dominar os espíritos como se censuram os as línguas todo governante reinaria em segurança e não haveria governo violento, pois cada um julgaria o verdadeiro e o falso, o bem e o mal, o justo e o iníquo de acordo com os desejos e decretos dos que governam. Porém, tal não acontece. Ninguém aliena absolutamente a um outro seu direito natural de julgar livremente em todas as circunstâncias".[2]

---

[2] ESPINOSA, Bento. *Tratado teológico-político*. Capítulo 20. Trad. Diogo Pires Aurélio. Lisboa: Imprensa Nacional; Casa da Moeda, 2004, p. 442.

Violência e
autoritarismo sociopolítico[*]

Gostaria de começar contando-lhes alguns "casos" para deles retirar algumas considerações sobre o nosso tema.

Há alguns meses, o corpo docente, discente e administrativo de uma universidade federal do Nordeste preparava-se para eleições diretas do seu reitor. Candidatos se apresentaram, houve o início dos debates e de campanhas. Uma bela tarde, as associações de professores, estudantes e funcionários receberam o comunicado de que poderiam continuar a campanha e fazer as eleições, mas que o reitor já fora escolhido pelo Ministro da Educação, não pertencia ao quadro universitário e, sim, a uma das quatro famílias que dominam aquele estado nordestino. Houve protesto, mas não houve eleição direta do reitor.

É cena comum, nos bairros ricos e nos de classe média, habitantes de mansões ou de boas casas voltarem para casa em horas variadas, cada membro da família com seu veículo, e buzinarem para que serviçais atentos venham abrir os portões – por vezes, entre o motorista e o portão não chega a haver a distância de 2 metros. Muitas vezes essa operação se realiza em pequenos intervalos durante a noite e a madrugada,

---

[*] Texto inédito. Escrito para a Conferência n.º 6 da Convenção dos Profissionais das Áreas de Recursos Humanos (COPARH), UNESP, São Paulo, 08/08/1988. Vários pontos abordados neste texto reaparecem no texto "O mito da não violência brasileira". A repetição foi mantida propositadamente.

os serviçais devendo ou sair da cama ou não dormir para fazer o serviço de abertura dos portões. Em algumas ocasiões, conduzindo estrangeiros a essas casas, estes não só se surpreenderam com tal serviço feito na madrugada, mas alguns ficaram sinceramente escandalizados.

É comum, nas casas onde há empregadas domésticas, ouvirmos as patroas fazerem afirmações do seguinte teor: "Fulana é ótima empregada, de confiança, não mexe em nada que é meu, não rouba"; ou "Não pude ficar com a empregada, comia demais, remexia na geladeira, comia as coisas antes de nós"; ou então "Fulana é uma excelente empregada, muito discreta, é dessas que conhecem o seu lugar". Afirmações desse tipo se estendem para os demais empregados e, se membros da família frequentam escolas particulares, esse tipo de comentário também é feito sobre os professores. No caso destes últimos, os elogios se concentram no fato de nada ensinarem que contradiga as opiniões das famílias e as críticas são feitas quando o contrário acontece, o professor ou a professora sendo considerados "atrevidos" e "sem confiança", que "não sabem para que são pagos".

A atual campanha do Ministério da Justiça para a diminuição dos acidentes de trânsito revela dois aspectos interessantes: 1) julgar que, somente pela coerção das muitas prisões e apreensões de documentos e de veículos, será possível diminuir a taxa de acidentes; 2) julgar que campanhas educativas nas escolas farão as crianças, atuais pedestres e futuros motoristas, se acostumarem a não matar outros seres humanos e a se proteger para não serem por eles assassinados. Ora, esse tipo de campanha não investiga as causas profundas que fazem com que os motoristas brasileiros matem, firam ou estropiem seus semelhantes. Não analisa a peculiar relação entre motorista e pedestre, isto é, o fato de que alguém não motorizado possa ser tido como um inferior cuja vida e negligenciável. Nem analisa por que motoristas se matam uns aos outros, o veículo funcionando não só como arma, mas como símbolo de força, poder e prestígio.

Sabemos que a revolução estadunidense, que culminou na independência dos Estados Unidos da América com relação à Inglaterra, assim como a Revolução Francesa, que derrubou a monarquia absolutista, tiveram como estopim a questão de taxas e impostos. Por quê? Uma das regras fundamentais das repúblicas democráticas modernas é que o Estado não pode decretar políticas fiscais sem que os representantes dos cidadãos opinem e decidam sobre o assunto, uma vez que a coisa pública, a *res publica* ou república, é constituída por taxas e impostos que os cidadãos aceitam pagar a um Estado que foi instituído por eles e que é governado por eles, através de representantes eleitos. No Brasil, não é preciso tecer comentários sobre a política fiscal. Mas basta lembrar que essa política é realizada por intermédio do decreto-lei, instrumento ditatorial incompatível com a ideia de república representativa. Mas o mais interessante, e que merece nossa reflexão, é o fato de os cidadãos não reagirem contra medidas fiscais que, em qualquer república, teriam provocado a queda de governos.

A recente campanha feita pela CETESB, na cidade de São Paulo, para diminuir a poluição do centro da cidade, impedindo a entrada de veículos por um dia, foi apresentada como uma campanha cívica. Ora, é curioso que nem os organizadores da campanha, nem os cidadãos tivessem observado que: 1) se os governos municipais e estaduais tivessem uma política de transportes urbanos coletivos digna, decente e organizada, a população não seria forçada a poluir a cidade; 2) que se os veículos fabricados no Brasil dispusessem de um pequeno e nada custoso dispositivo de controle do escapamento de gases, o índice de poluição em todas as cidades seria mínimo como em Paris, Berlim ou São Francisco; 3) que uma pequena alteração na octanagem da gasolina nacional reduziria o índice da poluição a um mínimo, como no resto do mundo. Uma vez que não foram discutidas as responsabilidades sociais dos governos, das montadoras de veículos e da Petrobras, a culpa da poluição recai sobre os cidadãos que, por isso, se sentem compelidos a aceitar, participar e colaborar numa campanha cívica de culpabilização.

Durante os últimos anos, no Brasil, o grande tema e a grande preocupação coletiva tem sido o que se chama de violência urbana. Por violência urbana entendem-se todos os atos de delinquência e de criminalidade praticados pelas camadas mais pobres da população, aceitando (mesmo sem o saber) o adágio do romano Tito Lívio sobre o perigo e a violência da plebe: "a plebe é temível quando não teme". Análises sobre as condições de vida e trabalho das camadas mais pobres da população, sobre as condições carcerárias (prisões abarrotadas, corrupção policial, quadrilhas organizadas, tortura de prisioneiros, assassinato de detentos, morosidade e anacronismo dos sistemas judiciário e penitenciário), análises feitas por grupos de defesa dos direitos humanos, foram severamente criticadas, consideradas subversivas e sobretudo de "defesa do bandido contra a vítima". Talvez o traço mais impressionante das reações obtidas para que a população fosse contrária a tais análises e contrária a campanhas de humanização de presídios, manicômios, albergues, asilos, casas de recolhimento de menores, o mais impressionante, dizíamos, é a ideia passada para a população de que os criminosos, seja qual for o crime cometido, são os pobres e, em segundo lugar, que os criminosos não são gente. Fato curioso, pois uma das características mais importantes do nascimento das sociedades políticas ou dos Estados, em toda a história da humanidade, é a decisão da sociedade de definir o que considera crime, de definir as várias penas e de encarregar o Estado de realizar a vingança justa ou reparadora dos danos cometidos. No caso do Brasil, o que se deseja delegar ao Estado não é o papel da justa vingança, mas o da destruição física e psíquica dos criminosos, em total desacordo com o que a própria lei afirma. Mas se, no caso dos criminosos, ainda se compreende o desejo de vingança da população, não há como entender que a população aceite e seja receptiva à desumanização e à destruição física e psíquica de crianças, sofredores psíquicos (os "loucos") e idosos. Com naturalidade, aceitamos que os internados em albergues de menores e de idosos e os internados em manicômios sejam tratados não como gente, mas como coisa e como lixo.

Esses "casos" esparsos que apresentei suscitam uma pergunta: o que aceitamos com a maior naturalidade no Brasil? Podemos responder:

- a existência do analfabetismo em larga escala;
- a existência da fome crônica e da desnutrição com altíssimos índices de mortalidade infantil e baixa taxa do índice de vida;
- a existência de crianças abandonadas;
- a inexistência de serviços públicos sanitários e de saúde para a maioria da população;
- a inexistência de moradias para a maioria da população;
- a inexistência de energia elétrica para a maioria da população;
- a inexistência de serviços coletivos de transporte urbano sub-sidiados pelo Estado e nos quais as pessoas não sejam trans-portadas como animais, sujeitas à morte cotidiana e a tarifas escorchantes;

- a existência dos trabalhadores rurais volantes ou boias-frias, a partir da idade de 6 anos;
- que os conflitos pela terra sejam resolvidos a bala e pela tortura;
- que crianças ainda morrem vítimas de sarampo, tétano ou meningite; que haja crianças vítimas da poliomielite;
- que pessoas sejam contaminadas com hepatite, sífilis e aids em bancos de sangue, sejam eles particulares, públicos ou clandestinos;
- que pessoas morram diariamente nas filas de atendimento do INSS e do INAMPS;
- a discriminação racial em todas as esferas da vida social, do trabalho à escola, da rua às casas. Discriminação que aparece numa frase, talvez a mais racista de que se tem notícia: "um preto de alma branca";
- a discriminação sexual contra as mulheres e contra os homos-sexuais, da escola ao trabalho, na rua e nas casas.

Não me refiro ao fato de uma ou outra pessoa, em toda e qualquer sociedade, aceitar naturalmente um ou outro desses fatos. Refiro-me ao fato de que toda a sociedade brasileira aceita todos esses fatos como naturais e até mesmo necessários, e grita furiosamente contra quem se opõe a eles. Em outras palavras, nossa sociedade aceita a violência como algo natural, pois sequer a percebe. E é isto que eu gostaria de analisar um pouco com vocês hoje.

Estamos acostumados a considerar que, no Brasil, periodicamente o Estado assume uma feição autoritária. Estamos acostumados também a admitir que esse autoritarismo periódico do Estado brasileiro decorre de sua formação, pois, afinal, enquanto nos demais países do mundo as repúblicas modernas surgiram por meio de revoluções sociais e políticas, no Brasil, as mudanças políticas sempre foram feitas por golpes de estado: a Independência, a Proclamação da República, 1937, 1964 são datas que mostram a história política brasileira como história golpista.

No entanto, nunca nos detemos a perguntar: como é a sociedade brasileira para que tal política golpista seja uma constante?

Julgo que essa análise é importante para todos nós, porque uma das falas mais constantes hoje, no Brasil, é a chamada "crise institucional". As pessoas não falam apenas na falta de confiabilidade dos governos, não falam apenas no grau inigualado alcançado pela corrupção no plano público. As pessoas falam também, e muito, numa crise das instituições, numa falência de todas as instituições sociais, econômicas, políticas, culturais. Por isso creio valer a pena pensarmos um pouco como é a sociedade brasileira em termos institucionais.

Pelos casos e fatos que mencionei há pouco, podemos dizer que a sociedade brasileira é, do ponto de vista institucional, uma sociedade violenta ou autoritária. Não digo que periodicamente o Estado assume a feição autoritária e, sim, digo que a sociedade brasileira está organizada de tal modo, nela as relações sociais são de tal tipo que se trata de uma sociedade violenta enraizadamente autoritária.

Enumeremos vários de seus traços institucionais para que possamos perceber seu autoritarismo:

1) é uma sociedade autoritária porque não consegue, no limiar do século XXI, concretizar sequer os princípios, velhos de três séculos, do liberalismo e do republicanismo. Nela vige completa indistinção entre o público e o privado – isto vale para a oligarquia no poder, como para as práticas cotidianas, como é o caso das "mamães" e dos "choferes" que, para pegar crianças nas escolas, ocupam todas as mãos de trânsito das ruas, como se a rua fosse um prolongamento do jardim ou do quintal da casa, isto é, do espaço privado.

2) na mesma linha de incapacidade para efetivar os princípios do liberalismo e do republicanismo, é uma sociedade que não consegue admitir o princípio geral e abstrato da igualdade dos cidadãos perante a lei. No Brasil, a lei opera em dois níveis pelos quais não é propriamente lei e não pode garantir o princípio geral da igualdade jurídica: a lei é, para os grandes, conservação de privilégios, e, para o povo, instrumento de coerção e violência. Na medida em que a lei não cumpre seu papel de figurar o polo coletivo do poder público e da regulação dos conflitos entre indivíduos, grupos e classes sociais, a lei é a antilei, pois é privilégio (afirmação da desigualdade jurídica) e é repressão (afirmação do uso da força). Como consequência, a lei nunca define um sistema de direitos e de deveres próprios da cidadania. No caso das camadas populares, os direitos são sempre apresentados não como direitos do

cidadão, mas como concessões feitas pelo Estado, dependendo da boa vontade e do arbítrio dos governantes, situação claramente reconhecida pelo povo (quando este diz que "a justiça só existe para os ricos") e reconhecida pelos poderosos (quando estes dizem: "para os amigos tudo, para os inimigos, a lei"). Como consequência, é uma sociedade onde as leis sempre são consideradas inócuas, inúteis, feitas para serem transgredidas, violadas, jamais para serem respeitadas. Isso explica a curiosa situação enfrentada pelo atual Congresso Constituinte, quando a população enviou uma quantidade enorme de propostas de leis e quando os vários textos e anteprojetos foram criticados pela extensão e pelo detalhismo: de fato, o que está ocorrendo é a esperança da população de que, se a lei for minuciosa, detalhada e numerosa, os riscos de violação serão menores;

3) a indistinção do público e do privado e a dificuldade para efetivar o princípio da igualdade jurídica, na realidade, são efeitos de algo mais profundo que é a marca registrada da sociedade brasileira, qual seja, a total incapacidade dessa sociedade para lidar com as diferenças sociais e as assimetrias sociais e pessoais. Diferenças e assimetrias são imediatamente convertidas em desigualdades sociais e políticas, em desigualdade civil. As desigualdades, por sua vez, são imediatamente transformadas em hierarquias, em relações entre superiores e inferiores, em relações de mando e obediência – situação que vai da família ao Estado, atravessa todas as instituições sociais, políticas e culturais, públicas e privadas e as relações pessoais. Não é somente o país onde a hierarquia aparece na frase costumeira "sabe com esta falando?", mas que aparece, por exemplo, nos serviços públicos, quando os servidores, cujo salário sofre desconto para pagar pelos serviços públicos, são tratados pela burocracia de seus próprios colegas com uma relação de poder na qual o serviço público se transforma em favor e depende da boa vontade ou da corrupção dos demais funcionários deles encarregados. O que é, senão prova da inexistência da cidadania, a existência de uma instituição social como o despachante? O que é o despachante senão o intermediário entre o cidadão e o Estado para que este faça favores, quando

deveria cumprir deveres? Na sociedade brasileira os indivíduos se distribuem imediatamente em superiores e inferiores, ainda que alguém seja superior numa relação e se torne inferior numa outra. Não existe no país a ideia, desenvolvida desde o final do século XVII, de que os indivíduos são indivíduos e não graus numa pirâmide de poderes e de hierarquias. Como resultado, todas as relações sociais tomam a forma do exercício de um poder e de uma autoridade sobre outrem – o caso dos empregados a abrir portões de madrugada ao comando de buzinas é o mais evidente, pois tais empregados deixam de ser tratados como profissionais para serem tratados como escravos postos às ordens de seus senhores. Todas as relações sociais e políticas tendem, assim, a tomar a forma do favor e da tutela, da dependência social e pessoal, de um lado, e da concessão e da autoridade, de outro. *A violência simbólica é, portanto, a regra institucional da sociedade brasileira.* Violência ainda maior porque não percebida imediatamente por nós, porque a exercemos e a sofremos como algo necessário, natural e normal. Violência ainda maior porque o paternalismo e o clientelismo não são sentidos por nós como violência e como desqualificação de nossa cidadania e de nossa individualidade de seres humanos, mas como algo normal, natural e necessário;

4) como consequência, é uma sociedade que não conseguiu pôr em prática a ideia, também velha de muitos milhares de séculos, de que os indivíduos, como cidadãos, são portadores de direitos e deveres instituídos por eles mesmos para garantir a vida social e política. No Brasil, não temos direitos: recebemos e fazemos favores, adquirimos obrigações e dívidas, somos submissos ou rebeldes, mas não somos cidadãos. Como consequência, somos uma sociedade que desconhece a ideia e a prática da representação política. Os partidos políticos sempre tomam três formas: ou a dos partidos clientelistas dirigidos por notáveis da oligarquia e que mantêm com os representados relações de favor e não de representação; ou a forma populista, na qual o Estado e o partido se oferecem como protetores de indivíduos sem direitos, a relação sendo de tutela e não a da representação, uma vez que a marca do

populismo é considerar que somente os dirigentes sabem o que é bom para o pobre povo ignorante e carente; ou, no caso dos partidos de esquerda tradicionais, a forma vanguardista, na qual a representação desaparece porque a vanguarda assume a função pedagógica de dirigir a massa "atrasada" para conduzi-la ao seu glorioso futuro histórico. Justamente por que a ideia e a prática da representação não existem, aparece o fascínio autoritário de toda a sociedade pelo Estalo forte. Há uma crença, generalizada no país, de que o Estado (e o governo) é apenas o poder Executivo, e de que este deve ser mais forte do que os poderes de representação direta da sociedade – Legislativo e Judiciário –, que o Executivo deve ser mais forte do que a sociedade e dirigi-la pela força e não pelos critérios da representação. Essa crença é tão vigorosa que, à direita e à esquerda e no centro, todos acreditam que o sujeito político e o sujeito histórico das transformações nunca é a sociedade com suas lutas e seus conflitos, mas o Estado, identificado com o poder Executivo. Dessa crença surgem duas consequências importantes:

a) o fascínio pela tecnocracia, que afirma (indiretamente) a incompetência política dos cidadãos, confunde discernimento político e conhecimentos técnicos, outorga soluções pelo alto e sem qualquer consulta à sociedade que é, assim, declarada incompetente para compreender e resolver seus próprios problemas e sobretudo declarada sem o direito de decidir quanto aos rumos de sua existência. Explica-se, assim, aquilo que se costuma chamar de "apatia do povo brasileiro" – o caso que mencionei dos impostos, sendo um exemplo –, mas com um equívoco fundamental, isto é, considera-se que a apatia é uma espécie de marca natural do "caráter nacional brasileiro" e por isso ninguém analisa todas as instituições sociais e políticas de exclusão dos cidadãos, instituições responsáveis pela dita "apatia". Este não é um traço do suposto "caráter nacional" (mesmo porque não existe "caráter nacional"), nem uma causa dos acontecimentos do país: ela é o resultado das instituições, pois se não há cidadania, se não há direitos, se não há prática da representação, se há crença no saber e no poder da tecnocracia, como esperar que a sociedade não seja apática? A apatia não é "natural" e sim um resultado deliberadamente conseguido pelos dominantes e pelos dirigentes no Brasil;

b) se há fascínio pelo poder Executivo e pela tecnocracia, há também o avesso necessário desse fascínio e que é o horror e o medo pânico dos conflitos sociais e políticos (conflitos que, como sabemos, são o núcleo definidor da democracia). Há, no Brasil, o fascínio pela ordem, entendendo-se por ordem a ausência de discussão, conflito, contestação, luta social e política. O medo pânico do social enquanto social e do político enquanto político explicam dois fatos constantes:

– em primeiro lugar, porque, periodicamente, a política se faz por meio dos golpes de Estado: os poderosos, no Brasil, porque tratam o restante da sociedade como se não fossem cidadãos, como se fossem a turba a ser reprimida, como se o restante da sociedade não tivesse direitos e como se os direitos da sociedade exigissem diminuição dos privilégios, sempre recorrem à força e à repressão para impedir que a sociedade se organize politicamente. Os golpes de estado não são uma anomalia, mas a regra e consequência da estrutura da sociedade brasileira, e não é casual que o simples fato de o Congresso Constituinte ter tido algumas propostas de lei correspondentes aos anseios da sociedade levasse o atual poder Executivo a ameaçar esse Congresso com um golpe de Estado;

– em segundo lugar, porque há total incapacidade dos dirigentes para lidar com crises. A palavra crise vem da língua grega e era usada em dois contextos principais: no da medicina e no da filosofia. Na medicina, a crise era o momento mais importante, o momento preparado e aguardado pelo médico, pois era o instante no qual ele podia perceber que o organismo do doente começava a reagir e a lutar, e o médico sabia como intervir de maneira certeira para a cura. Uma crise era o sinal seguro do retorno da saúde. Na filosofia, a palavra "crise" era empregada como aquele momento em que o pensador, de posse de todos os dados de um problema, interrompia seus julgamentos sobre a realidade, analisava os dados e só então se pronunciava sobre a realidade e avaliava os caminhos melhores que ela poderia seguir. A crise era o momento de preparação para o julgamento verdadeiro sobre uma situação ou uma realidade. Como se vê, a noção de crise era encarada como algo positivo, desejável e necessário tanto para a saúde quanto para a verdade e a escolha de um bom caminho. Ora, no Brasil, justamente porque crise significa o instante que anuncia uma mudança profunda, os dominantes e os dirigentes abominam as crises. A crise é vista como perigosa, como desordem, como caos, como risco de a sociedade tomar decisões e mudar o curso da história. Por isso, no Brasil, uma crise sempre se transforma no mero "fantasma da crise". Em vez de ser considerada o resultado de contradições sociais, de conflitos políticos, de movimentação da sociedade, é considerada como irrupção inesperada do irracional e como perigo a ser combatido pelas armas da força e da repressão. É por isso que diante das crises, em lugar de deixar que os conflitos sociais sejam trabalhados pela sociedade, em lugar de deixar que a liberdade dos cidadãos se exerça para a decidir novos caminhos, diante das crises os dirigentes falam em políticas de "salvação nacional", em "união da família brasileira", em "pacificação nacional" e na necessidade de conter a sociedade.

Peço-lhes desculpas pelo quadro pessimista que lhes ofereci. Mas estou convencida de que se não encararmos as verdades sobre a sociedade brasileira não compreenderemos o que se passa e não saberemos tirar o verdadeiro proveito da crise, correndo risco de aceitar a tradição nacional da crise como perigo, desordem e caos e da solução pela força. Se queremos que este país seja uma república, não a república oligárquica que tem sido a nossa marca e história, e sim uma república democrática, não podemos ter uma atitude de avestruz. Precisamos reconhecer que somos pessoas autoritárias vivendo e reproduzindo uma sociedade profundamente autoritária. Esta deveria a nossa crise verdadeira, ocasião para passarmos da doença secular a saúde institucional, da ilusão à verdade.

Para não dizer que aqui vim sem ter algumas ideias para nossa discussão, concluirei com algumas para submetê-las ao debate:

1) creio que uma primeira atitude de nossa parte é assumir sem medo que toda sociedade é sociedade porque internamente dividida em classes sociais e que as diferentes classes possuem interesses diferentes, mas podem ter alguns direitos em comum; e que a luta pelos direitos não é ameaça, mas transformação benéfica para a nossa sociedade, cuja violência se aloja em desigualdades sociais, econômicas, políticas e culturais que estão muito além do que permite a dignidade humana;

2) creio que uma segunda atitude importante é nos desfazermos daquilo que chamo da ideologia da competência ou a crença de que possuir algum saber ou algum conhecimento nos dá o direito de exercer poder e violência sobre outros;

3) creio que podemos e devemos lutar pelo estabelecimento de uma ordem legal de tipo democrático na qual os cidadãos participem da vida pública através de partidos políticos, da opinião e do voto, implicando uma diminuição do raio de ação do poder Executivo em benefício do Legislativo enquanto efetivamente espaço público da representação política. Trata-se, aqui, da luta pela cidadania referida ao direito de representação política, tanto do direito de ser representado quanto de ser representante;

4) creio que podemos e devemos lutar pelo estabelecimento de garantias individuais, sociais e econômicas, políticas e culturais nas quais vigorem entendimentos a serem observados e respeitados e o direito de oposição. Isso significa que, aqui, a luta pela cidadania e pela democracia está referida à luta pelo Estado de Direito e recai sobretudo na defesa da independência e liberdade do poder Judiciário, pois, nesse nível, a cidadania se define pelos direitos e pelas liberdades civis;

5) creio que podemos e devemos lutar por uma política econômica que desfaça a excessiva concentração da riqueza, realize a redistribuição da renda e invista os fundos públicos

para a garantia de direitos sociais, econômicos e culturais, fortalecendo a cidadania. Essa luta define a democracia como democracia social, esta referida à questão da justiça social e econômica e dos direitos sociais. Ora, instituir essa democracia pelo fortalecimento da sociedade significa, antes de mais nada, que é preciso aceitar os conflitos como forma da existência social e, portanto, aceitar os movimentos sociais, os movimentos populares, os movimentos sindicais, os movimentos de associações civis, os movimentos de opinião pública e os movimentos cívicos – essa aceitação significa que não podemos continuar a ter do povo a imagem tradicional da apatia nem a da desordem nem a da incompetência política. Enquanto a sociedade e a política brasileira não fizerem outra coisa senão excluir uma parte da população dos direitos civis, dos direitos políticos, dos direitos sociais e dos direitos humanos, a violência permanecerá, a república oligárquica permanecerá e as crises serão tratadas como fantasmas e com o uso da força e do golpe de Estado.

Parte II

A violência contemporânea

A violência neoliberal[*]

Surge o neoliberalismo

O que chamamos de neoliberalismo ou economia política neoliberal nasceu com um grupo de economistas, cientistas políticos e filósofos, que, em 1947, reuniu-se em Mont Saint Pèlerin, na Suíça, à volta do economista austríaco Hayek, do filósofo austríaco Karl Popper e do economista estadunidense Milton Friedman. Após a Segunda Guerra, esse grupo opunha-se encarniçadamente contra o surgimento, na Europa, do Estado de Bem-Estar de estilo keynesiano e social-democrata e, nos Estados Unidos, contra a política do New Deal, implantada por Roosevelt. Navegando contra a corrente das décadas de 1950 e 1960, o grupo elaborou um detalhado projeto econômico e político no qual atacava o chamado Estado-Providência com seus encargos sociais e com a função de regulador das atividades do mercado, afirmando que esse tipo de Estado destruía a liberdade dos cidadãos e a competição, sem as quais não há prosperidade.

Essas ideias permaneceram como letra morta durante os anos 1950-1960, período em que os trabalhadores europeus instituíram novas formas de organização à margem dos sindicatos oficiais – comissões de fábricas, cooperativas de autogestão, novas formas de greve.

---

[*] Texto inédito que retoma alguns pontos do ensaio "Sob o signo do neoliberalismo", publicado em CHAUI, Marilena. *Cultura e democracia*. São Paulo, Cortez, 2011.

A mudança ocorreu quando da crise capitalista de 1974, momento em que o capitalismo conheceu, pela primeira vez, um tipo de situação imprevisível, isto é, baixas taxas de crescimento econômico e altas taxas de inflação: a famosa estagflação. O grupo de Hayek, Friedman e Popper passou a ser ouvido com respeito por que oferecia a suposta explicação para a crise: esta, diziam eles, fora causada pelo poder excessivo dos sindicatos e dos movimentos operários, que haviam pressionado por aumentos salariais e exigido o aumento dos encargos sociais do Estado. Teriam, dessa maneira, destruído os níveis de lucro requeridos pelas empresas e desencadeado os processos inflacionários incontroláveis.

Feito o diagnóstico, o grupo do Mont Saint Pèlerin propôs os remédios:

1) um Estado forte para quebrar o poder dos sindicatos e movimentos operários, controlar os dinheiros públicos, cortar drasticamente os encargos sociais e os investimentos na economia;

2) um Estado cuja meta principal deveria ser a estabilidade monetária, contendo os gastos sociais e restaurando a taxa de desemprego necessária para formar um exército industrial de reserva que quebrasse o poderio dos sindicatos;

3) um Estado que realizasse uma reforma fiscal para incentivar os investimentos privados e, portanto, reduzisse os impostos sobre o capital e as fortunas, aumentando os impostos sobre a renda individual e, portanto, sobre o trabalho, o consumo e o comércio;

4) um Estado que se afastasse da regulação da economia, deixando que o próprio mercado, com sua racionalidade própria, operasse a desregulação; em outras palavras, abolição dos investimentos estatais na produção, abolição do controle estatal sobre o fluxo financeiro, drástica legislação antigreve e vasto programa de privatização.

Politicamente, como sabemos, o principal problema para o Estado democrático é a legitimidade. O neoliberalismo propõe que ele a conquiste ou reconquiste por meio de dois procedimentos: uma reforma administrativa que o transforme num administrador eficiente e tão competente quanto as grandes empresas; um aumento da participação política, graças a delegações de poder, referendos, plebiscitos, com incentivos à formação de comunidades voltadas para os problemas da criminalidade.

A política passa a ser definida como gestão do setor público e não como governo da sociedade, e não se estabelece nenhuma correlação entre a distribuição da riqueza e a distribuição do poder. A democracia não é tomada como espaço da luta pelo poder, da luta de interesses, da criação e conservação de direitos e como legitimidade da manifestação pública das contradições sociopolíticas ou da luta de classes, mas é reduzida à proteção comunitária dos indivíduos contra os problemas urbanos e a delinquência. Por seu turno, as comunidades não são vistas como polo de auto-organização social nem como contrapoderes sociais e muito menos como forma de expressão das classes sociais e dos grupos, mas como uma estratégia estatal para transferência de responsabilidades. Por isso, o investimento social pelo Estado se realiza estabelecendo um equilíbrio entre risco, segurança privada e responsabilidade entendida como responsabilidade familiar. Definindo o indivíduo como "capital humano", portanto, como um investimento que deve produzir lucro, o princípio do Estado é investir nesse "capital". Para isso, faz parcerias com empresas e ONGs para a criação de empregos, desobrigando-se do salário-desemprego. Faz parcerias com empresas de saúde e se desobriga da saúde pública gratuita; faz o mesmo com empresas de educação, e assim por diante. Dessa maneira, a função do Estado é dupla: em primeiro lugar, excluir, sem danos aparentes, a ideia de vínculo entre justiça social e igualdade socioeconômica; em segundo, desobrigar-se de lidar com o problema da exclusão e da inclusão dos pobres. Numa palavra: o Estado se desobriga do "perigo" da distribuição da renda e pode resolver suas dificuldades privatizando os direitos sociais, transformados em serviços a serem adquiridos no mercado. Em outras palavras, o neoliberalismo não prevê apenas a saída do Estado do setor de produção para o mercado (isto é, a privatização das empresas públicas), mas também sua saída do setor de serviços públicos e, portanto, a privatização dos direitos sociais. Em outras palavras, exclui as exigências democráticas dos cidadãos e aceita apenas as exigências feitas pelo capital, isto é, exclui todas as conquistas econômicas, sociais e políticas, vindas de lutas populares no interior da luta de classes.

O modelo foi aplicado, primeiro, no Chile de Pinochet, depois na Inglaterra, com Thatcher, e nos Estados Unidos, com Reagan, expandindo-se para todo o mundo capitalista (com exceção dos países asiáticos) e, depois da queda do muro de Berlim, para o Leste Europeu. Esse modelo econômico-político tornou-se responsável pela mudança da forma da acumulação do capital, hoje conhecida como "acumulação flexível" e que não havia sido prevista pelo grupo neoliberal. De fato, este propusera seu pacote de medidas na certeza de que abaixaria a taxa de inflação e aumentaria a taxa do crescimento econômico. A primeira aconteceu, mas a segunda não porque o modelo incentivou a especulação financeira em vez dos investimentos na produção; o monetarismo superou a indústria. Donde falar-se em "capitalismo pós-industrial".

A ordem neoliberal

O capitalismo industrial que sustentava o Estado de Bem-Estar Social possuía, *grosso modo*, as seguintes características principais[1]:

1) o fordismo ou as grandes plantas industriais, que realizavam a totalidade das atividades econômicas, desde a extração e transporte de matéria-prima e a produção em série, sob a forma de linhas de montagens, até a distribuição dos produtos no mercado de consumo;

2) o controle e o planejamento de todas as etapas da produção e da distribuição por meio do controle dos preços e da chamada "gerência científica" da organização taylorista do trabalho (isto é, o trabalho sob a vigilância e o comando de gestores e realizado a partir da determinação do tempo de trabalho por meio de cálculos ergométricos sobre os movimentos do corpo do trabalhador para máxima eficiência, rapidez e produtividade);

3) as ideias de qualidade e durabilidade dos produtos, levando à formação de grandes estoques de mercadorias;

4) a inclusão crescente dos indivíduos no mercado de trabalho, orientando-se pela ideia de pleno emprego;

---

[1] Veja-se HARVEY, David. *Condição pós-moderna*. São Paulo: Loyola, 1992.

5) monopólios e oligopólios que, embora multinacionais ou transnacionais, tinham como agência reguladora o Estado nacional dos países onde as indústrias estavam instaladas;
6) prioridade econômica do capital produtivo em relação ao capital financeiro.

Para compreendermos o sucesso do ataque neoliberal ao Estado de Bem-Estar Social precisamos examinar brevemente como este entrou em crise.

Francisco de Oliveira,[2] analisa o chamado "colapso da modernização" ocorrida com as transformações econômicas e políticas introduzidas pelo próprio Estado de Bem-Estar com a criação do fundo público. Esse Estado se caracterizava:

1) pelo financiamento simultâneo da acumulação do capital (os gastos públicos com a produção, desde subsídios para a agricultura, a indústria e o comércio, até subsídios para a ciência e a tecnologia, formando amplos setores produtivos estatais que desaguaram no célebre complexo militar-industrial, além da valorização financeira do capital por meio da dívida pública, etc.);
2) pelo financiamento da reprodução da força de trabalho, alcançando toda a população por meio dos gastos sociais (educação gratuita, medicina socializada, previdência social, seguro-desemprego, subsídios para transporte, alimentação e habitação, subsídios para cultura e lazer, salário-família, salário-desemprego, etc.).

Dessa maneira, o Estado de Bem-Estar introduziu a república entendida estruturalmente como gestão dos fundos públicos, os quais se tornam precondição da acumulação e da reprodução do capital (e da formação da taxa de lucro) e da reprodução da força de trabalho por meio das despesas sociais. Numa palavra, houve a socialização dos custos da produção e manutenção da apropriação privada dos lucros ou da renda (isto é, a riqueza não foi socializada).

---

[2] OLIVEIRA, Francisco de. O surgimento do antivalor: capital, força de trabalho e fundo público. In: *Os direitos do antivalor: a economia política da hegemonia imperfeita*. Petrópolis: Vozes, 1998. (Coleção Zero à Esquerda).

A ação de duplo financiamento estatal gerou um segundo salário, o salário indireto, ao lado do salário direto, isto é, o direto é aquele pago privadamente ao trabalho e o indireto, aquele pago publicamente aos cidadãos para a reprodução de sua força de trabalho, sob a forma dos direitos sociais. O resultado foi o aumento da capacidade de consumo das classes sociais, particularmente da classe média e da classe trabalhadora, ou seja, o consumo de massa.

Nesse processo de garantia de acumulação e reprodução do capital e da força de trabalho, o Estado endividou-se e entrou num processo de dívida pública conhecido como *deficit* fiscal ou "crise fiscal do Estado". A isso se deve acrescentar o momento crucial da crise, isto é, o instante de internacionalização oligopólica da produção e da finança, pois os oligopólios multinacionais não enviam aos seus países de origem os ganhos obtidos fora de suas fronteiras e, portanto, não alimentam o fundo público de suas nações de origem, que devem continuar financiando o capital e a força de trabalho. É isso o "colapso da modernização", no qual se encontra a origem da aplicação da política neoliberal, que propõe "enxugar" ou encolher o Estado.

O que significa exatamente o fundo público (ou a maneira como opera a esfera pública no Estado de Bem-Estar)? Como explica Francisco de Oliveira, o fundo público é o antivalor (não é o capital) e é a antimercadoria (não é a força de trabalho) e, como tal, é a condição ou o pressuposto da acumulação e da reprodução do capital e da força de trabalho. É nele que é posta a contradição atual do capitalismo, isto é, ele é o pressuposto necessário do capital e, como pressuposto, é a negação do próprio capital (visto que o fundo público não é capital nem trabalho). Por outro lado, o lugar ocupado pelo fundo público com o salário indireto faz com que a força de trabalho não possa ser avaliada apenas pela relação capital-trabalho (pois na composição do salário entra também o salário indireto pago pelo fundo público). Ora, no capitalismo clássico, o trabalho era a mercadoria padrão que media o valor das outras mercadorias e da mercadoria principal, o dinheiro. Quando surge o salário indireto, o trabalho perde a condição de mercadoria padrão. Essa condição também é perdida pelo dinheiro, que deixa de ser mercadoria e se torna simplesmente moeda ou expressão monetária da relação entre credores e devedores, provocando, assim, a transformação da economia em monetarismo.

Além disso, com sua presença sob a forma do salário indireto, o fundo público desatou o laço que prendia o capital à força de trabalho (ou ao salário direto). Essa amarra era o que, no passado, fazia a inovação técnica pelo capital ser travada pelas lutas dos trabalhadores por emprego e por salário. O salário indireto, porém, fez com as lutas trabalhistas se deslocassem do confronto com o patronato para o confronto com o Estado com as demandas econômicas e sociais feitas este último e não às empresas. Desfeito o laço entre salário e capital, o impulso à inovação tecnológica tornou-se praticamente ilimitado, provocando expansão dos investimentos e agigantamento das forças produtivas cuja liquidez é impressionante, mas cujo lucro não é suficiente para concretizar todas as possibilidades tecnológicas. Por isso mesmo, o capital precisa de parcelas da riqueza pública, isto é, do fundo público, como financiador dessa concretização. A destinação desse fundo ao capital é o início do neoliberalismo.

Assim, quando visto sob a perspectiva da luta política, o neoliberalismo não é, de maneira nenhuma, a crença na racionalidade do mercado, o enxugamento do Estado e a desaparição do fundo público, mas a decisão de cortar o fundo público no polo de financiamento dos bens e serviços públicos (ou o do salário indireto) e maximizar o uso da riqueza pública nos investimentos exigidos pelo capital, cujos lucros não são suficientes para cobrir todas as possibilidades tecnológicas que ele mesmo abriu. Que o neoliberalismo é a opção preferencial pela acumulação e reprodução do capital, o montante das dívidas públicas dos Estados nacionais fala por si mesmo. Mas isso significa também que a luta democrática das classes populares está demarcada como luta pela gestão do fundo público, opondo-se à gestão neoliberal.

A violência neoliberal

Se acompanharmos as análises de Francisco de Oliveira, de David Harvey[3] e as de João Bernardo,[4] podemos contrastar a forma industrial do capitalismo e a do capitalismo neoliberal, destacando os seguintes traços principais:

[3] HARVEY, David. *O novo imperialismo*. São Paulo: Loyola, 2013.
[4] BERNARDO, João. *Democracia totalitária*. São Paulo: Cortez, 2009.

1) desativação do modelo industrial de tipo fordista, baseado no planejamento, na funcionalidade e no longo prazo do trabalho industrial, com a centralização e verticalização das plantas industriais, grandes linhas de montagem concentradas num único espaço, formação de grandes estoques orientados pelas ideias de qualidade e durabilidade dos produtos, e uma política salarial articulada ao Estado (o salário direto articulado ao salário indireto, isto é, aos benefícios sociais assegurados pelo Estado);

2) ativação do toyotismo como nova forma de organização e exploração do trabalho, passando a explorar, além das capacidades físicas, as capacidades intelectuais dos trabalhadores (ou sua potência cognitiva), substituindo a vigilância taylorista pelo controle da qualidade da produção pelos próprios trabalhadores e, para impedir que estes passem a controlar a própria empresa, fragmenta e dispersa todas as esferas e etapas do trabalho produtivo, com a compra e venda de serviços no mundo inteiro, isto é, com a terceirização e a chamada precarização do trabalho. Desarticulam-se as formas consolidadas de negociação salarial e as experiências cooperativas dos anos 1950-1960, e se desfazem os referenciais que permitiam à classe trabalhadora perceber-se como classe e lutar como classe social, enfraquecendo-se ao se dispersar nas pequenas unidades terceirizadas de prestação de serviços, no trabalho precarizado e na informalidade, que se espalharam pelo planeta. Desponta uma nova classe trabalhadora da qual se diz que não basta explorar sua força física, mas também, em decorrência das novas tecnologias vindas da informática, sua força mental ou seu trabalho intelectual;

3) mudança do lugar e do papel das ciências que deixam de ser conhecimentos autônomos guiados por uma lógica imanente ou própria e passam à condição de forças produtivas ou agentes diretos da acumulação do capital. As empresas possuem centros de pesquisa, financiam a criação de institutos de pesquisa e fazem parecerias com universidades. A força e o poder capitalistas encontram-se no monopólio dos conhecimentos e da informação, donde a exploração da capacidade cognitiva

dos trabalhadores e do trabalho intelectual em geral (donde o surgimento da expressão sociedade do conhecimento);[5]

4) o desemprego torna-se estrutural, deixando de ser acidental ou expressão de uma crise conjuntural porque a forma contemporânea do capitalismo, ao contrário de sua forma clássica, não opera por inclusão de toda a sociedade no mercado de trabalho e de consumo, mas por exclusão, que se realiza não só pela introdução ilimitada de tecnologias de automação, mas também pela velocidade da rotatividade da mão de obra, que se torna desqualificada e obsoleta muito rapidamente em decorrência da velocidade das mudanças tecnológicas. Como consequência, tem-se a perda de poder dos sindicatos, das organizações e movimentos populares e o aumento da pobreza absoluta. A distinção entre países de Primeiro e Terceiro Mundo tende a ser acrescida com a existência, em cada país, de uma divisão entre bolsões de riqueza absoluta e de miséria absoluta, isto é, a polarização de classes surge como polarização entre a opulência absoluta e a indigência absoluta;

---

[5] Afirma-se que o capital mais importante das empresas é o "capital intelectual". Como escreve Castells: "O que caracteriza a atual revolução tecnológica não é a centralidade de conhecimentos e informação, mas sua aplicação para a geração de conhecimentos e de dispositivos de processamento/comunicação da informação em um ciclo de realimentação cumulativo entre a inovação e seu uso. [...] As novas tecnologias da informação não são simplesmente ferramentas a serem aplicadas, mas processos a serem desenvolvidos" (CASTELLS, M. *A sociedade em rede*. São Paulo: Paz e Terra, 1999, p. 69). Sob um novo paradigma do saber, na "sociedade do conhecimento" os conhecimentos são entendidos como *informação* e esta, como operações de signos ou sinais codificados. Assim, mudança do lugar social dos cientistas e técnicos determinada pela economia (isto é, pela base material da sociedade) vem exprimir-se teoricamente (isto é, no plano das ideias) no novo paradigma das ciências qual seja, o da *informação*, que suplanta tanto o paradigma clássico da *organização* quanto o paradigma do século XX, a *estrutura*. Esses dois paradigmas lidam com realidades e objetos concebidos como totalidades; em contrapartida, a informação lida com a fragmentação e dispersão de sinais. A organização concebe as relações entre os elementos de um todo tanto como relações de causa e efeito quanto como relações funcionais entre meios e fins; a estrutura concebe os elementos de um sistema definidos por suas relações recíprocas e por um princípio interno de conservação e transformação. Em contrapartida, a informação abandona essas formas de relação e opera com a noção de fluxo aleatório de sinais codificados, que se reúnem e se dispersam num processo contínuo e contingente.

5) nova articulação do poder de decisão do capital industrial e do capital financeiro, que se torna o coração e o centro nervoso do capitalismo, ampliando a desvalorização do trabalho produtivo e privilegiando a mais abstrata e fetichizada das mercadorias, o dinheiro, porém não como mercadoria equivalente para todas as mercadorias, mas como moeda ou expressão monetária da relação entre credores e devedores, provocando, assim, a passagem da economia ao monetarismo. Essa abstração dá à economia a aparência de um movimento fantasmagórico das bolsas de valores, dos bancos e das financeiras – aparência porque oculta o ser da economia (a produção de valor) e fantasmagórico porque não opera com a materialidade produtiva (real) e sim com signos, sinais e imagens como fluxo vertiginoso das moedas. As bolsas de valores passam a determinar o destino de sociedades inteiras (num só dia as bolsas de valores de Nova York ou de Londres conseguem negociar montantes de dinheiros equivalentes ao PIB anual do Brasil ou da Argentina). O poderio do capital financeiro determina, diariamente, as políticas dos vários Estados porque estes, sobretudo os da periferia do capitalismo, dependem da vontade dos bancos e das financeiras de transferir periodicamente os recursos para um determinado país, abandonando outro. O monetarismo significa ausência de relação concreta entre a economia real e a economia virtual, de maneira que somas astronômicas circulam sem corresponder à produtividade e a um aumento real das riquezas: "flutuam" como bolhas especulativas que se deslocam de um país para outro, acarretando a ilusão de prosperidade ao chegar e a realidade da miséria ao partir.

6) os Estados da periferia do sistema disputam entre si pelos investimentos estrangeiros, não hesitando em reduzir ainda mais os poucos direitos sociais, a liberdade sindical e o poder de negociação dos trabalhadores. Como consequência, nos países centrais cada vez mais as empresas transferem para fora de suas fronteiras instalações de produção e centros de pesquisa. Para tentar evitar essa evasão, os Estados cedem às exigências do capital, aceitando cortar direitos sociais e precarizar o mercado de trabalho.

7) ao mesmo tempo, a transnacionalização da economia diminui a importância da figura do Estado nacional como enclave territorial para o capital e dispensa as formas clássicas do imperialismo – colonialismo político-militar, geopolítica de áreas de influência, etc. A perda de importância dos Estados nacionais se traduz na nova forma da geopolítica, que opera com a ideia de agenciamento de espaços por meio da ocupação militar e da instalação de corporações econômicas. Em simultâneo, o centro econômico, jurídico e político planetário encontra-se em organismos extraestatais (FMI, Banco Mundial, OCD, ONU, etc.), que operam com um único dogma: estabilidade monetária e corte do *deficit* público (entenda-se: dos investimentos nos direitos sociais).

8) no Estado de Bem-Estar Social, a presença do fundo público sob a forma do salário indireto (os direitos econômicos e sociais) desatou o laço que prendia o capital à força de trabalho (ou ao salário direto). Esse laço era o que, tradicionalmente, forçava a inovação técnica pelo capital ser uma reação ao aumento real de salário[6] e, ao ser desatado, três consequências se impuseram: a) o impulso à inovação tecnológica tornou-se praticamente ilimitado, provocando expansão dos investimentos e agigantamento das forças produtivas cuja liquidez é impressionante, mas cujo lucro não é suficiente para concretizar todas as possibilidades tecnológicas, exigindo o financiamento estatal (em outras palavras, embora o capital financeiro opere como centro nervoso do capitalismo, a materialidade real do sistema se encontra nos imperativos do capital produtivo); b) o desemprego torna-se estrutural pela introdução ilimitada de tecnologias de automação que acarreta a rotatividade incessante da mão de obra, a qual se torna desqualificada e obsoleta muito rapidamente, ampliando a fragmentação da classe trabalhadora e diminuindo o poder de suas organizações; c) a exploração do trabalho intelectual ou da capacidade cognitiva dos trabalhadores faz com que o setor de serviços se torne parte constitutiva da produção,

---

[6] Cf. Oliveira (1998).

embora aparecendo como desligado do setor produtivo ou como autônomo, aparência que decorre da desmontagem das grandes plantas industriais e da dispersão da produção sob a forma de empresas localizadas num espaço diverso do antigo espaço fordista das atividades produtivas;

9) a fragmentação e dispersão da produção leva à experiência social de descontinuidade espacial e temporal que, entretanto, é contrabalançada pela experiência do que David Harvey[7] designa como a compressão espaçotemporal, acarretada pelos novos meios tecnológicos, isto é, o espaço se comprime no aqui (sem referências topológicas nem geográficas) e o tempo se comprime no agora (sem referência ao passado e ao futuro, à memória e à expectativa).

10) politicamente, as novas tecnologias de informação estruturam um novo poder planetário de vigilância e de controle que suplanta os Estados nacionais e as particularidades sociais. Trata-se da *web*, sob a forma da internet e das multimídia, sistema de comunicação que integra diferentes veículos e suportes de comunicação e seu potencial interativo, e que nenhum Estado nacional tem condições para, sozinho, implantar, levando por isso à formação de consórcios empresariais regionais/globais (empresas de armamentos, empresas financeiras, operadoras de comunicação, isto é, empresas de telefonia, de comunicação de massa e provedores de serviços de internet, e empresas de computadores) que, por meio do Internet Protocol (com duas sedes nos Estados Unidos e uma no Japão), detêm o monopólio de todos os endereços mundiais e controlam todo o sistema informativo/comunicativo em escala planetária.

11) O encolhimento do espaço público e o alargamento do espaço privado (o mercado), a recusa de marcos regulatórios estatais ou da instância da lei e dos direitos, a ideia de soberania do mercado e da competição sem peias e sem tréguas, a percepção dos seres humanos como instrumentos descartáveis, a obtenção da maximização dos lucros a qualquer preço e os recursos tecnológicos "desregulados" e "flexíveis" criam as condições para

[7] Harvey (1992).

o exercício ilimitado da violência, transformando-se em terreno fértil para o crescimento do crime organizado transnacional, que opera numa clandestinidade perfeita, com capacidade para aterrorizar, paralisar e corromper o aparelho judiciário e político, infiltrando-se nos governos, nos parlamentos, nas administrações públicas e desfrutando de total impunidade.

> Os cartéis do crime constituem o estágio supremo e a própria essência do modo de produção capitalista. [...] A globalização dos mercados financeiros debilita o Estado de Direito, sua soberania, sua capacidade de reagir. A ideologia neoliberal, que legitima – pior: "naturaliza" – os mercados unificados, difama a lei, enfraquece a vontade coletiva e priva os homens da livre disposição de seu destino. [...] O crime organizado acumula sua mais-valia a uma velocidade vertiginosa. Opera a cartelização ideal de suas atividades: nos territórios que dividem, os cartéis realizam em benefício próprio uma dominação monopolística. Melhor ainda, criam oligopólios. [...] Suas riquezas fabulosas escapam aos impostos. Não temem sanções judiciárias nem as comissões de controle das Bolsas. [...] Agem no imediato e numa liberdade quase total. Seus capitais atravessam as fronteiras cibernéticas do planeta sem qualquer obstáculo. Qual capitalista, em seu foro íntimo, não sonha com semelhante liberdade, uma tal rapidez de acumulação, semelhante ausência de transparência e lucros dessa ordem?[8]

---

[8] ZIEGLER, Jean. *Os senhores do crime: as novas máfias contra a democracia.* Rio de Janeiro: Record, 2003. p. 15 e 52.

A maldição e a utopia[*]

Quando o Padre Eterno lançou sua maldição sobre o pecador originário, seu brado ecoaria pela noite dos tempos: "Ganharás o pão com o suor de teu rosto". As utopias do chamado mundo ocidental sempre se anunciaram como o fim dessa maldição. Quem haveria de imaginar que se, hoje, o Padre Eterno repetisse o brado colérico, suas palavras seriam ouvidas como uma benção? Quem, até 20 anos atrás, poderia supor que as lutas de hoje não seriam, como as ontem, pela abolição do trabalho explorado, mas para sua manutenção? Quem imaginaria que o sonho da roca fiando sozinha os fios e libertando os humanos da servidão do labor iria tornar-se o inferno da vergonha, da degradação e da perda de esperança na emancipação? São estas as questões que Viviane Forrester nos propõe em *O horror econômico*, contra a indiferença e angústia de nosso presente, mas sobretudo contra os que procuram as fáceis (e impossíveis) soluções de curto prazo que desnaturam a própria interrogação porque recusam examinar até o fundo as próprias questões.

Qual a questão a compreender? Que para a economia contemporânea o trabalho não cria riqueza, os empregos não dão lucro, os desempregados são dejetos inúteis e inaproveitáveis, e que precisamos fazer o luto de uma sociedade fundada no sacrossanto dever de trabalhar, se quisermos reagir e encontrar soluções para a sociedade por

---

[*] Resenha do livro *Horror econômico* de Viviane Forrester (Ed. Unesp, 1997), originalmente publicada em: *Folha de S.Paulo*, "Jornal de Resenhas", p. 3, 12/07/1997.

vir. Enquanto os desempregados dos países ricos e pobres, enquanto os subempregados desses países e enquanto os superexplorados dos países pobres se sentirem culpados e envergonhados pelo desemprego e pelo subemprego, enquanto as políticas de promessa de mais empregos forem acreditadas, e enquanto acreditarmos que o desemprego em massa é uma "crise" (portanto, algo passageiro e solucionável) nada será pensado e nada será feito.

O Muro de Berlim pôde cair porque um outro, invisível e intangível, já havia sido erguido pela economia capitalista: o muro que, no interior de cada sociedade e entre os países, separa os privilegiados que fruem a realidade virtual de suas ações (a finança internacional, o *jet set*) e os desempregados, massa de humilhados e ofendidos, dos envergonhados e culpados por não possuírem aquilo que o capitalismo não lhes deixa possuir e os faz crer que têm o dever moral e social de possuir, o emprego.

É esse novo muro (em geral apelidado de modernidade e que faz rir com muxoxos zombeteiros dos que ainda querem empregar conceitos do "século XIX") que explica um fato que, por si só, expõe a economia contemporânea em toda a sua verdade: em março de 1996, uma queda vertiginosa das bolsas de valores em todo o planeta e o pânico em Wall Street foram causados pela notícia de que 705 mil empregos haviam sido criados nos Estados Unidos. O jornal francês *Le Monde* comentava: "As praças financeiras parecem vulneráveis a qualquer má notícia". E Viviane Forrester, observando que o fato passou inteiramente desapercebido à opinião pública, comenta: "Embora fosse uma confissão das potências financeiras reconhecendo aí seus verdadeiros interesses e, portanto, dos poderes políticos influenciados por elas [...] Uma confissão dos governos que sem convicção encenam, para um público entediado, exercícios de salvamento [...] destinados a reforçar a convicção de que se trata de uma retração do emprego, grave, mas temporária e remediável".

Nada mais exemplar do que a grande solução britânica: o "trabalho a hora zero" em que o empregado é remunerado quando trabalha, mas só é empregado de vez em quando, devendo ficar em casa disponível e não remunerado enquanto uma empresa não o chamar e o usar pelo tempo que julgar necessário. Melhor ainda é o conceito que, diz Forrester, nem o surrealismo ousou inventar, o da "empresa cidadã", aquela que recebe todo tipo de subvenção, isenções de taxas, possibilidades de contratos vantajosos para que, com civismo, ofereça empregos. "Benevolente, ela aceita. Não emprega ninguém. Desloca-se ou ameaça fazê-lo se tudo não correr conforme sua vontade". Ninguém pergunta qual a operação miraculosa pela qual a miséria do desemprego se traduz em vantagens para as empresas e sem qualquer resultado! Por que a estupidez complacente de governos que não enxergam que empresas não são cívicas (pertencem à esfera privada, isto é, ao mercado), não são agentes de caridade e não empregam porque não precisam dos empregos para ter lucro? Não só isso. O poder mundial se encontra nos organismos econômicos privados (Banco Mundial, FMI, etc.) com os quais os Estados contraem dívidas *públicas*, isto é, os cidadãos devem pagar para que seus governos façam o que esses organismos privados exigem que façam. No caso presente, que "eliminem o *deficit* público", isto é, destruam ou não criem políticas sociais que sirvam de paliativo à barbárie econômica.

Que acontecerá, indaga Forrester, quando, em lugar das democracias existentes, o autoritarismo crescente do "pensamento único" (competitividade, fim do *deficit* público pela supressão de direitos sociais, desregulação, "modernização", etc.) chegar ao totalitarismo? A história não esqueceu ainda a "solução final" que o nazismo encontrou para os que decretou serem dejetos humanos, os decaídos, os imprestáveis, os impuros. Nada impedirá que o "pensamento único" dos donos da economia e do planeta chegue à pergunta crucial: como livrar-se deles? Eles que, desta vez, serão os desempregados presentes e futuros. Afinal, quem, sendo moderno, não sabe que tudo vai mal por causa dos privilégios dos funcionários dos correios e telégrafos, dos condutores de ônibus e metrôs, dos bancários, dos professores das redes públicas de ensino, dos aposentados com suas incríveis vantagens, do salário- -desemprego que arruína o Estado? Dos jovens pobres que a escola, com esmero, prepara para o trabalho, e que, infames e desajustados, preferem a delinquência, a droga e a mendicância? Dos imigrantes (e dos migrantes, no caso do Brasil) que deixam seu lugar natal para vir roubar os empregos dos outros? Dos sindicatos que, em vez de cooperar com a "empresa cidadã" e o Estado moderno, lançam-se no atávico e arcaico corporativismo dos privilegiados, numa irresponsabilidade e imoralidade jamais vistas?

Curiosamente, nenhuma crítica é dirigida aos organismos mundiais privados e à submissão dos Estados a eles, nem à "empresa cidadã" com suas subvenções e isenções, que se desloca à vontade pelos territórios, deixando o rastro do desemprego e da miséria a cada novo deslocamento. A culpa da miséria é dos miseráveis, quem ignora verdade tão elementar? Nenhuma reação contra uma escola que prepara para o emprego numa sociedade do desemprego endêmico. Nenhuma análise que mostre aos Estados que a "criação de riqueza" já nada tem a ver com o trabalho e o emprego. Cegueira e surdez alimentadas pela propaganda dos governos e pela mídia satisfeita com a realidade virtual.

Houve tempos de angústias mais amargas, de grande ferocidade e crueldade. Mas eram ostensivas e provocavam indignação. A apatia e a indiferença hoje reinantes, escreve Forrester, possuem uma causa mais surda e quase inaudível. De fato, "qualquer que tenha sido a história da barbárie ao longo dos séculos, até agora o conjunto dos seres humanos sempre se beneficiou de uma garantia: ele era essencial ao funcionamento do planeta, à produção e à exploração dos instrumentos do lucro [...] Pela primeira vez, a massa humana não é mais necessária materialmente, e menos ainda economicamente, para o pequeno número que detém os poderes".

O horror econômico, lúcida exposição da barbárie contemporânea, é um brado de alerta para que reajamos ao nosso estupor e tomemos consciência dos eventos nos quais se desenha a história, porque neles ela se torna legível e é preciso que não se tornem legíveis "mais tarde, tarde demais". Não ter medo do medo, nos convida Viviane Forrester, não julgar insensato exigir "um sentimento áspero, ingrato, de um rigor intratável que se recusa a qualquer exceção: o respeito".

A filosofia e a construção do "Oriente"*

Quando Heródoto, o primeiro historiador ocidental de que temos notícia, narrou a guerra entre os gregos e os persas, manteve uma oposição que havia sido construída pelo poeta Homero na *Ilíada*, narrativa mítica da guerra de Troia: a oposição entre Europa e Ásia. Com essa imagem, no diálogo *Crítias*, Platão narra o mito da cidade de Atlântida para opô-la às virtudes da Atenas antiga, aristocrática, guerreira e de costumes frugais. Atlântida é a cidade injusta e passional, governada por reis cuja vontade arbitrária é lei. Arquitetônica e politicamente, é uma cidade oriental e mais precisamente persa, ímpia e tirânica, que mereceu o castigo de Zeus, que a fez submergir no oceano. Diversamente de Homero e Heródoto, que apresentavam a oposição entre duas culturas igualmente poderosas e respeitáveis, Platão introduz a imagem da inferioridade oriental em face da superioridade grega.

Com inúmeras variações, a construção platônica se manteve no pensamento ocidental e recebeu, durante as Cruzadas medievais, a figura da oposição entre cristianismo e islamismo, ou entre "fiéis" e "infiéis", isto é, assumiu um sentido religioso, acentuado, nos séculos XVI e XVII com a expansão do Império Otomano, visto como ameaça contínua aos reinos e cidades europeus.

É essa construção que, hoje, vemos aparecer na expressão "choque de civilizações", empregada para supostamente explicar e justificar

---

* Texto inédito. Palestra proferida na mesa-redonda *Edward Said: considerações sobre o Oriente*. Comissão de Justiça e Paz, São Paulo, 2005.

as guerras geopolíticas que o ocidente trava pela posse de territórios orientais ricos em petróleo e minérios.

Ora, a expressão "choque de civilizações" não significa que duas civilizações igualmente poderosas e igualmente respeitáveis estão em conflito (como haviam julgado Heródoto e Homero) e sim (platonicamente) que uma delas é superior à outra e tem o direito de dominá-la. Para compreendermos essa ideia, vale a pena tomar um exemplo, também vindo da filosofia, no qual uma certa construção do "Oriente" pode servir de justificativa ao imperialismo (ainda que não fosse essa a intenção explícita do filósofo que a construiu). Trata-se da filosofia da história de Hegel, elaborada no século XIX.

Como se sabe, Hegel propõe uma filosofia da história em que esta última é entendida como História Universal, realizada pelo percurso do Espírito que, desenvolvendo-se no tempo, alcança o reconhecimento de si mesmo como Espírito Absoluto, autorreconhecimento que indica que a história se completou e está terminada. Há, portanto, o fim da história. Isso significa que mesmo que continue a haver acontecimentos, estes já não interferem na história porque o sentido desta já está realizado e completo.

Hegel usa uma metáfora para explicar o movimento da história: o movimento diurno. Ou seja, a história é constituída pela sequência de períodos em que o anterior determina necessariamente o seguinte e cada etapa histórica tem uma aurora, uma manhã, uma tarde e um crepúsculo, momento no qual essa época histórica é capaz de compreender-se a si mesma. Em outras palavras, o sentido de uma etapa histórica ou seu significado só aparece e é compreendido quando ela termina: é na hora do crepúsculo que aparecem a verdade e o sentido de um processo histórico. Visto que essa compreensão é o objeto da filosofia, pode-se entender porque o símbolo da filosofia seja a coruja de Minerva, deusa da sabedoria, pois a coruja de Minerva só alça seu voo na hora do crepúsculo, quando o trabalho da história e do pensamento está concluído e a filosofia é capaz de compreendê-lo.

Usando a metáfora do movimento diurno, Hegel afirma que o movimento da história vai do Oriente para o Ocidente, ou seja, do ponto onde o sol nasce (a aurora) ao ponto onde ele se põe (o crepúsculo). Na perspectiva hegeliana, o começo de alguma coisa é sempre incompleto, precário, aquilo no qual o sentido pleno e a verdade ainda não apareceram. Assim, quando dizemos que algo *começou* em tal lugar, o que estamos dizendo é que, nesse preciso lugar, a verdade *ainda não está presente*, sua significação ainda está ausente e permanece desconhecida e incompreendida porque o desenvolvimento histórico que lhe dará sentido ainda não aconteceu. O momento inicial (ou o começo) está desprovido de verdade e de significação, só as adquirindo quando inserido num movimento completo na hora de seu crepúsculo. Dessa maneira, não apenas cada etapa histórica vai da aurora ao crepúsculo, mas também, no seu todo, a História Universal vai do Oriente para o Ocidente. Por conseguinte, é no crepúsculo ocidental que a verdade, a completude, a universalidade e o Espírito Absoluto se realizam. O sentido da história se encontra no Ocidente.

Isso significa, evidentemente, que, do ponto de vista da História Universal, o Oriente geográfico é o começo, o precário, aquilo que não ganha sentido e não ganha lugar na história senão graças à sua interpretação e incorporação pelo Ocidente, que o considera apenas o momento inicial da história e cuja missão histórica já está cumprida. O que o Oriente tinha a fazer, ele já o fez no começo dos tempos, quando apareceu. Agora, ele permanece como uma sobrevivência, uma coisa que está aí como as coisas da Natureza estão aí, empiricamente. Historicamente, sua tarefa já foi realizada como início da marcha e do trabalho do Espírito, que terminam com e no Ocidente.

Essa é uma feroz e poderosa imagem do Oriente produzida pela filosofia da história. Dessa imagem, nasce, evidentemente, uma outra: o "Oriente" é o atraso (o tempo que parou, imóvel) e o "Ocidente", o progresso (o desenvolvimento temporal da história rumo ao seu acabamento perfeito). Numa palavra, o movimento diurno da história é a ideologia do imperialismo.

Dissemos que a oposição Oriente/Ocidente foi traduzida, desde a Idade Média, como oposição religiosa. Isto nos permite passar a uma segunda construção ocidental do "Oriente", aquela que está sendo elaborada em nosso presente: a do fundamentalismo religioso. Fomos acostumados, nas últimas décadas pelo menos, a identificar o fundamentalismo religioso com o islamismo. Essa identificação tem como finalidade transformar o Islã e o fundamentalismo religioso numa *identidade* e acrescentar a ela, primeiro, através da extrema-direita de Israel, e depois, através da ação e do discurso da extrema-direita estadunidense, a identificação com o terrorismo, obtendo a seguinte equação: Islã = fundamentalismo religioso = terrorismo. Sabemos também que, na sociedade atual, com o refluxo do pensamento de esquerda, do pensamento revolucionário, das categorias socialistas e, especialmente, com o refluxo da compreensão da história a partir da noção de luta de classes, uma figura nova passou a se incorporar ao campo ideológico da direita, substituindo a oposição erguida durante a Guerra Fria entre os Estados Unidos e a União Soviética. Trata-se da figura de um novo inimigo. Este não aparece como um inimigo econômico, nem como um inimigo político, nem como um inimigo cultural, mas aparece como o inimigo com "I" maiúsculo, na medida em que sua figura é a do *bárbaro*. Com essa figura pode-se falar em conflito entre a civilização e a barbárie, o assim chamado "choque de civilizações".

A construção do bárbaro é a produção da figura do *absolutamente outro*. Diante dele, só há duas atitudes possíveis: ou "vamos civilizá-lo", trazê-lo junto a nós, para que ele se torne humano; ou, já que ele resiste, já que não suporta "humanizar-se", vamos exterminá-lo, simplesmente. Mas não só isso. Uma vez que a alteridade é identificada com o fundamentalismo religioso e este com o terrorismo, pode-se acrescentar o elemento central do embate: a luta entre o bem e o mal, a luz e a treva, que legitima e justifica o aniquilamento ou o extermínio.

O que quero colocar (e é com isso que vou terminar) é um fato que tem passado um tanto quanto despercebido no Brasil, de um modo geral, na Europa também, e completamente ignorado nos próprios Estados Unidos: os principais assessores de George W. Bush não são aqueles que estão na primeira cena, mas aqueles que constituem um grupo invisível de conselheiros, a "eminência parda" do regime, formados por um filósofo político alemão e professor universitário, Leo Strauss, que se exilou nos Estados Unidos ao fugir da perseguição aos judeus pelo nazismo.

Leo Strauss, que já faleceu, tinha a seguinte concepção a respeito da política: ela é o exercício da violência pura e nua. A política é a ação na qual não existe nem a lógica, nem a verdade, nem o sentido, nem a solidariedade, nem a compaixão, nenhuma paixão, nenhum afeto. Nenhuma virtude é possível no campo da política. A política é a violência e a força em estado puro; a ausência de normas e de regras.

No entanto, o homem comum não suporta isso. Ele precisa de valores, de normas, de regras, de alguma lógica nas e das ações. Por isso, a função dos conselheiros governamentais é assegurar que o governante emita incessantemente aos governados o sentimento e a impressão de que há regras, normas, valores, virtudes, uma lógica nas ações que ele realiza, de tal maneira que a sua prática, enquanto prática política real, não apareça nunca, porque ela é o exercício nu e puro da violência. Nessa medida, Leo Strauss considerava que sua tarefa, como filósofo e professor, era formar os "conselheiros dos governantes". Durante muitos anos, ele formou, na Universidade de Chicago, estudantes de graduação, de pós-graduação e orientandos para constituir uma equipe que foi conselheira do primeiro Bush (o Bush pai), de Ronald Reagan e é a atual conselheira do segundo Bush (o Bush filho). Essa equipe formada por Leo Strauss é herdeira ainda de outro pensamento, qual seja, o pensamento que formou o próprio Leo Strauss, o de seu mestre, Carl Schmitt.

As principais teses políticas de Schmitt podem ser resumidas, *grosso modo*, da seguinte maneira: a política só se realiza como *teologia política*, porque a soberania se define como um poder transcendente e separado da sociedade – assim como Deus transcende o mundo, também o governante transcende a sociedade. Esse poder exercido pela vontade secreta do soberano o qual não só é o autor das leis, mas também não está submetido a elas e pode suspendê-las se assim quiser (como Deus suspende as leis naturais ao fazer milagres). Trata-se, portanto, de uma *perspectiva religiosa a respeito do poder*. Essa é a primeira grande tese de Schmitt, contrária a todas as formas de laicização do poder, republicanas, democráticas e, sobretudo, socialistas. A segunda tese é que a política nada tem a ver com instituições, mas se define exclusivamente por ações cujo fundamento é a *divisão entre amigos e inimigos*. A política é um movimento de agregação dos amigos para uma prova de força contra o inimigo – *a política é guerra*. Quem são os amigos? Aqueles que são como eu. São aqueles que têm comigo identidade, nós somos um só do ponto de vista dos nossos interesses, dos nossos direitos, da ideologia, da cultura. Quem é o inimigo? Aquele que é o outro, totalmente diferente de nós e não possui qualquer identidade conosco. O simples fato de que ele não é como nós, de que não faz parte da nossa identidade, faz dele um inimigo. Ou seja, nos termos de Carl Schmitt, o inimigo é o outro simplesmente porque ele é o outro. E, por ser uma alteridade que põe em risco a minha identidade, tem que ser exterminado.

Ora, a concepção da política como teologia política e a concepção do outro como o inimigo a ser exterminado é a base de sustentação ideológica da teoria de Bush sobre o Islã e o Oriente Médio como "eixo do mal". Podemos, portanto, dizer que é isso o fundamentalismo religioso. O fundamentalismo religioso não é o do Islã nem o dos judeus integristas: o atual fundamentalismo religioso é cristão, que está a serviço da operação imperial econômica e militar dos Estados Unidos (na companhia dos amigos europeus, evidentemente).

Fundamentalismo religioso: medo e violência[*]

O retorno do reprimido

Quem, no Brasil, examina as concessões públicas de telecomunicação, verá que além de um número espantoso de estações radiofônicas ligadas a confissões religiosas, também possuem orientação religiosa a maioria dos canais de televisão, gratuitas ou a cabo; e se examinar redes sociais, *sites* e *blogs*, vai se deparar com uma quantidade espantosa dedicada a tendências confessionais, com milhões de participantes. Sabe-se também que, em meados dos anos 1980, a presença avassaladora do protestantismo evangélico nas grandes cidades brasileiras suscitou uma resposta do proselitismo católico, que, praticado desde os anos 1970 por meio dos Cursilhos de Cristandade, dos Encontros de Casais e do Jovens com Cristo, passou à ofensiva com a "igreja carismática". Por isso, os meios de comunicação religiosos se dividem majoritariamente entre evangélicos e carismáticos, com programação variada que vai de telecultos, telecursos de exegese bíblica e teleconselhos até testemunhos de conversão com doação de parte do salário dos convertidos aos pregadores pela promessa de salvação garantida, passando pela publicidade para a venda de materiais religiosos, entremeada com apresentações de canto e dança, além de vídeos edificantes, conselhos

[*] Texto inédito.

e mensagens enviados pela várias modalidades da *web*. Nas grandes cidades brasileiras, templos evangélicos espalham-se por toda parte, ocupando lugares que anteriormente pertenciam a cinemas, teatros, fábricas e galerias comerciais. Em contrapartida, estádios de futebol são periodicamente transformados em catedrais para pregações, cânticos e possessões carismáticas. Aos domingos, militantes religiosos distribuem panfletos e santinhos nos semáforos e batem às portas das casas com o oferecimento de explicações da Bíblia. E se o Padre Marcelo, além de gravações musicais, programas de televisão e grandes missas-shows, também entrou para a indústria cinematográfica e alcança multidões com seus filmes (o primeiro deles tendo sido *Maria, Mãe do filho de Deus*), pregadores evangélicos são eleitos vereadores, prefeitos, deputados, governadores e senadores, fazendo frente ao poderio da Opus Dei, da qual o representante mais conhecido é, sem dúvida, o governador de São Paulo, Geraldo Alckmin (além do advogado Ives Gandra Martins).

Visto que, desde seu surgimento em tempos remotos, as religiões instituem culturas de multidão – são um fenômeno que perpassa e atravessa as sociedades por inteiro – e do espetáculo – não podem prescindir de rituais e cerimônias –, não nos deve surpreender que, mundo afora, elas tenham facilmente se sentido em seu elemento e em conformidade com os ares do tempo quando do aparecimento da sociedade de massa e da indústria cultural. E, todavia, nos surpreendemos.

Nossa surpresa não vem tanto dessa presença das religiões nos meios de comunicação (rádio, televisão, internet) ou de sua visibilidade nas praças e nas ruas, de seus signos nos trajes, nos costumes e nos gestos, e sim da força do apelo religioso para, nos dias de hoje, mobilizar política e militarmente milhões de pessoas em todo o planeta. Que, nos estertores da Guerra Fria, Ronald Reagan tenha realizado uma corrida armamentista sem precedentes sob a alegação de preparar o "mundo livre" para a vitória na batalha cósmica do Armagedon, anunciada no *Apocalipse* de João,[1] ou que os massacres de Sabra e Chatila, a guerra civil em Ulster e Belfast, em Beirute, Bagdá e Damasco, Teerã e Cabul, os nacionalismos balcânicos em luta e praticando genocídio em Sarajevo e Kosovo, a guerra em Gaza e Jerusalém, no Iraque e no Afeganistão,

---

[1] A grande batalha descrita no Apocalipse de João como o enfrentamento final de Cristo com o Anticristo, e a vinda do Juízo Final ou fim dos tempos.

e as ações do autodenominado Estado Islâmico apareçam sob a imagem de lutas religiosas, culminando em atentados suicidas como atos de sacrifício de si e de inocentes, em nome de Deus, nos leva a indagar se (e em caso afirmativo, por que) a cultura política contemporânea dominante está efetivamente fundada em valores religiosos. Em outras palavras, nunca houve na história guerra de religião e ninguém pode atribuir os conflitos contemporâneos a causas religiosas – suas causas são econômicas, sociais e geopolíticas – e, no entanto, eles se expressam por meio dos símbolos religiosos. É isso, exatamente, que surpreende.

De fato, na busca da definição do caráter único e indivisível da soberania, desde o século XVII, a modernidade precisou afastar o poder eclesiástico, que impedia a unidade e a indivisibilidade do poder político, isto é, a soberania. Para isso, procurou controlar a religião, deslocando-a do espaço público (que ela ocupara durante toda a Idade Média) para o privado. Nessa tarefa, foi amplamente auxiliada pela Reforma Protestante, que combatera a exterioridade e o automatismo dos ritos da Igreja de Roma, assim como a presença de mediadores eclesiásticos entre o fiel e Deus, e deslocara a religiosidade para o interior da consciência individual em sua relação direta com a divindade. De outro lado, porém, a modernidade considerou a religião como um arcaísmo que seria vencido pela marcha da razão ou da ciência, desconsiderando, assim, as necessidades a que ela responde e os simbolismos que ela envolve. Julgou-se que o mundo moderno era feito de sociedades cuja ordem e coesão dispensavam o sagrado e a religião, e atribuiu-se à ideologia a tarefa de cimentar a sociedade e a política.

Dessa maneira, a modernidade simplesmente recalcou a religiosidade como um costume atávico, sem examiná-la em profundidade. Sob uma perspectiva, considerou a religião algo próprio dos primitivos ou dos atrasados do ponto de vista da civilização e, sob outra, acreditou que, nas sociedades civilizadas adiantadas, o mercado responderia às necessidades que anteriormente eram respondidas pela vida religiosa, ou, se se quiser, julgou que o protestantismo era moderno por ser uma ética mais do que uma religião, e que o elogio protestante do trabalho e dos produtores cumpria a promessa cristã da redenção.

Sintomaticamente, a modernidade sempre menciona o dito de Marx – "a religião é o ópio do povo" –, esquecendo-se de que essa afirmação é antecedida por uma análise e interpretação da religiosidade como "espírito de um mundo sem espírito" (a promessa de redenção num outro mundo para quem vivia no mundo da miséria, da humilhação e da ofensa, como a classe operária), e como "lógica e enciclopédia populares" (uma explicação coerente e sistemática da Natureza e da vida humana, dos acontecimentos naturais e das ações humanas, ao alcance da compreensão de todos). Em outras palavras, Marx esperava que a ação política do proletariado nascesse de uma outra lógica que não fosse a supressão imediata da religiosidade, mas sua compreensão e superação dialética, portanto, um processo de mudança da consciência e da prática proletárias, isto é, que são os próprios humanos que fazem a história em condições determinadas que não foram escolhidas por eles. Ora, justamente por sequer cogitar nas mediações que tornariam isso possível e porque imaginou que a racionalidade da ciência e a da ação econômica causariam a supressão imediata da religião, a modernidade, depois de afastar as igrejas e de alojar a religiosidade no foro íntimo das consciências individuais, deu ao mercado o lugar de efetuação da racionalidade do mundo.

Indaguemos, porém: em nosso presente, o que é a racionalidade do mercado?

Se acompanharmos David Harvey,[2] podemos reduzi-la a um punhado de traços: 1) opera provocando e satisfazendo preferências individuais induzidas pelo próprio mercado, as quais seguem a matriz da moda, portanto, do efêmero e do descartável; 2) reduz o indivíduo e o cidadão à figura do consumidor; 3) opera por exclusão, tanto no mercado da força de trabalho, no qual o trabalhador é tão descartável quanto o produto, como no de consumo propriamente dito, ao qual é vedado o acesso à maioria das populações do planeta, isto é, opera por exclusão econômica e social, formando, em toda parte, centros de riqueza jamais vista ao lado de bolsões de miséria jamais vista; 4) opera por lutas e guerras, com as quais efetua a maximização dos lucros, isto é, opera por dominação e extermínio; 5) estende esse procedimento ao interior de cada sociedade, sob a forma da competição desvairada entre seus membros, com a vã promessa de prosperidade, sucesso e poder; 6) tem suas decisões tomadas em organismos supranacionais, que

[2] HARVEY, David. *Condição pós-moderna.* São Paulo: Loyola, 1992.

operam com base no segredo e interferem nas decisões de governos eleitos, os quais deixam de representar seus eleitores e passam a gerir a vontade secreta desses organismos (a maioria deles privados), bloqueando tanto a república quanto a democracia, pois alarga o espaço privado e encolhe o espaço público.

Nesse contexto, o fundamentalismo religioso ressurge como "espírito de um mundo sem espírito", como dissera Marx, ou, para usarmos uma expressão vinda da psicanálise, como um retorno do reprimido, uma repetição do recalcado pela sociedade, porque esta, não tendo sabido lidar com ele, não fez mais do que preparar sua repetição.

Antes, porém, de tentar compreender alguns aspectos desse fenômeno, julgamos necessário considerar as mudanças religiosas ocorridas entre os anos 1960 e 2000.

Em *A revanche de Deus,* Gilles Kepel observa que, entre 1960 e 1976, as três "religiões do Livro" – judaísmo, cristianismo e islamismo – tiveram que enfrentar os principais efeitos que sobre elas tiveram, de um lado, o final da Segunda Guerra Mundial – isto é, a conclusão do processo iniciado com a Ilustração de decisiva conquista da autonomia pela política, liberada do poder religioso – e, de outro, a Guerra Fria – ou seja, a leste, a construção do socialismo num só país (Rússia e China), e, a oeste, o Estado de Bem-Estar e a sociedade de consumo de massa. A autonomia da política retirou das religiões toda e qualquer pretensão de ordenar a vida em sociedade, não deixando o menor espaço para buscar no divino a lógica da ordem social. A Guerra Fria, por seu turno, impôs uma alternativa fora da qual não havia salvação, todos obrigados a empenhar-se pelo sucesso de um dos lados, "o que conduzia lentamente a subordinar a fé à realização de ideais terrestres", levando ao surgimento, por exemplo, de correntes marxistas ou socialistas na América Latina, no Caribe e naqueles países do Oriente Médio ligados aos interesses da União Soviética. Para evitar "o desafeto de suas ovelhas por seus pastores e pela fé" e a atração crescente pela laicidade,

> várias instituições eclesiásticas se esforçaram, então, para adaptar seus discursos aos valores "modernos" da sociedade, procurando e explicitando suas convergências. A empreitada mais espetacular nesse sentido foi o concílio ecumênico Vaticano II e a atualização da Igreja, a que deu lugar. [...] Fenômenos semelhantes aconteceram

no mundo protestante e mesmo no universo muçulmano, no qual tratava-se de "modernizar o islã".[3]

O Vaticano II e os vitoriosos nas guerras de independência colonial na África do Norte e no Oriente Médio encaravam o mundo moderno com otimismo e o discurso religioso se colocava como instrumento auxiliar da política, falando em justiça, direito, desenvolvimento, progresso, liberdade numa linguagem compreensível para classes sociais que não compreendiam as categorias e a retórica modernas. Muitos de seus agentes aderiram aos movimentos libertários nascidos de 1968, tanto na Europa e nos Estados Unidos como no restante do Terceiro Mundo.

Essa situação sofre uma mudança a partir de 1975: do lado cristão, passa-se a falar na "nova evangelização da Europa" e em "salvar a América"; do lado judaico, recusa-se a forma jurídica *Estado* de Israel e passa-se à afirmação da expressão bíblica *Terra* de Israel (justificando a ocupação dos territórios palestinos); do lado muçulmano, já não se fala em modernizar o islã e sim em islamizar a modernidade. Surge uma nova militância religiosa, cujos membros não saem das classes populares nem do mundo rural, mas são jovens universitários, enviados à Europa e aos Estados Unidos, formados em ciências e em disciplinas técnicas, que criticam a ausência de um projeto de conjunto ao qual aderir e contestam a organização social seja quanto ao seu fundamento laico – como na Europa –, seja quanto a seus desvios seculares com relação a um fundamento sagrado – como nos Estados Unidos e nos países muçulmanos. Numa palavra, apropriam-se do vocabulário das ciências sociais e do marxismo para criar uma outra sintaxe conceitual com que expor a exigência do vínculo religioso como fundamento do sistema social.

Durante os anos 1960 e o início dos anos 1970, explica Gilles Kepel, a conjuntura não lhes é favorável e, diante da ausência de condições de expressão política, esses militantes trabalham pela recristianização, rejudaização ou reislamização de suas sociedades, agindo "pelo baixo", isto é, fazendo a religião intervir poderosamente na vida privada e nos costumes, criando adeptos (particularmente por meio

---

[3] KEPEL, Gilles. *La revanche de Dieu*. Paris: Seuil, 1991. p. 13-14 (tradução de M. Chaui).

de organizações comunitárias de serviços e auxílio aos necessitados) e produzindo transformações culturais em profundidade. A partir do final dos anos 1970, porém, finalmente entram no campo político, incriminam as classes dominantes e dirigentes pelas falhas econômicas, sociais e políticas e buscam revigorar a religião "pelo alto", isto é, com atos simbólicos de terror e com a tomada do poder do Estado (seja por meio de eleições ou de golpes de Estado). A ação "pelo alto" visa mudar o curso do Estado por meio da retomada de seu fundamento religioso a fim de instituir um mundo novo, cujos fundamentos se encontram nos textos sagrados.

É o momento em que, do lado muçulmano, o islã se torna "islamismo", isto é, afirma *al-'Umm al-islamiyya* ou "a comunidade de todos os crentes" (correspondente ao que o ocidente chama de cristandade) como promotora da unidade árabe, são criticados os fundamentos laicos da modernidade (ou a ocidentalização imperialista), ganham força os grupos militarizados – por exemplo, os Irmãos Muçulmanos e o Hamas, este último opondo a perspectiva religiosa à laica, que caracterizara até então El Fatah e a OLP – e eclodem as disputas internas entre sunitas e xiitas. Do lado judaico, afirma-se o grupo Gush Emunim, que fala em nome de *Am Israel,* o Povo de Israel, e de *Eretz Israel*, a Terra de Israel (a qual se estende por todos os territórios situados entre o Jordão e o Mediterrâneo), propondo uma política agressiva de ocupação de territórios por meio da colonização, e se torna explícita uma duradoura e longa divergência entre "sionistas políticos" e "sionistas religiosos", isto é, entre os defensores de um Estado nacional, juridicamente definido e propenso a aceitar um Estado Palestino, e os integristas, que emigraram para o novo Estado de Israel depois de, nos anos 1940, recusarem sua criação e atribuem aos "sionistas políticos" a causa do extermínio dos judeus pelo nazismo (designando o genocídio com o termo religioso "holocausto" para significar que Deus, usando os nazistas, sacrificou o povo por ter sucumbido à "idolatria" de desejar um Estado nacional).

Algumas datas são emblemáticas dessa mutação: 1977, quando, pela primeira vez em sua história, o Partido Trabalhista de Israel – majoritariamente laico e de tendência socialista – perde as eleições legislativas e Menachem Begin se torna primeiro-ministro; 1978, quando o cardeal polonês Karol Wojtyła é eleito papa João Paulo II, com o apoio dos católicos conservadores estadunidenses, que encurralam a esquerda católica (particularmente a Teologia da Libertação); 1979, quando retorna ao Irã o aiatolá Khomeini e é proclamada a República Islâmica, na mesma ocasião em que um grupo armado ataca a mesquita de Meca, em repúdio ao poder da dinastia saudita sobre os lugares santos; também em 1979, os eleitores evangélicos norte-americanos se organizam numa instituição político-religiosa, a Maioria Moral, que pretende salvar os Estados Unidos por meio da restauração dos valores morais cristãos (da prece na escola à proibição do aborto) e, no ano seguinte, ajudará a eleger Ronald Reagan como presidente da república. No início dos anos 1980, começa a guerra civil no Líbano, num conflito que envolve cristãos maronitas, muçulmanos libaneses e palestinos e Israel. Em meados dos anos 1980, irrompe, por ação do Departamento de Estado norte-americano, a guerra Irã-Iraque, envolvendo muçulmanos sunitas e xiitas, socialistas do Partido Baas e lideranças religiosas; irrompe também a guerra civil no Afeganistão, envolvendo o Talibã contra os poderes locais, subordinados à União Soviética.

Em cada um dos casos, a história local e regional determina os eventos. No caso de Israel, a vitória na Guerra de Seis Dias (em 1967), a derrota na Guerra do Yom Kippur (em 1973) e o apoio eleitoral dado pelos sefaraditas aos partidos militarizantes de extrema-direita, como reação às condições de vida e trabalho que sempre os fizeram economicamente desfavorecidos e politicamente excluídos pela elite asquenaze. No caso dos católicos, a desorientação com a ampliação do papel e do poder dos leigos e o surgimento da Teologia da Libertação no Terceiro Mundo, em decorrência de Vaticano II. No caso do Irã, a crise do petróleo e a derrubada do Xá (alimentando a ideia de que o Xá era o representante da lógica da modernidade e que esta é responsável pelo despotismo, pela corrupção e pela miséria). No caso estadunidense, a inflação de dois dígitos (até então só ocorrida em 1929), a crise do petróleo (que levará a ocupar "amigavelmente" a Arábia Saudita, armar Saddam Hussein contra o Irã, e o Talibã contra os soviéticos), a desmoralização militar no episódio dos reféns na embaixada de Teerã, criando a necessidade de reafirmar o poderio imperial já desmoralizado com a derrota no Vietnã e, no bojo dessa reafirmação no *front* externo, sua legitimação pelo reerguimento moral e religioso no *front* interno. No caso do Líbano, a disputa entre seis projetos políticos minoritários

– alauíta, maronita, sunita, copta, palestino e sionista –, suscitando não só a luta entre cristãos e muçulmanos, mas também a invasão pela Síria, pelos palestinos e por Israel. E, no caso do Afeganistão, a miséria popular e a corrupção dos dirigentes, a contradição entre o mundo tribal sob chefias religiosas e o Estado laico, e a posição estratégica do território rico em minérios e petróleo para um domínio geopolítico da região na disputa entre os Estados Unidos e a antiga União Soviética, ou, como explicitamente disseram os dirigentes dos EUA,

> A Eurásia detém 60% do PIB mundial e três quartos das fontes de energia do planeta [...] O Afeganistão é o portão de entrada para toda essa riqueza. Será que não vamos lutar para conquistá-la? [...] Se amanhã alguém nos disser que Osama bin Laden está morto, isso não significa que nossos afazeres no Afeganistão estejam encerrados.[4]

Não basta, porém, essa referência à história local e regional, sobretudo em tempos de mundialização e globalização. Lembremos que o final dos anos 1970 são os da crise fiscal do Estado capitalista, do término do Estado de Bem-Estar Social e da derrocada da URSS, anunciada com a *Glasnost* e a *Perestroika*. Esses anos são o início do capitalismo neoliberal e de seu Estado, com o tatcherismo, na Grã-Bretanha, e o reaganismo, nos Estados Unidos.

O capitalismo neoliberal

Francisco de Oliveira[5] analisa a crise fiscal do Estado a partir das transformações econômicas e políticas introduzidas pelo próprio Estado de Bem-Estar ao instituir o fundo público. Este se caracteriza, de um lado, pelo financiamento simultâneo da acumulação do capital (os gastos públicos com a produção, desde subsídios para a agricultura, a indústria e o comércio, até subsídios para a ciência e a tecnologia, formando amplos setores produtivos estatais que desaguaram no célebre

---

[4] VIDAL, Gore. *Sonhando a guerra: sangue por petróleo e a Junta Cheney-Bush*. Rio de Janeiro: Nova Fronteira, 2003. p. 34, 35, 61.

[5] OLIVEIRA, Francisco de. O surgimento do antivalor: capital, força de trabalho e fundo público. In: *Os direitos do antivalor: a economia política da hegemonia imperfeita*. Petrópolis: Vozes, 1998 (Coleção Zero à Esquerda).

complexo militar-industrial, além da valorização financeira do capital por meio da dívida pública, etc.); e, de outro lado, pelo financiamento da reprodução da força de trabalho, alcançando toda a população por meio dos gastos sociais (educação gratuita, medicina socializada, previdência social, seguro-desemprego, subsídios para transporte, alimentação e habitação, subsídios para cultura e lazer, salário-família, salário-desemprego, etc.). Em suma, o Estado de Bem-Estar introduziu a república entendida estruturalmente como gestão dos fundos públicos, os quais se tornam precondição da acumulação e da reprodução do capital (e da formação da taxa de lucro) e da reprodução da força de trabalho por meio das despesas sociais. Com isso, houve a socialização dos custos da produção e a manutenção da apropriação privada dos lucros ou da renda (isto é, a riqueza não foi socializada). A ação de duplo financiamento gerou, ao lado do salário direto (isto é, aquele pago privadamente ao trabalho) um segundo salário, o salário indireto pago publicamente aos cidadãos para a reprodução de sua força de trabalho (os direitos sociais). O resultado foi o aumento da capacidade de consumo das classes sociais, particularmente da classe média e da classe trabalhadora, ou seja, o consumo de massa.

Nesse processo de garantia de acumulação e reprodução do capital e da força de trabalho, o Estado endividou-se e entrou num processo de dívida pública conhecido como *deficit* fiscal ou crise fiscal do Estado. A isso se deve acrescentar o momento crucial da crise, isto é, o instante de internacionalização oligopólica da produção e da finança, pois os oligopólios multinacionais não enviam aos seus países de origem os ganhos obtidos fora de suas fronteiras e, portanto, não alimentam o fundo público nacional, que deve continuar financiando o capital e a força de trabalho. É isso o chamado "colapso da modernização" e a origem da aplicação da política neoliberal, que propõe "enxugar" ou encolher o Estado.

Com sua presença sob a forma do salário indireto, o fundo público desatou o laço que prendia o capital à força de trabalho (ou o salário direto). Essa amarra era o que, no passado, fazia a inovação técnica pelo capital ser uma reação ao aumento real de salário e, desfeito o laço, o impulso à inovação tecnológica tornou-se praticamente ilimitado, provocando expansão dos investimentos e agigantamento das forças produtivas cuja liquidez é impressionante, mas cujo lucro não é suficiente para concretizar todas as possibilidades tecnológicas. Por isso mesmo, o capital precisa de parcelas da riqueza pública, isto é, do fundo público, na qualidade de financiador dessa concretização, como exige o neoliberalismo. Em outras palavras, o capital exige que a maior parte do fundo público seja investida para o próprio capital.

Isso significa que, visto sob a perspectiva da luta política, o neoliberalismo não é, de maneira nenhuma, a crença na racionalidade do mercado, o enxugamento do Estado e a desaparição do fundo público, mas a posição, no momento vitoriosa, que decide cortar o fundo público no polo de financiamento dos bens e serviços públicos (ou dos direitos sociais) e maximizar o uso da riqueza pública nos investimentos exigidos pelo capital, cujos lucros não são suficientes para cobrir todas as possibilidades tecnológicas que ele mesmo abriu.

Que se passa quando o capitalismo passa à forma neoliberal?

Examinando a nova forma capitalista, David Harvey[6] aponta a diferença entre as fases industrial e pós-industrial do capitalismo e sublinha o fato de que, na fase industrial (ou o fordismo), o capital induzira o aparecimento das grandes fábricas (nas quais se tornavam visíveis as divisões sociais, a organização das classes e a luta de classes) e ancorara-se na prática de controle de todas as etapas da produção (da produção ou extração da matéria-prima à distribuição do produto no mercado de consumo), bem como nas ideias de qualidade e durabilidade dos produtos do trabalho (levando, por exemplo, à formação de grandes estoques para a travessia dos anos). Em contrapartida, na fase dita pós-industrial ou da acumulação flexível do capital (ou do toyotismo), imperam a fragmentação e dispersão da produção econômica (incidindo diretamente sobre a classe trabalhadora, que perde seus referenciais de identidade, de organização e de luta), a hegemonia do capital financeiro, a rotatividade extrema da mão de obra, os produtos descartáveis (com o fim das ideias de durabilidade, qualidade e estocagem), a obsolescência vertiginosa das qualificações para o trabalho em decorrência do surgimento incessante de novas tecnologias, e o desemprego estrutural, decorrente da automação e da alta rotatividade da mão de obra, causando exclusão social, econômica e política. A desigualdade econômica e social atinge níveis jamais vistos até então e

[6] Harvey (1992).

não só mantém a distância entre países centrais ricos e países periféricos pobres, como ainda, em todos eles, divide a sociedade entre bolsões de riqueza e bolsões de miséria.

Não há porque nos surpreendermos que a desigualdade, a exclusão e a injustiça levadas ao ponto extremo suscitem, da parte dos oprimidos e humilhados, a busca de uma saída na qual a invocação religiosa, por sua simplicidade e proximidade, surja como caminho de conquista da justiça.

A condição pós-moderna

Examinando a condição pós-moderna, David Harvey assinala que os efeitos econômicos e sociais da nova forma do capital são inseparáveis de uma transformação sem precedentes na experiência do espaço e do tempo. Essa transformação é designada por Harvey com a expressão "compressão espaçotemporal", isto é, o fato de que a fragmentação e a globalização da produção econômica engendram dois fenômenos contrários e simultâneos: de um lado, a fragmentação e dispersão espacial e temporal e, de outro, sob os efeitos das tecnologias de informação, a compressão do espaço – tudo se passa *aqui*, sem distâncias, diferenças nem fronteiras – e a compressão do tempo – tudo se passa *agora*, sem passado e sem futuro. Na verdade, fragmentação e dispersão do espaço e do tempo condicionam sua reunificação sob um espaço indiferenciado e um tempo efêmero, ou sob um espaço que se reduz a uma superfície plana de imagens e sob um tempo que perdeu a profundidade e se reduz ao movimento de imagens velozes e fugazes.

Volátil e efêmera, hoje nossa experiência desconhece qualquer sentido de continuidade e se esgota num presente vivido como instante fugaz. Essa situação, longe de suscitar uma interrogação sobre o presente e o porvir, leva ao abandono de qualquer laço com o possível e ao elogio da contingência e de sua incerteza essencial.[7] O contingente

---

[7] Devemos a Aristóteles a distinção entre o necessário, o possível e o contingente. O necessário é aquilo que não pode ser diferente do que é – as leis da Natureza são necessárias. O possível é o que pode ser diferente do que é porque depende de uma decisão da vontade humana, que escolhe entre alternativas contrárias. O contingente é o que (ao contrário do necessário) pode ser ou não ser, mas que, diferentemente do possível, não depende de uma escolha humana para acontecer. É o acaso, o

não é percebido como uma indeterminação que a ação humana poderia determinar, mas como o modo de ser dos homens, das coisas e dos acontecimentos. Tudo é acaso, tudo acontece por acaso. Pode-se crer que tudo depende da sorte ou que tudo depende do destino, mas tanto num caso como noutro, ignoramos o que a sorte ou o destino nos reservam. Está preparado o campo para a semeadura do medo.

Por isso, há um esforço para superar imaginariamente a redução do espaço ao "aqui" e do tempo ao "agora". A compressão do espaço no "aqui", sem distâncias nem diferenças, é recusada pelo imaginário religioso com a figura do *espaço sagrado*. Contraposto ao espaço homogêneo do Estado (o território juridicamente definido) e ao espaço sem lugares da tecnologia de satélites e mísseis e da internet, defendido pelo espaço móvel da guerrilha e da resistência (a desterritorialização), o espaço sagrado se oferece como *terra santa*, terra simbólica ou espaço absoluto, comunitário, gerador da identidade plena. Da mesma maneira, a imersão num tempo contingente e efêmero é recusada pelo seu contrário, isto é, pela imagem religiosa do *tempo sagrado*: as imagens de guerra santa como missão coletiva (do lado muçulmano), de retorno à terra prometida, como realização da promessa salvífica (do lado judaico), e do entusiasmo carismático, acrescido de aparições celestes, particularmente as da Virgem Maria, que condenam o presente e conjuram os humanos a reatar com a temporalidade sacral para reencontrar o caminho da salvação (do lado cristão) exprimem a tentativa de capturar o tempo, infundindo-lhe um sentido transcendente.

A reunião da terra santa com o tempo santo suscita a figura do presente como *exílio* – o tempo presente se define pela distância, pela ausência ou pela interdição que afeta a relação com o espaço sagrado e, por sua vez, o tempo santo como realização do retorno à terra sagrada introduz a figura da missão, isto é, da guerra santa como obrigação.

Mais profundamente, a fugacidade do presente, a ausência de laços com o passado objetivo e de esperança em um futuro emancipador, suscitam o reaparecimento de um imaginário do sagrado como distância, isto é, como transcendência. Os fundamentalismos religiosos

---

acontecimento imprevisível e inesperado. Ou que se costuma chamar de sorte (ou má sorte) ou fortuna (ou infortúnio). Aristóteles dizia que o possível é o que depende de nós, enquanto que o necessário e o contingente são o que não depende de nós.

ilustram o mergulho na contingência bruta e a construção de um imaginário que não a enfrenta nem a compreende, mas simplesmente se esforça para contorná-la apelando para duas formas inseparáveis de transcendência: a divina (à qual apela o fundamentalismo religioso) e a do governante (à qual apela o elogio da autoridade política forte). E não é casual que essa dupla transcendência apareça unificada na figura do chefe político travestido de chefe militar e religioso, uma vez que define sua ação como a luta do bem contra o mal.

A impossibilidade da política

Se articularmos a atitude moderna – que simplesmente lançou a religiosidade para o espaço privado e esperou que a marcha da razão e da ciência findariam por eliminar a religião –, o mercado pós-moderno – que opera por extermínio e exclusão e com a fantasmagoria mística da riqueza virtual e dos signos virtuais –, o Estado neoliberal – caracterizado pelo alargamento do espaço privado dos interesses e encolhimento do espaço público dos direitos –, e a condição pós-moderna de insegurança gerada pela compressão espaçotemporal – na qual o medo do efêmero leva à busca do eterno –, podemos compreender que a barbárie contemporânea provoque o retorno do reprimido, isto é, o ressurgimento do fundamentalismo religioso não apenas como experiência pessoal, mas também como interpretação da ação política.

O helenista Moses Finley descreveu o nascimento da política – a "invenção da política", escreveu ele – como um acontecimento que distinguiu para sempre Grécia e Roma em face dos grandes impérios antigos. A política nasceu quando o poder público, por meio da invenção do direito e da lei (isto é, a instituição dos tribunais) e da criação de instituições públicas de deliberação e decisão (isto é, as assembleias e os senados), foi separado das três autoridades tradicionais: a do poder privado ou econômico do chefe de família, a do chefe militar e a do chefe religioso (figuras que, nos impérios antigos, estavam unificadas numa chefia única, a do rei ou imperador). A política nasceu, portanto, quando a esfera privada da economia, a esfera da guerra e a esfera do sagrado ou do saber foram separadas e o poder político, na expressão de Claude Lefort, foi desincorporado, isto é, deixou de identificar-se com o corpo místico do governante como pai, comandante e sacerdote, representante humano de poderes divinos transcendentes.

Hoje, porém, parecemos estar rumando para o fim da política. Esse término pode estar anunciado pelo ressurgimento da teologia política (ou a fusão de poder político, chefia religiosa e militar), que sustenta os fundamentalismos religiosos. Mas não só isso. O traço principal da política, que se manifesta na sua forma maior, qual seja, na democracia, é a legitimidade do conflito e a capacidade para ações que realizam o trabalho do conflito, ações que se efetuam como contrapoderes sociais de criação de direitos e como poderes políticos de sua legitimação e garantia. Aqui, ainda uma vez, o retorno dos fundamentalismos religiosos cristãos, judaicos e islâmicos nos coloca diante de um risco de imensas proporções. Por quê? Em primeiro lugar, porque, tendo a modernidade lançado a religião para o espaço privado, hoje, com o neoliberalismo, vemos o encolhimento do espaço público e o alargamento do espaço privado podendo dar novamente às religiões o papel da ordenação e da coesão sociais. Em segundo lugar, porque a história já mostrou os efeitos dessa ordenação e coesão promovidas pela religião, ou seja, a luta sangrenta pelo poder sob a forma das guerras de religião.

De fato, as grandes religiões monoteístas – judaísmo, cristianismo e islamismo –, enquanto religiões que produzem teologias (isto é, explicações sobre o ser de Deus e o sentido do mundo a partir de revelações divinas) têm, do ponto de vista do conhecimento, que enfrentar a explicação da realidade oferecida pela filosofia e pelas ciências, mas têm ainda que enfrentar, de um lado, a pluralidade de confissões religiosas rivais e, de outro, a moralidade laica determinada por um Estado secular. Isso significa que cada uma dessas religiões só pode ver a filosofia e a ciência e as outras religiões pelo prisma da rivalidade e da exclusão recíproca, um tipo peculiar de oposição que não tem como exprimir-se num espaço público democrático porque não pode haver debate, confronto e transformação recíproca em religiões cuja verdade é revelada pela divindade e cujos preceitos, tidos por divinos, são dogmas. Porque se imaginam em relação imediata com o ser absoluto, porque se imaginam portadoras da verdade eterna e universal, essas religiões excluem o trabalho do conflito e da diferença e produzem a figura do Outro como demônio e herege, isto é, como o Mal e o Falso.

O fundamentalismo cristão ou a ação dos EUA

Diante do que expusemos, ainda que de maneira breve, não é casual em nossos dias o súbito prestígio de um pensador como Carl Schmitt, que afirma que a política moderna é teológica ou religião secularizada e a guerra por outros meios. Não é nosso objetivo, aqui, examinar o pensamento de Schmitt, mas apenas assinalar alguns de seus aspectos relacionados com o retorno do fundamentalismo religioso ou do poder teológico-político.

Para Schmitt, a política moderna é a teologia secularizada. Por isso houve um único momento histórico em que essa secularização se realizou de maneira perfeita: na monarquia absoluta por direito divino, instante glorioso da civilização europeia que, após o absolutismo, só conheceu a decadência acarretada pela Revolução Francesa, isto é, o surgimento da república e da democracia. Com o absolutismo, a origem do Estado tornava-se plenamente visível, pois nasce da pura vontade do soberano, de uma decisão absoluta que não se funda na razão, na discussão ou na norma, mas do poder absoluto com que a vontade institui o Estado. Como Deus, o soberano cria *ex nihilo* e não tem nenhuma obrigação de ser racional ou justo. Assim como Deus é onipotente para criar o mundo, também a vontade do soberano é onipotente para criar o Estado. Assim como Deus não está acorrentado pelas leis divinas, também o soberano, *legibus solutus,* está acima das leis. Assim como Deus suspende suas próprias leis e interfere no universo por meios extraordinários – o milagre –, também, em momentos de perigo, a ação do soberano não é retida pelas leis, mas responde à exceção com um ato excepcional ou com a "razão de estado".

> A situação de exceção tem para a jurisprudência a mesma significação que o milagre para a teologia.[8]

A onipotência que cria o Estado a partir do nada e a exceção definem, pois, a soberania como monopólio da decisão:

> É soberano aquele que decide na situação de exceção.[9]

---

[8] SCHMITT, Carl. *Théologie politique I.* Paris: Gallimard, 1998, p. 46 (tradução de M. Chaui).

[9] *Ibidem*, p. 15

E porque o absolutismo era o reflexo e a manifestação do cosmos, isto é, da ordem e da hierarquia, da disciplina e da vitalidade, nele se realizou a perfeita definição do que é o Estado:

> No sentido estrito do termo, o Estado, fenômeno histórico, é um modo de existência (um estado) específico de um povo, aquele que decide nos momentos excepcionais, constituindo assim, em relação a múltiplos *status* imagináveis, quer individuais, quer coletivos, o *Status* por excelência.[10]

De acordo com Schmitt, o absolutismo, ao explicitar a essência da soberania e do Estado como decisão absoluta, torna visível o que é a política como esfera autônoma, pois ela não é condicionada pela razão ou pelo conhecimento, nem pela moralidade e a religião, nem pelo direito e a economia. É essa autonomia que leva Schmitt a substituir a palavra "política" por "o político". Cada esfera da existência humana é polarizada por uma dicotomia constitutiva: o bem e o mal, na ética, o belo e o feio, na estética, o lucro e o prejuízo, na economia. A dicotomia constitutiva do político é a oposição amigo-inimigo. Ou seja, a autonomia do político pressupõe que sua dicotomia não deva ser nem possa ser definida segundo os critérios das outras dicotomias, portanto, amigo e inimigo não podem ser pensados em termos éticos, estéticos, religiosos ou econômicos. Politicamente, amigo é o que compartilha nosso modo de vida, inimigo, o outro, "o estrangeiro" que ameaça nosso modo de vida e, com isso, nossa existência. Nesse sentido, o inimigo, porque político, é sempre inimigo público e somente o soberano ou o Estado tem o poder para designá-lo como tal.

> A distinção específica do político, à qual podem ser reenviados os atos e móbeis políticos, é a discriminação do amigo e do inimigo. Ela fornece um critério de identificação com valor de critério e não uma definição exaustiva e compreensiva. Na medida que ela não é deduzida de nenhum outro critério [...] essa distinção é autônoma, não no sentido de que corresponderia a um campo de atividade original que lhe seria próprio, mas no sentido de que

---

[10] SCHMITT, Carl. *La Notion de politique*. Paris: Flammarion, 1992, p. 57 (tradução de M. Chaui).

não pode ser fundada em nenhuma outra oposição nem reduzir-se a nenhuma delas.[11]

A distinção entre amigo e inimigo exprime "o grau extremo de união e desunião, de associação e dissociação". Inimigo é aquele com quem o conflito não pode ser resolvido nem por normas preestabelecidas nem por um árbitro imparcial e cuja existência, sendo um perigo para a nossa, exige a guerra, isto é, sua neutralização ou submissão e, em caso extremo, sua eliminação física. Visto, porém, que a verdadeira política institui um poder de decisão sobre a vida e a morte, um poder absoluto porque único, indiviso e acima da lei, será inimigo quem pretender compartilhar ou dividir o poder soberano e, assim, o inimigo também pode ser interno ou o outro no interior de nosso Estado, que deve afastá-lo, puni-lo, submetê-lo e, em caso extremo, eliminá-lo. Se é necessário que o Estado defina a figura do inimigo é porque este só pode existir particularizado e porque os antagonismos morais, religiosos, econômicos se transformam em antagonismos políticos quando têm a força para reagrupar os homens em amigos e inimigos. Nesse sentido, a guerra de religião é um acontecimento político, assim como a luta de classes quando passa à forma revolucionária. Em outras palavras, o termo "político" não designa uma forma de vida que envolve as várias esferas da existência humana nem uma atividade específica, mas apenas o grau de intensidade de associação e dissociação de seres humanos por motivos econômicos, religiosos, morais ou outros para uma prova de força, cabendo à soberania decidir o conflito e restabelecer a unidade. Toda guerra, isto é, toda situação de exceção, depende, de um lado, da intensidade dos antagonismos oriundos das outras esferas da existência humana e, de outro, da determinação da figura do inimigo pelo Estado, e sua finalidade é "a negação existencial do inimigo", negação que não precisa significar necessariamente extermínio, podendo significar submeter o outro ao nosso modo de vida (isto é, a colonização) e exterminá-lo somente se isso não for conseguido.

Ora, Schmitt nos coloca diante de um paradoxo. Com efeito, visando a assegurar a autonomia do político, recusando, portanto, que a política seja, à maneira grega, por exemplo, um modo de vida e, à

---

[11] *Ibidem*, p. 64.

maneira moderna, uma atividade específica de cidadãos que elegem representantes profissionais, Schmitt é obrigado a afirmar que a ação política é um acontecimento que depende da intensidade dos conflitos oriundos das esferas não políticas e que a soberania é uma ação ou o poder para decidir quanto ao rumo e ao término dos conflitos. Qual o paradoxo? Se a política é um acontecimento que depende da intensidade dos antagonismos em outras esferas da existência humana, então a autonomia do político é relativa e o poder criador do soberano, em vez de se assemelhar ao do Deus do *Gênesis* bíblico, que cria *ex nihilo*, está mais próximo do demiurgo do *Timeu* de Platão, que trabalha sobre uma matéria já dada (no caso de Schmitt, com os conflitos oriundos das outras esferas). Schmitt, entretanto, consegue resolver esse paradoxo afirmando que o surgimento da política, em cada circunstância, ao reconfigurar amigos e inimigos para uma prova de força é sempre uma situação de exceção sobre a qual atua a vontade absoluta do soberano. O adágio célebre afirma que a política é a guerra continuada por outros meios, mas Schmitt, ao distinguir entre o político (a oposição amigo-inimigo) e o Estado (a instituição pública normatizada) e entre o político como ação soberana e as instituições públicas como materialidade inerte, e ao afirmar que o político emerge quando as divisões sociais se exprimem pelo antagonismo amigo-inimigo, nos diz, em suma, que não há distinção entre política e guerra. A guerra, por ser situação de exceção, define a soberania – ou melhor, sem a guerra não há soberania e sem a soberania não há política porque sem soberano não pode haver determinação da figura do inimigo –, e, por ser o ponto máximo da tensão amigo-inimigo, é o signo mais perfeito da política, pois esta, afinal é a lógica da força. Assim, não é por acaso que o absolutismo ou o poder imperial como poder teocrático secularizado lhe pareça ser o momento de apogeu da política, nem que atribua à Revolução Francesa sua decadência.

> A ideia moderna de Estado de Direito se impõe com o deísmo, com uma teologia e uma metafísica que rejeitam o milagre e recusam a ruptura das leis da natureza, ruptura contida na noção de milagre e implicando uma exceção devida a uma intervenção direta, exatamente como recusam a intervenção direta do soberano na ordem jurídica existente.[12]

---

[12] Schmitt (1988, p. 46).

A modernidade, isto é, a Revolução Francesa, é a catástrofe, em primeiro lugar, porque ao introduzir a ideia de Estado de Direito dá anterioridade ao jurídico com relação ao político e o substancializa na instituição estatal; em segundo, porque destrói o núcleo definidor da soberania ao proibir que o soberano intervenha na ordem jurídica; em terceiro, porque destrói a ideia de cosmos (ou de ordem hierárquica) e com isso prepara a catástrofe maior, qual seja, a união do individualismo igualitário e apolítico do liberalismo econômico com a democracia.

Essa união é catastrófica porque o liberalismo trai a democracia, pois mescla a dicotomia econômica (lucro e prejuízo) e a dicotomia política (amigo e inimigo), tirando a autonomia de ambas. Com efeito, julga Schmitt que a democracia, como política, mantém, ainda que de maneira fluída e vaga, a distinção amigo-inimigo, pois admite apenas a igualdade dos cidadãos cuja semelhança decorre de sua identidade pela língua, pela moral e pela religião, excluindo o outro ou o diferente. Em outras palavras, a lógica democrática exige a exclusão do escravo, dos dependentes (trabalhadores, mulheres e crianças), do estrangeiro e do bárbaro, este último podendo ser o ímpio, o infiel ou o ateu. Contrariando a democracia, o liberalismo econômico introduz a igualdade universal sem discriminação porque é apolítico, uma vez que a política é uma operação de distinções e desigualdades. Pela mediação da democracia, o liberalismo econômico se torna uma política escondida e clandestina, sob a máscara do direito, da justiça, da lei, da verdade, da universalidade e da racionalidade. Schmitt julga que o lugar por excelência da hipocrisia liberal é o parlamento, cujas discussões intermináveis simplesmente exprimem a impotência para a tomada de decisão.

Essa breve referência a Carl Schmitt não é motivada apenas pelas considerações sobre o fundamentalismo religioso, mas também pelo parentesco entre suas ideias e as de seu aluno Leo Strauss.

Quando lemos as obras de Strauss sobre gregos e romanos, Maquiavel, Hobbes e Espinosa, ou suas obras sobre o direito natural, a filosofia política e política norte-americana, não parece possível estabelecer relações com a obra de Schmitt (aliás, criticada sob vários aspectos por seu aluno Leo), a não ser pelo fato de serem ambos críticos da modernidade e da Revolução Francesa, do liberalismo, da democracia liberal, do marxismo e do comunismo e de tomarem os desacertos da República de Weimar como prova da correção de suas próprias ideias políticas. No entanto, as semelhanças inicialmente invisíveis começam a se tornar manifestas, a tal ponto que, ao fim e ao cabo, não nos surpreenderemos de encontrar em Leo Strauss a dicotomia amigo-inimigo sob a formulação nós-eles nem de lermos que a justiça é fazer o bem aos amigos e o mal aos inimigos, isto é, aos que são outros que nós mesmos.

Vejamos num ponto preciso como a diferença inicial se transforma em semelhança final. Em vez de partir, como Schmitt, da afirmação da autonomia do político diante da moral e da religião, Strauss afirma que toda sociedade necessita de uma ortodoxia pública que defina o bom e o mau, o justo e o injusto, o nobre e o ignóbil, o verdadeiro e o falso, pois a unidade e a coesão da sociedade política dependem de que essa ortodoxia seja inculcada e interiorizada por todos os seus membros, o que só pode ser feito por meio de uma religião oficial. Por que a religião? Porque ela estabelece o vínculo da ordem política com aquilo que se acredita ser *A Verdade*, isto é, com a realidade última, de maneira que confere à política uma sacralidade e uma santidade tais que os cidadãos queiram lutar, matar e morrer para defendê-la. Em suma, a religião traz para a política algo que lhe é essencialmente necessário: a transcendência da origem do poder. Assim, a teologização do poder é o único recurso eficaz contra a modernidade. É nesse ponto preciso que Strauss encontra Schmitt. Assim como para este último a origem do Estado é a decisão absoluta do soberano que, como Deus, age por criação *ex nihilo*, para Strauss a fundação política é sempre obra de um grande legislador cuja genialidade está em oferecer ao povo um mito de origem capaz de, simultaneamente, produzir respeito e devoção e suscitar o medo. Por que religião e mito são necessários à fundação e à conservação política? Porque há um conflito insuperável entre o interesse individual e o bem comum. Nem a razão, nem as instituições, nem as leis, nem a força podem superar esse conflito, que só pode ser resolvido pela majestade e transcendência atribuídas à origem divina do poder. Isso significa que cada sociedade e cada Estado só podem ter uma única religião e que a pluralidade religiosa é um perigo político.

Se passarmos agora à relação entre moral e política, veremos, novamente, a diferença entre os dois pensadores rumar para a convergência. No ponto de partida, a diferença é clara: como já dissemos,

Strauss não admite a autonomia da política com relação à religião e à moral. Se, contra a modernidade, a política quiser recuperar a dignidade, ela precisa retomar a questão moral do bem e do mal, do verdadeiro e do falso. Entretanto, essa é apenas uma parte da argumentação de Strauss. De fato, assim como o decisionismo de Schmitt pressupõe a figura onipotente do soberano, assim também Strauss desenvolve a tese de que somente a figura de um chefe forte pode livrar a política dos malefícios da modernidade. Essa tese o leva à ideia da formação ou educação política de uma elite encarregada da missão antimodernista (isto é, antirracionalista e antissecularista). O ponto de partida consiste em separar uma pequena elite e dar-lhe uma educação que a prepare para governar indiretamente a sociedade por meio da influência sobre aqueles que a governam diretamente. Trata-se da *formação dos conselheiros do governante*. A essa elite são abertos os segredos do poder (isto é, que sua origem não é divina) e os aspectos sombrios e terríveis da realidade (isto é, que os interesses individuais não podem ser vencidos pelo bem comum sem o mito religioso do poder). Porém, a abertura desses segredos é feita sob a condição expressa de que sejam mantidos secretos e que nem mesmo o governante direto disso tenha conhecimento. Ao contrário, essa elite deve demonstrar à sociedade (nela incluída os futuros governantes diretos) os efeitos destrutivos da educação moderna, aberta ao exame da razão, substituindo-a por uma outra, capaz de produzir a interiorização dos valores sociais como absolutos e invioláveis porque (miticamente) instituídos pelos fundadores, cujas leis foram dadas ou inspiradas por Deus. Desconhecendo os segredos do poder e da realidade, educado como os governados para defender a inviolabilidade dos valores de sua sociedade, o governante, imbuído da majestade de seu poder em decorrência da continuidade entre sua figura e a dos fundadores (que para ele é real e não mítica), será uma liderança forte e convincente, enquanto seus conselheiros tramam secretamente a política, tal como pensada por Schmitt. Isso se torna visível nos discursos dos presidentes dos Estados Unidos, sejam eles republicanos ou democratas, quando declaram que os atos de terror praticados pelo inimigo não são tolerados porque pretendem tocar em "nossa origem, em nossas raízes, nossos valores e nosso *way of life*".

Leo Strauss dedicou seu trabalho acadêmico a essa tarefa. Na Universidade de Chicago, entre os anos 1950 e 1970, formou mais de uma centena de intelectuais que, aliados à direita cristã – a Maioria Moral, a que já nos referimos ao mencionar o movimento "Salvar a América" –, encontraram em Ronald Reagan, primeiro, e em George W. Bush, depois, a oportunidade de tomar a si a direção política dos Estados Unidos. Dessa elite, partiu a invenção da figura religiosa do inimigo, obtendo, assim, a dissimulação teológico-política da guerra geopolítica de ocupação militar e econômica norte-americana dos territórios do Oriente Médio, guerra apresentada como luta do bem contra o mal. Graças à teologia política, o fundamentalismo religioso cristão se contrapôs ao fundamentalismo islâmico e se aliou ao fundamentalismo judaico.

Em seu livro *Depois da paixão política,* Josep Ramoneda, escreve:

> No Ocidente houve um empenho para construir um novo inimigo, porque o medo é sempre uma ajuda para o governante. O inimigo é o Outro, o que põe em perigo a própria identidade, seja a ameaça real ou induzida. O temor ao Outro favorece a coesão nacional em torno do poder e faz com que a cidadania seja menos exigente com os que governam, que são também os que a protegem. Em um primeiro momento, parecia que o fundamentalismo islâmico estava destinado a ser o novo inimigo. [...]. Mas as ameaças eram demasiado difusas para que a opinião pública propagasse a ideia de que o islamismo era o novo inimigo. De modo que se optou por um inimigo genérico: a barbárie. Quem é o bárbaro? O que rejeita o modelo democrático liberal cujo triunfo foi proclamado por Fukuyama como ponto-final da história. [...] O que não se adapta ao modelo triunfante fica definitivamente fora da realidade político-social. Ou não chegou – barbárie do que acode com atraso ao encontro final –, ou não chegará nunca – barbárie do eternamente primitivo que se afunda no reino das trevas. [...] Como o bárbaro não é uma alternativa e sim um atraso, restam apenas a duas possibilidades: ou sua paulatina adaptação ou sua definitiva exclusão. Todavia, a coesão social pelo medo se mantém porque é necessário defender-se da especial maldade dos bárbaros: daí a necessária (quase sempre fundamentada) satanização daquele ao qual se atribui a condição de bárbaro.[13]

Ramoneda escreveu antes de 11 de setembro de 2001. Depois dessa data, islamismo e barbárie foram identificados e a satanização do bárbaro consolidou-se numa imagem universalmente aceita e inquestionável.

---

[13] RAMONEDA, Josep. *Depois da paixão política.* São Paulo: Ed. Senac, 2000, p. 22-23.

Fundamentalismo religioso, atraso, alteridade e exterioridade cristalizaram a nova figura da barbárie e, com ela, o cimento social e político trazido pelo medo do qual o fundamentalismo religioso e a teologia política são os pilares e os arautos.

Indaguemos, porém, se a exterioridade e a alteridade dão conta da figura da barbárie. Na Tese 7 de *Sobre o conceito de história*, Walter Benjamin escreve:

> Todos os que até hoje venceram participam do cortejo triunfal, em que os dominadores de hoje espezinham os corpos dos que estão prostrados no chão. Os despojos são carregados no cortejo, como de praxe. Esses despojos são o que chamamos de bens culturais. [...] todos os bens culturais que ele [o materialista histórico] vê têm uma origem que ele não pode contemplar sem horror. Devem sua existência não somente ao esforço dos grandes gênios que os criaram, como à corveia anônima de seus contemporâneos. Nunca houve um monumento de cultura que também não fosse um monumento da barbárie. E assim como a cultura não é isenta de barbárie, não o é, tampouco, o processo de transmissão da cultura. Por isso, na medida do possível, o materialista histórico se desvia dela. Considera sua tarefa escovar a história a contrapelo.[14]

Essa passagem de Benjamin é rica em sentido, mas aqui ela nos interessa por um motivo particular, qual seja, o de situar a barbárie no interior da cultura ou da civilização, recusando a dicotomia tradicional, que localiza a barbárie no outro e o situa no exterior. Pelo contrário, a tese de Benjamin coloca a barbárie não só como o avesso necessário da civilização, mas como o pressuposto dela, como aquilo que a civilização engendra ao produzir-se a si mesma como cultura. O bárbaro não está no exterior, mas é interno ao movimento de criação e transmissão da cultura, é o que causa horror àquele que contempla o cortejo triunfal dos vencedores pisoteando os corpos dos vencidos e conhece o preço de infâmia de cada monumento da civilização.

Eis porque, como viemos insistindo no correr deste texto, não estamos diante do retorno inexplicável da religiosidade e sim perante

---

[14] BENJAMIN, Walter. Sobre o conceito de história. In: *Obras escolhidas: Magia e técnico, arte e política*. São Paulo: Brasiliense, 1985, p. 225.

seu sentido imanente de produção da barbárie que, em nosso presente, se exprime em seu uso econômico e político, particularmente pelos Estados Unidos. Deixemos, por isso, a palavra a Gore Vidal:

> Desde as guerras entre o Irã e o Iraque na década de 1980 e início da de 1990, o Islã tem sido demonizado como um culto terrorista satânico que estimula ataques suicidas – contrários, deve-se destacar, à religião islâmica. Osama tem sido meticulosamente retratado como um islamita sectário. A fim de levar à justiça esse malfeitor (vivo ou morto), o Afeganistão, objeto do exercício, foi posto em condições seguras não só para a democracia como também para a Union Oil of California (UNOCAL), cujo oleoduto proposto, ligando o Turcomenistão ao Afeganistão, ao Paquistão e ao porto de Karachi no oceano Índico fora abandonado durante o regime caótico do Talibã. Atualmente, o projeto do oleoduto está deslanchando, graças à ação da Junta [Cheney-Bush], que instalou um funcionário da UNOCAL como enviado americano da recém-criada democracia, cujo presidente também é um ex-funcionário da UNOCAL.[15]

DAESH ou o Estado Islâmico

Três acontecimentos envolvendo mortes, ocorridos em 2015, dois em Paris – o atentado contra os membros da revista *Charlie Hebdo*, no início do ano, e contra jovens que se encontravam numa casa de espetáculos e em dois restaurantes, no final do ano – e um no Mali – tomada de um hotel estadunidense e manutenção de reféns – foram realizados por grupos ligados ao autodenominado Estado Islâmico. O primeiro foi a retaliação contra uma revista de humor, que publicara em sua capa uma caricatura do profeta Maomé (como já publicara uma do Papa), considerada ofensiva e um ato de guerra contra os muçulmanos. O segundo, uma retaliação contra duas modalidades de ataques: os ataques de drones estadunidenses, que atingiram hospitais, escolas, creches e uma festa de casamento (totalizando um número de vítimas superior ao das vítimas em Paris[16]), e os ataques franceses a instalações

---

[15] Vidal (2003, p. 36).

[16] Os cálculos dos especialistas militares revelam que um drone mata nove civis para cada terrorista.

do Estado Islâmico, anteriormente denominado DAESH. E o terceiro, uma retaliação contra a intervenção francesa sobre sua antiga colônia, o Mali, considerado um estado muçulmano. A esses acontecimentos, precisamos acrescentar o atentado a estações de metrô, em Bruxelas, capital da União Europeia, ocorrido em 2016, com a promessa do DAESH de que novos atentados ocorrerão em toda a Europa até que os exércitos ocidentais se retirem do Oriente Médio.

O que é DAESH? É o acrônimo árabe para Estado Islâmico no Iraque e no Levante, situado no território entre a Síria e o Iraque, tendo surgido em 2006 com a tomada de Mossul, a 60 km de Bagdá, e a instalação de um califado. Embora atualmente designando como Estado Islâmico, esse califado não é propriamente um estado, pois não nasceu de interesses nacionais e territoriais, mas da decomposição política do Iraque e da Síria. Por isso mesmo, além de não possuir um território em termos estatais, também não possui um exército no sentido clássico do termo nem sua ação possui um centro, como ocorria com a Al-Qaeda, mas opera de maneira descentralizada, desterritorializada, com células guerrilheiras clandestinas e grupos de bombas humanas, que se sacrificam por uma causa que julgam religiosa. O DAESH é efeito das lutas, após a Segunda Guerra até os anos 1980, pela hegemonia regional por parte do Irã, Iraque, Arábia Saudita, Turquia, Egito e Israel e resultado das ações econômicas e militares dos Estados Unidos e da Europa no mundo árabe, ou seja, exprime o saldo das colonizações, da arbitrariedade das fronteiras, da exploração dos recursos minerais e dos gigantescos contratos armamentistas.

Os atentados em Paris e Bruxelas, se despertaram medo e insegurança nos habitantes europeus, também suscitaram o aumento da escalada conjunta das forças armadas da França, Rússia, Grã-Bretanha e Estados Unidos contra as instalações petrolíferas que sustentam economicamente o Estado Islâmico, apoiado invisivelmente pela Arábia Saudita. Essa união de forças juntou os que, até então, na disputa pelo petróleo e pelos minérios em solo árabe, eram inimigos, pois na guerra civil que se prolonga na Síria (com milhares de adversários que dispõem de recursos financeiros para fugir em direção à Europa), a Rússia é aliada do governo sírio enquanto os outros três países são seus inimigos.

Essa escalada, porém, suscita internamente, um outro medo: que a busca de segurança sirva de justificativa para que os governos europeus adotem o autoritarismo – há o temor de que inventem algo como o Patriot Act de George W. Bush –, criando a figura do "inimigo interno" e, com ele, o racismo, a xenofobia e a justificativa para imitar Guantánamo. Numa palavra, que tragam Carl Schmitt de volta à cena política europeia.

A crítica do poder teológico-político por Espinosa

Poderia parecer surpreendente falar em "retorno" do poder teológico-político, se, a crermos em Schmitt, a política ocidental sempre foi e é teológica, ou secularização da religião. No entanto, se falamos em retorno, o fazemos por dois motivos principais. Em primeiro lugar, porque aceitamos a crítica de Hans Blumenberg ao uso do termo "secularização", pois vago, impreciso, e frequentemente inadequado porque separado do contexto jurídico (do Direito Canônico da Igreja de Roma) que lhe dá sentido – secularizar é expropriar os bens eclesiásticos. Mas, em segundo lugar, e sobretudo porque à concepção de Schmitt opomos a de Espinosa. Com efeito, se para Schmitt toda política é teológica, para Espinosa, ao contrário, toda teologia é política e, portanto, podemos conceber e praticar uma política não teológica. O feito da modernidade foi exatamente esse e é esta a razão de usarmos a palavra retorno em nossa exposição.

Para compreendermos o surgimento da religião e do poder teológico-político, é preciso remontar à sua causa primeira: a superstição. Assim, na abertura do *Tratado teológico-político*, Espinosa escreve que se os homens pudessem governar suas vidas seguindo uma deliberação segura, ou se a sorte lhes fosse sempre favorável, jamais seriam vítimas da superstição. Porém, amiúde reduzidos a angústia, já não sabem que resolução tomar e, arrastados por um desejo desmedido dos bens incertos da sorte, oscilam miseravelmente entre o medo e a esperança, com o ânimo inclinado à mais extrema credulidade. Quando em dúvida, prossegue Espinosa, o mais leve impulso os faz pender ora num sentido, ora noutro, tal oscilação crescendo quando suspensos entre o medo e a esperança. Ao contrário, nos momentos de confiança, tornam-se orgulhosos e cheios de si. Se, nos dias de prosperidade, não ouvem conselho algum, nos dias de adversidade ouvem tudo quanto se lhes diga, por mais "inepto, absurdo ou vão". Qualquer coisa lhes serve de motivo para esperar o retorno da boa Fortuna ou para deixá-los abismados em terríveis temores. Basta que lhes venham à lembrança ocasiões passadas que imaginam semelhantes à presente para que nisso vejam bons ou maus preságios e, "ainda que mil vezes enganados", não cessam de buscar no pretérito o conhecimento do porvir. E quando não conseguem encontrar na memória auxílio, correm a procurá-lo nas entranhas dos animais, no voo dos pássaros, no rodopiar das estrelas e dos planetas. Declarando a razão cega e vã, confiando em adivinhos, que tomam por profetas divinamente inspirados, os homens imaginam conjurar o pavor apelando para signos indicativos de potências desconhecidas e atentas ao curso de nossas vidas. Porque o que temem ou esperam parece-lhes independer deles mesmos, imaginam entidades caprichosas de cuja cólera ou benevolência tudo dependeria e lançam apelos a poderes transcendentes. Essa crença numa potência distante e separada, capaz de bens e males incompreensíveis e prodigiosos, e essa posição do desejo fora de si, essa alienação no sentido rigoroso do termo, é o que Espinosa chama de superstição. O medo é a causa que origina e alimenta a superstição e os homens só se deixam dominar pela superstição enquanto têm medo. Mas de onde vem o próprio medo?

Se os homens pudessem ter o domínio de todas as circunstâncias de suas vidas, diz Espinosa, não se sentiriam à mercê dos caprichos do acaso ou da sorte. Que é o acaso? Os encontros fortuitos entre as coisas, os homens e os acontecimentos. Os homens se sentem à mercê do acaso ou da sorte porque interpretam a realidade conforme suas paixões e tomam esses encontros, ou ordem imaginária, como se fosse a ordem necessária da realidade. O desejo, demonstra Espinosa na *Ética*, é a própria essência dos seres humanos. Paixões e desejos são as marcas de nossa finitude, de nossas carências e de nossa dependência do que nos é exterior e que escapa de nosso poder. Por isso mesmo, a abertura do *Tratado teológico-político* propõe uma hipótese – se os homens tivessem poder e controle sobre todas as circunstâncias de suas vidas –, nega essa hipótese – os homens vivem agitados por desejos, medos e esperanças porque não controlam as circunstâncias de suas vidas – e dessa negação vemos emergir a superstição.

Como não possuem o domínio das circunstâncias de suas vidas e são movidos pelo desejo de bens que não parecem depender deles próprios, os humanos são habitados naturalmente por duas paixões, o medo e a esperança. Têm medo que males lhes aconteçam e que bens não lhes aconteçam, assim como têm esperança de que bens lhes aconteçam e de que males não lhes aconteçam. Visto que esses bens e males, não parecendo depender deles próprios, lhes parecem depender inteiramente da fortuna ou do acaso, e como reconhecem que tais coisas são efêmeras, seu medo e sua esperança jamais acabam, pois assim como coisas boas lhes vieram sem que soubessem como nem por que, também podem desaparecer sem que saibam as razões desse desaparecimento; e assim como coisas más lhes vieram sem que soubessem como nem por que, também podem desaparecer sem que saibam os motivos de sua desaparição.

A gênese da superstição encontra-se, portanto, na experiência da contingência. A relação imponderável com um tempo cujo curso é ignorado, no qual o presente não parece vir em continuidade com o passado e nada, nele, parece anunciar o futuro, gera simultaneamente a percepção do efêmero e do tempo descontínuo, o sentimento da incerteza e da imprevisibilidade de todas coisas. Desejantes e inseguros, os homens experimentam medo e esperança. De seu medo nasce a superstição. Com efeito, a incerteza e a insegurança geram o desejo de superá-las encontrando signos de previsibilidade e levam à procura de sinais que permitam prever a chegada de bens e males; essa busca, por seu turno, gera a credulidade em signos; essa credulidade leva à busca de sistemas de signos indicativos, isto é, de presságios e, por fim, a busca de presságios conduz à crença em poderes sobrenaturais que, inexplicavelmente, enviam bens e males aos homens. Dessa crença em poderes transcendentes misteriosos, nascerá a religião.

Assim, por medo de males e da perda de bens, e por esperança de bens e de sua conservação, ou seja, pelo sentimento da contingência do mundo e da impotência humana para dominar as circunstâncias de suas vidas, os homens se tornam supersticiosos, alimentam a superstição por meio da credulidade e criam a religião como crença em poderes transcendentes ao mundo, que o governam segundo decretos humanamente incompreensíveis. Porque ignoram as causas reais dos acontecimentos e das coisas, porque ignoram a ordem e conexão necessárias de todas coisas e as causas reais de seus sentimentos e de suas ações, imaginam que tudo depende de alguma vontade onipotente que cria e governa todas as coisas segundo desígnios inalcançáveis pela razão humana.

Por isso, abdicam da razão como capacidade para o conhecimento da realidade e esperam da religião não somente essa explicação, mas também que afaste o medo e aumente a esperança.

Mas Espinosa prossegue: se o medo é a causa da superstição, três conclusões se impõem. A primeira é que todos os homens estão naturalmente sujeitos a ela, e não, como afirmam os teólogos, porque teriam uma ideia confusa da divindade, pois, ao contrário, a superstição não é efeito e sim causa da ignorância a respeito da deidade. A segunda é que ela deve ser extremamente variável e inconstante, uma vez que variam as circunstâncias em que se tem medo e esperança, variam as reações de cada indivíduo às mesmas circunstâncias e variam os conteúdos do que é temido e esperado. A terceira é que só pode ser mantida ou permanecer mais longamente se uma paixão mais forte a fizer subsistir, como o ódio, a cólera e a fraude. Facilmente os homens caem em todo tipo de superstição. Dificilmente persistem durante muito tempo numa só e na mesma. Ora, diz Espinosa, não há meio mais eficaz para dominar os homens do que mantê-los no medo e na esperança, mas também não há meio mais eficaz para que sejam sediciosos e inconstantes do que a mudança das causas de medo e esperança. Por conseguinte, os que ambicionam dominar os homens precisam estabilizar as causas, as formas e os conteúdos do medo e da esperança. Essa estabilização é feita por meio da religião, pois não há meio mais eficaz para dominar e controlar a multidão do que a superstição, levando-a ora a adorar os governantes como se fossem deuses, ora a odiá-los como um flagelo para o gênero humano. Para dar estabilidade à adoração e impedir a revolta, enfeita-se a religião com cerimoniais pomposos que lhe deem prestígio contínuo e veneração da parte de todos.

Oficiantes dos cultos, senhores da moralidade dos crentes e dos governantes, intérpretes autorizados das revelações divinas, os sacerdotes buscam fixar as formas fugazes e os conteúdos incertos das imagens de bens e males e das paixões de medo e esperança. Essa fixação de formas e conteúdos será tanto mais eficaz quanto mais os crentes acreditarem que sua fonte é a vontade do próprio Deus revelada a alguns homens sob a forma de decretos, mandamentos e leis. Em outras palavras, a eficácia no controle da superstição aumenta se os conteúdos de medo e esperança surgirem como revelações da vontade e do poder de uma divindade transcendente. Isso significa que as religiões reveladas são mais potentes e mais estabilizadoras do que as outras. A potência religiosa torna-se ainda mais forte se os diferentes poderes que governam o mundo forem unificados num único poder onipotente – o monoteísmo é uma religião mais potente do que o politeísmo. A força da religião aumenta, se os crentes estiverem convencidos de que o único deus verdadeiro é o seu e que ele os escolheu para enviar suas vontades. Em outras palavras, uma religião monoteísta é mais potente quando seus fiéis se consideram eleitos pelo deus verdadeiro, que lhes promete bens terrestres, vingança contra seus inimigos e salvação numa outra vida, que será eterna. E, por fim, a força dessa religião é ainda maior se seus crentes acreditarem que o deus se revela, isto é, fala aos fiéis, dizendo-lhes qual é sua vontade – a religião monoteísta da eleição de um povo e do deus revelado é a mais potente de todas.

Ora, a vontade divina revelada terá um poder muito mais forte se a revelação não for algo corriqueiro e ao alcance de todos, mas algo misterioso dirigido a alguns escolhidos -- os profetas. Assim, o núcleo da religião monoteísta revelada é a profecia, pois dela provém a unidade e a estabilidade que fixam de uma vez por todas os conteúdos do medo e da esperança. Essa fixação assume a forma de mandamentos ou leis divinas, que determinam tanto a liturgia, isto é, as cerimônias e os cultos, como os costumes, hábitos, formas de vida e de conduta dos fiéis. Numa palavra, a revelação determina as formas das relações dos homens com a divindade e dos homens entre si. Por outro lado, a profecia é também a revelação da vontade divina quanto ao governo dos homens: a divindade decreta as leis da vida social e política e determina quem deve ser o governante, escolhido pela própria divindade. Em suma, as religiões monoteístas reveladas ou proféticas fundam políticas teocráticas, nas quais o governante governa por vontade do deus.

Todavia, ainda que as profecias estejam consignadas em escritos sagrados invioláveis – as religiões monoteístas reveladas são as três religiões do Livro: judaísmo, cristianismo e islamismo --, o fato de que esses escritos sejam a fonte do poder teocrático os transforma em objeto permanente de disputa e guerra. Essa disputa e essa guerra se realizam em torno da interpretação do texto sagrado, seja em torno de quem tem o direito de interpretá-lo, seja em torno do próprio conteúdo interpretado. É na disputa e guerra das interpretações que surge a figura do teólogo. Isso significa que a teologia não é um saber teórico ou especulativo sobre a essência de Deus, do mundo e do homem, e sim um poder para interpretar o poder do deus, consignado em textos.

A teologia é definida pela tradição judaica e cristã como ciência supranatural ou sobrenatural, pois sua fonte é a revelação divina consignada nas Sagradas Escrituras. Ora, Espinosa considera que a filosofia é o conhecimento da essência e da potência de Deus, isto é, o conhecimento racional da ideia do ser absolutamente infinito e de sua ação necessária. Em contrapartida, considera que o Livro Sagrado não oferece (nem é sua finalidade fazê-lo) um conhecimento racional especulativo da essência e potência do absoluto, e sim um conjunto muito simples de preceitos para a vida religiosa e moral, que podem ser reduzidos a dois: amar a Deus e ao próximo (os preceitos da justiça e da caridade). Não há na Bíblia conhecimentos especulativos ou filosóficos porque, afirma Espinosa, uma revelação é um conhecimento por meio de imagens e signos com que nossa imaginação cria uma imagem da divindade com a qual possa relacionar-se pela fé. Eis porque não há que se procurar nas Sagradas Escrituras especulações filosóficas, mistérios filosóficos, exposições racionais sobre a essência e a potência de Deus, pois ali não estão: o Antigo Testamento é o documento histórico de um povo determinado e de seu Estado, hoje desaparecido, a teocracia hebraica; o Novo Testamento é o relato histórico da vinda de um salvador, de sua vida, de seus feitos, de sua morte e de suas promessas para quem o seguir.

Uma vez que os escritos sagrados das religiões não se dirigem ao intelecto e ao conhecimento conceitual do absoluto, não há neles fundamento teórico para o aparecimento da teologia, entendida como interpretação racional ou especulativa de revelações divinas. Eis por que, aparentando dar fundamentos racionais às imagens com que os crentes concebem a divindade e as relações dela com eles, o teólogo invoca a razão para, "depois de garantir por razões certas" sua interpretação do que foi revelado, encontrar "razões para tornar incerta" a razão, combatendo-a e condenando-a. Os teólogos, explica Espinosa, cuidaram em descobrir como extorquir dos Livros Sagrados suas próprias ficções e arbitrariedades e por isso "nada fazem com menor escrúpulo e maior temeridade do que a interpretação das Escrituras" e a única coisa que os inquieta é que "outros os convençam de seu erro e que sua própria autoridade role pelo chão e sejam desprezados pelos demais".[17]

Recorrendo à razão ou luz natural quando dela carece para impor o que interpreta e expulsando a razão quando esta lhe mostra a falsidade da interpretação, ou quando já obteve a aceitação do seu ponto de vista, a atitude teológica em face da razão desenha o lugar próprio da teologia: esta é um sistema de imagens com pretensão ao conceito com o escopo de obter, por um lado, o reconhecimento da autoridade do teólogo (e não da verdade intrínseca de sua interpretação) e, por outro, a submissão dos que o escutam, tanto maior se for conseguida por consentimento interior. O teólogo visa à obtenção do desejo de obedecer e de servir. Dessa maneira, torna-se clara a diferença entre filosofia e teologia. A filosofia é saber. A teologia, não-saber, uma prática de origem religiosa destinada a criar e conservar autoridades pelo incentivo ao desejo de obediência. Toda teologia é teologia política.

Inútil para a fé – pois esta se reduz a conteúdos muito simples e a poucos preceitos de justiça e caridade –, perigosa para a razão livre – que opera segundo sua necessidade interna autônoma –, danosa para a política – que trabalha os conflitos sociais em vista da paz, da segurança e da liberdade dos cidadãos –, a teologia não é apenas diferente da filosofia, mas a ela se opõe. Por isso, escreve Espinosa, "nenhum comércio e nenhum parentesco pode haver entre filosofia e teologia, pois seus fundamentos e seus objetivos são inteiramente diferentes".

Como se observa, Espinosa não diz que a religião é um imaginário arcaico que a razão expulsa, nem diz que a superstição é um defeito mental que a ciência anula. Não se trata de excluir a religião nem de incluí-la na marcha da razão na história, mas trata-se de examinar criticamente o principal efeito da religião monoteísta revelada, qual seja, a teologia política. Espinosa indaga como e por que há superstição, como e por que a religião domina os espíritos e quais são os fundamentos do poder teológico-político, pois se tais fundamentos não forem destruídos, a política jamais conseguirá realizar-se como ação propriamente humana em condições determinadas.

---

[17] ESPINOSA, Bento. *Tratado teológico-político*. Capítulo 14. Tradução Diogo Pires Aurélio. Lisboa, Imprensa Nacional-casa da Moeda, 2004, p. 310.

* * *

Ao iniciarmos nosso percurso, enfatizamos que a contingência, a insegurança, a incerteza e a violência são as marcas da condição pós-moderna e do medo que fez ressurgirem os fundamentalismos religiosos, não somente na esfera moral, mas também na esfera da ação política.

Se acompanharmos a exposição espinosana sobre a origem da superstição e da teologia política, podemos destacar alguns aspectos que nos auxiliam a retomar nossa análise inicial.

A experiência da contingência, gerando incerteza e insegurança, alimenta o medo e este gera superstição; a finitude humana e a essência passional ou desejante dos humanos os coloca na dependência de forças externas que não dominam e que podem dominá-los; para conjurar a contingência e a finitude, assegurar a realização dos desejos, diminuir o caráter efêmero dos objetos desejados e estabilizar a instabilidade da existência, os humanos confiam em sistemas imaginários de ordenação do mundo: presságios, deuses, religiões e reis, isto é, confiam em forças e poderes transcendentes. Assim, para não ficar ao sabor das vicissitudes da fortuna, aceitam ficar à mercê de poderes cuja forma, conteúdo e ação lhes parecem portadores de segurança, desde que obedecidos diretamente ou tenham seus representantes obedecidos. A religião racionaliza (em sentido psicanalítico) o medo e a esperança; a submissão ao poder político como poder de uma vontade soberana secreta, situada acima das vontades individuais dos governados, racionaliza o permitido e o proibido. Essa dupla racionalização é mais potente quando a religião é monoteísta, revelada e destinada a um povo que se julga eleito pelo deus. A potência dessa racionalização político-religiosa é ainda maior se alguns peritos ou especialistas reivindicarem a competência exclusiva e o poder para interpretar as revelações (portanto as vontades divinas), decidindo quanto ao conteúdo do bem e do mal, do justo e do injusto, do verdadeiro e do falso, do permitido e do proibido, do possível e do impossível, além de decidir quanto a quem tem o direito ao poder político e quanto às formas legais da obediência civil.

Essa dominação é religiosa e política – é teologia política. Aquele que a exerce, enquanto especialista competente, avoca para si o conhecimento das vontades divinas e domina os corpos e os espíritos dos fiéis, governantes e governados – é o teólogo político. O poder político, na medida em que provém de revelações divinas, é de tipo teocrático, isto é, o comando, em última instância, é do próprio deus, imaginado antropocentricamente e antropomorficamente como um super-homem, pessoa transcendente dotada de vontade onipotente, entendimento onisciente, com funções de legislador, monarca e juiz do universo.

Para Espinosa, tratava-se, de um lado, de compreender as necessidades a que a religião responde e, de outro, de demolir aquilo que provém dela como efeito político, isto é, a teologia política. Em termos espinosanos, demolir os fundamentos do poder teológico-político significa:

1) compreender a causa da superstição, isto é, o medo e a esperança produzidos pelo sentimento da contingência do mundo, das coisas e dos acontecimentos, e sua consequência necessária, isto é, a religião como respostas à incerteza e à insegurança, isto é, como crença numa vontade superior que governa os homens e todas as coisas;

2) compreender como surgem as religiões reveladas para fixar formas e conteúdos da superstição, a fim de estabilizá-la e usá-la como instrumento de ordenação do mundo e de coesão social e política;

3) realizar a crítica da teologia sob três aspectos principais: a) mostrando que é inútil para a fé, pois os Livros Sagrados não contêm verdades teóricas ou especulativas sobre Deus, o homem e o mundo, mas preceitos práticos muito simples – adorar a Deus e amar o próximo --, que podem ser compreendidos por todos. O Antigo Testamento, é o documento histórico e político de um Estado particular determinado, o Estado hebraico fundado por Moisés, não podendo servir de modelo e regra para Estados não hebraicos. Por sua vez, o Novo Testamento é uma mensagem de salvação individual cujo conteúdo também é bastante simples, qual seja, Jesus é o Messias que redimiu os homens do pecado original e os conduzirá à glória da vida eterna, se amarem uns aos outros como Jesus os amou; b) criticando a suposição de que há um saber especulativo e técnico possuído por especialistas em

interpretação dos textos religiosos, mostrando que conhecer a Sagrada Escritura é conhecer a língua e a história dos hebreus, e, portanto, que a interpretação dos livros sagrados é uma questão de filologia e história e não de teologia; c) mostrando que a particularidade histórico-política narrada pelo documento sagrado não permite que a política teocrática, que o anima, seja tomada como paradigma universal da política, pois é apenas a maneira como um povo determinado, em condições históricas determinadas, fundou ao mesmo tempo seu Estado e sua religião, sem que sua experiência possa ou deva ser generalizada para todos os homens em todos os tempos e lugares; por conseguinte toda tentativa teológica de manter a teocracia como forma política ordenada por Deus é fraude e engodo;

4) examinar e demolir o fundamento do poder teológico-político, qual seja a imagem antropomórfica de um deus imaginado como pessoa transcendente, dotado de vontade onipotente e intelecto onisciente, criador, legislador, monarca e juiz do universo. Na Parte I de sua obra magna, a *Ética*, Espinosa oferece a explicação da gênese imaginária do antropomorfismo e do antropocentrismo religioso e teológico, e, simultaneamente, realiza sua destruição, demonstrando que o ser absolutamente infinito, isto é, Deus, não é uma pessoa transcendente cujas vontades se manifestam na criação contingente de todas coisas e na revelação religiosa, mas a é a substância absolutamente infinita cuja essência e potência são imanentes ao universo inteiro, o qual se ordena em conexões necessárias e determinadas, nele nada havendo de contingente. Em outras palavras, somente a compreensão da necessidade inscrita na potência e na essência do Absoluto pode fundamentar a crítica da transcendência do ser e do poder absolutos e da contingência de suas ações voluntárias e somente essa crítica filosófico-política pode desmantelar os alicerces supostamente especulativos do poder teológico-político;

5) encontrar os fundamentos da política na condição humana ou nos "homens tais como realmente são" e não tais como os

chefes religiosos, os sacerdotes e os teólogos gostariam que eles fossem, ou seja, a política não é uma ciência normativa que depende da religiosidade do homem, para o qual o deus teria enviado mandamentos e a definição do bem e do mal, com a qual se construiria a imagem do bom governante virtuoso, que recebe mandato divino para dirigir os demais. A política é atividade humana imanente ao social, que é instituído pelas paixões e ações dos homens em condições determinadas;

6) uma vez que a origem do poder político é imanente às ações dos homens e que o sujeito político soberano é a potência da massa (multitudinis potentia) e que esta decide agir em comum mas não pensar em comum, o poder teológico-político é duplamente violento: em primeiro lugar, porque pretende roubar dos homens a origem de suas ações sociais e políticas, colocando-as como cumprimento a mandamentos transcendentes de um vontade divina incompreensível ou secreta, fundamento da "razão de Estado"; em segundo, porque as leis divinas reveladas, postas como leis políticas ou civis, impedem o exercício da liberdade, pois não regulam apenas usos e costumes, mas também a linguagem e o pensamento, procurando dominar não só os corpos, mas também os espíritos;

7) na medida em que o poder teológico-político instrumentaliza a crença religiosa para assegurar obediência e servidão voluntária, fazendo com que os homens julguem honroso derramar seu sangue e o dos outros para satisfazer à ambição de uns poucos, esse poder é exercício do terror. É barbárie.

Parte III
Reflexões sobre a violência

Ética e violência ou a ética como ideologia[*]

Teeteto cavou a terra para a plantar. Encontrou um tesouro. Sócrates foi ao mercado comprar legumes. Encontrou Cálias, que lhe pagou uma dívida. O navio se dirigia a Egina. Encontrou uma tempestade e derivou rumo a Atenas.

Esses exemplos são clássicos na história da filosofia: são os que Aristóteles oferece quando examina as ideias de contingência e acaso. Contingência e acaso, explica o filósofo, não são acontecimentos sem causa e sim produzidos pelo encontro de duas séries causais independentes. A causa do acontecimento é acidental, pois produz um efeito que não estava previsto na causalidade de cada uma das séries, de tal maneira que um certo fim é realizado sem que estivesse previsto pelos agentes ou sem que estivesse presente nos meios, pois estes não visavam a tal fim e sim a um outro: Teeteto foi plantar e não buscar um tesouro; Sócrates foi comprar legumes e não receber uma dívida; o navio se dirigia para Egina e não para Atenas. A marca da contingência é a indeterminação, pois as causas que produziram o acontecimento poderiam não ter ocorrido.

Ao contrário do contingente, ensina Aristóteles, o necessário é o que acontece sempre e não pode deixar de acontecer tal como acontece; e o impossível é o que não acontece nunca e jamais pode acontecer

---

[*] Texto inédito. Conferência proferida no Departamento de Filosofia, FFLCH/ USP, 2003.

– é necessário que a água umedeça, o fogo aqueça, o óleo alimente a chama, a pedra caia; é impossível que esses efeitos não se produzam.

À distância da contingência e situado entre o necessário e o impossível, está o *possível*, isto é, aquilo que, como o contingente, pode ou não acontecer, mas que, diferentemente da contingência, é aquilo que acontece se houver um agente com o poder para fazê-lo acontecer. Assim, o possível é o que está em poder de um agente fazer acontecer ou não acontecer. Esse agente, diz Aristóteles, é a vontade livre como deliberação sobre o sentido, o curso e a finalidade de uma ação e como poder para escolher entre alternativas contrárias apresentadas pela deliberação. Embora o possível seja, como o contingente, aquilo que pode ou não acontecer, no contingente o acontecimento se dá independentemente da deliberação do agente e da finalidade que este deu à sua ação, enquanto no possível o acontecimento resulta da escolha deliberada feita pelo agente, que avalia meios e fins de sua ação. Eis por que, desde Aristóteles, aprendemos a distinguir entre o contingente e o possível dizendo que o primeiro não está em nosso poder e que o segundo é exatamente o que está em nosso poder. Assim, se herdamos de Aristóteles a ideia da contingência ou da fortuna como encontro, dele também herdamos a ideia da liberdade da vontade como ação que está em nosso poder. Por isso, Aristóteles afirma que não deliberamos sobre aquilo que não temos o poder de fazer acontecer, isto é, não deliberamos sobre o necessário, o impossível e o contingente, mas somente sobre o possível.

A tradição filosófica nos deixa, portanto, como herança a distinção entre o que não está em nosso poder (o necessário, o contingente e o impossível) e o que está em nosso poder (o possível). Ora, só há possível quando há deliberação e escolha, e por isso só se pode falar propriamente no possível para as ações humanas, isto é, na ética e na política. O possível está articulado ao tempo presente como escolha que determinará o sentido do futuro que, em si mesmo, é contingente, isto é, poderá ser desta ou daquela maneira, dependendo de nossa deliberação, escolha e ação. Isso significa, no entanto, que, uma vez feita a escolha entre alternativas contrárias e realizada a ação, aquilo que era um futuro contingente se transforma num passado necessário, de tal maneira que nossa ação determina o curso do tempo.

O agente ético e político encontra-se, portanto, encravado entre dois poderes exteriores que o determinam de maneira exatamente oposta: de um lado, a necessidade, que o obriga a seguir leis (naturais) e regras (sócio-históricas) sobre as quais ele nada pode; e, de outro lado, a contingência, que o lança em direções contrárias imprevisíveis. Mais do que isso, no caso da ética e da política e, portanto, da história, a necessidade foi produzida pela própria ação livre do agente que transformou um contingente num possível e ao realizar esse possível o transformou em necessário.

★★★★

Embora, no grego, *ta ethé* e, no latim, *mores* signifiquem o mesmo, isto é, costumes e modos de agir de uma sociedade, entretanto, no singular, *ethos* é o caráter ou temperamento individual que deve ser educado para os valores da sociedade, correspondendo ao latim *ingenium*, a índole individual. *Ta éthiké* é uma parte da filosofia que se dedica às coisas referentes ao caráter e à conduta dos indivíduos e por isso volta-se para a análise dos próprios valores propostos por uma sociedade e para a compreensão das condutas humanas individuais e coletivas, indagando sobre seu sentido, sua origem, seus fundamentos e finalidades.

Toda moral é normativa, pois lhe cabe a tarefa de inculcar nos indivíduos os padrões de conduta, os costumes e valores da sociedade em que vivem, mas nem toda ética precisa ser normativa. Uma ética normativa pensa a ação sob a forma de deveres e obrigações; uma ética não normativa estuda as ações e as paixões humanas em vista da felicidade tomando como critério as relações entre a razão e a vontade no exercício da liberdade, e esta como expressão da natureza singular de alguém que aspira pela felicidade.

No entanto, quer uma ética seja ou não normativa, não há ética se não houver a fundamentação das ideias de agente ético, ação ética e valores éticos. Sob essa perspectiva geral, podemos dizer que uma ética procura definir, antes de tudo, a figura do agente ético e de suas ações e o conjunto de noções (ou valores) que balizam o campo de uma ação que se considere ética.

O agente ético é pensado como *sujeito ético*, isto é, como um ser *racional* que sabe o que faz, como um ser *livre* que decide e escolhe o que faz, e como um ser *responsável* que responde pelo que faz. A ação ética, por sua vez, é balizada pelas ideias de bom e mau, justo e injusto, virtude e vício, isto é, por valores cujo conteúdo pode variar de uma sociedade para outra ou na história de uma mesma sociedade, mas propõe sempre uma diferença intrínseca entre condutas segundo o bem, o justo e o virtuoso e aquelas que se realizam sob o mal, o injusto e o vicioso. Assim, uma ação só será ética se for consciente, livre e responsável e só será virtuosa se for realizada em conformidade com o bom e o justo. A ação ética só é virtuosa se for livre, e só será livre se for autônoma, isto é, se resultar de uma decisão interior ao próprio agente e não vier da obediência a uma ordem, a um comando ou a uma pressão externos.

Como a palavra autonomia indica, é autônomo[1] aquele que é capaz de dar a si mesmo as regras e normas de sua ação. Isso significa, em primeiro lugar, que o simples ato de escolha de uma ação não a define como ação livre, pois a se a escolha foi causada por pressões externas ou por medo de punições, não será livre nem ética. Significa, em segundo lugar, que há um conflito entre a autonomia do agente ético e a heteronomia[2] dos valores morais de sua sociedade: com efeito, esses valores constituem uma tábua de deveres e fins que, do exterior, obrigam o agente a agir de uma determinada maneira e, por isso, operam como uma força externa que o pressiona a agir segundo algo que não foi determinado por ele mesmo. Em outras palavras, o agente não age em conformidade consigo mesmo, mas em conformidade com algo que é outro que ele, que lhe é exterior e que constitui a moral de sua sociedade. Esse conflito só pode ser resolvido se o agente reconhecer os valores morais de sua sociedade como se tivessem sido instituídos por ele, como se ele pudesse ser o autor desses valores ou das normas morais de sua sociedade porque, neste caso, terá dado a si mesmo as normas e regras de sua ação e poderá ser considerado autônomo. Por esse motivo, as diferentes éticas filosóficas tendem a resolver o conflito entre a autonomia do agente e a heteronomia de valores e fins propondo a figura de um agente racional livre universal com o qual todos os agentes individuais estão em conformidade e no qual

---

[1] Do grego: *autós*, si mesmo; *nómos*, regra, norma. Dar a si mesmo a regra ou a norma.

[2] Do grego: *heterós*, outro; *nómos*, regra, norma. Receber de outro a regra ou a norma.

todos se reconhecem como instituidores das regras, normas e valores morais. Esse agente universal é o homem ou a humanidade, a mesma em todos os indivíduos.

A ação só é ética, portanto, se realizar a natureza racional, livre e responsável do agente e se o este respeitar a racionalidade, liberdade e responsabilidade dos outros agentes. Isto significa que a subjetividade ética é uma intersubjetividade e que ambas são *ações,* pois a ética só existe pela e na ação dos sujeitos individuais e sociais, definidos por laços e formas de sociabilidade criados também pela ação humana em condições históricas determinadas.

Finalmente, uma ação só será ética se entendermos que a expressão "realização da natureza do agente" significa que se trata do agente considerado racional, livre e responsável. Por quê? Porque uma ação nascida da força de impulsos, pulsões e paixões não é racionalmente determinada (ainda que possamos racionalmente compreendê-los e compreendê-la); não é livre porque submete o agente a forças que ele não domina e o dominam; e não é responsável porque não nasceu de uma decisão autônoma (ainda que possamos responsabilizar alguém pelos desatinos cometidos contra si mesmo ou contra outros, mas não se trata de responsabilidade ética e sim psicológica, social ou política).

Um exemplo pode auxiliar na compreensão do que dissemos. No filme *A escolha de Sofia*, a personagem é forçada por um soldado nazista a escolher qual de seus filhos viverá e qual morrerá. Sofia, tomada pelo medo e pelo horror, é forçada a escolher, pois teme que, se não o fizer, causará a morte das duas crianças. Essa escolha não é ética porque não é racional (é causada por uma paixão, o medo), nem livre (é forçada pelo soldado), nem responsável (Sofia não pode responder pela escolha, embora, aparentemente, ela tenha "escolhido"). Esse exemplo nos leva diretamente à questão da violência.

Etimologicamente, violência vem do latim *vis*, força, e significa: 1. tudo o que age usando a força para ir contra a natureza de algum ser (é desnaturar); 2. todo ato de força contra a espontaneidade, a vontade e a liberdade de alguém (é coagir, constranger, torturar, seviciar, brutalizar); 3. todo ato de violação da natureza de alguém ou de alguma coisa valorizada positivamente por uma sociedade (é violar); 4. todo ato de transgressão contra aquelas coisas e ações que alguém ou uma sociedade define como justas e como um direito (é espoliar ou a injustiça deliberada); 5. consequentemente, violência é um ato de brutalidade, sevícia e abuso físico e/ou psíquico contra alguém e caracteriza relações intersubjetivas e sociais definidas pela opressão, intimidação, pelo medo e pelo terror. É a crueldade.

A violência se opõe à ética porque trata seres racionais e sensíveis, dotados de linguagem e de liberdade, como se fossem coisas, isto é, irracionais, insensíveis, mudos, inertes ou passivos. Na medida em que a ética é inseparável da figura do sujeito racional, voluntário, livre e responsável, tratá-lo como se fosse desprovido de razão, vontade, liberdade e responsabilidade é tratá-lo não como humano e sim como coisa, fazendo-lhe violência nos cinco sentidos em que damos a esta palavra.

★★★

Hoje em dia, a palavra de ordem em toda parte é o "retorno à ética" ou a "necessidade de ética". Fala-se em crise dos valores e na necessidade de um retorno à ética, como se esta estivesse sempre pronta e disponível em algum lugar e como se nós a perdêssemos periodicamente, devendo, periodicamente, reencontrá-la. É como se a ética fosse uma coisa que se ganha, se guarda, se perde e se acha, e não a ação intersubjetiva consciente e livre que se faz à medida que agimos e que existe somente por nossas ações e nelas.

Por que a palavra de ordem "retorno à ética"? Porque:
- o refluxo dos movimentos e das políticas de emancipação do gênero humano (a ideia de revolução socialista) criou um vazio que a ideologia neoliberal sente-se à vontade para preencher ao seu bel-prazer porque não parece encontrar opositores;
- a forma atual da acumulação ampliada do capital, chamada de acumulação flexível, produz a dispersão, a fragmentação de grupos e classes sociais, destruindo seus antigos referenciais de identidade e de ação e tornando altamente complicada a criação de novos referenciais, de tal maneira que a fragmentação e a dispersão tendem a aparecer como naturais e a se oferecer como valores positivos;
- a naturalização e valorização positiva da fragmentação e dispersão socioeconômica aparecem no estímulo neoliberal ao

individualismo competitivo e ao sucesso a qualquer preço, de um lado, e, de outro, como a salvação contra o egoísmo pela produção do sentimento comunitário por todas as formas religiosas de fundamentalismo. O elogio do individualismo agressivo e a busca do fechamento religioso destroem o campo da ação intersubjetiva e sociopolítica como abertura e realização coletiva do possível no tempo, isto é, a criação histórica;

– as mudanças tecnológicas ocorridas a partir do momento em que a técnica deixa de ser ciência aplicada para tornar-se ciência cristalizada em objetos de intervenção humana sobre a natureza e a sociedade, transformando a tecnologia não só em forma de poder, mas sobretudo em força produtiva e parte integrante do capital. Essa transformação, feita exclusivamente sob a lógica do mercado, é a transformação da ciência e da técnica em lógica do poder como decisão sobre a vida e a morte em escala planetária;

– a sociedade dos *mass media*, ou da mídia, e do consumo de bens efêmeros, perecíveis e descartáveis engendra uma subjetividade de tipo novo, o sujeito narcisista que cultua sua própria imagem como única realidade que lhe é acessível e que, exatamente por ser narcísica, exige aquilo que a mídia e o consumo lhe prometem sem cessar, isto é, a satisfação imediata dos desejos, a promessa ilimitada de juventude, saúde, beleza, sucesso e felicidade que lhe virão por meio dos objetos de consumo, promessa que, no entanto, não pode se cumprir gerando, por isso, frustração e niilismo.

A esse quadro, contrapõe-se a palavra de ordem do "retorno à ética" como panaceia geral. Como se configura essa ética, à qual se pretenderia "retornar"? Não como ética e sim como ideologia.

Em primeiro lugar, ela se apresenta como reforma dos costumes (portanto, como moralidade) e como restauração de valores (uma volta ao "bom passado") e não como análise das condições presentes de uma ação ética. Torna-se ideologia porque se volta para um passado imaginário em vez de compreender as exigências éticas do presente.

Em segundo lugar, como dispersão de éticas (ética política, ética familiar, ética escolar, ética profissional, ética da empresa, ética médica, ética universitária, etc.) desprovida de qualquer universalidade porque espelha sem análise e sem crítica a dispersão e fragmentação socioeconômica. Essa pluralidade de "éticas" exprime a forma contemporânea da alienação, isto é, de uma sociedade totalmente fragmentada e dispersa que não consegue estabelecer para si mesma sequer a imagem da unidade que daria sentido à sua própria dispersão. Fragmentada em pequenas éticas locais, a que se reduz a ética? Passa a ser entendida como padrões específicos de conduta e comportamento (o médico, o dentista, o professor, o trabalhador industrial, o bancário, o enfermeiro, o estudante, o lojista, o psicólogo, o político, o funcionário público, etc.) definidos pela competência específica de especialistas – as comissões de ética –, que determinam e possuem o sentido de regras e normas, valores e fins específicos e julgam as ações dos demais segundo os pequenos padrões assim construídos. Padrões que, frequentemente, estão em contradição com outros, pois a sociedade capitalista é tecida pelas contradições internas. Tomada como definição específica e especializada de normas e regras de comportamento definidas por outros (os especialistas), a ética se torna mera ideologia, pois destrói a principal característica do sujeito ético, a autonomia.

Em terceiro lugar, é entendida como defesa humanitária dos direitos humanos contra a violência, isto é, tanto como comentário indignado contra a política, a ciência, a técnica, a mídia, a polícia e o exército, quanto como atendimento médico-alimentar e militar dos deserdados da terra. É o momento no qual as ONGs deixam de ser vistas e pensadas como parte de movimentos sociais mais amplos ligados à cidadania, para serem reduzidas à condição assistencial que a imagem das vítimas impõe à consciência culpada dos privilegiados. Pensada dessa maneira, a ética se torna pura e simples ideologia e, como tal, propícia ao exercício da violência.

Antes de mais nada, porque o sujeito está cindido em dois: de um lado, o sujeito como vítima, como sofredor passivo, e, de outro, o sujeito ético piedoso e compassivo que identifica o sofrimento e age para afastá-lo. Isso significa que, na verdade, a vitimização faz com que a ação fique concentrada nas mãos dos não sofredores, das não vítimas que devem trazer, de fora, a justiça para os injustiçados. Estes, portanto, perderam a condição de sujeitos éticos propriamente ditos para se tornarem objetos de nossa compaixão. Isso significa que para que os não sofredores possam ser éticos é preciso duas violências: a primeira, factual, é a existência de vítimas; a segunda, o tratamento do outro como vítima sofredora passiva e inerte.

Como tão lucidamente observou Alain Badiou num pequeno ensaio intitulado *Sur le mal,* enquanto na ética é a ideia do bem, do justo e do feliz que determina a autoconstrução do sujeito ético, agora, ao contrário, é a imagem do mal que determina a imagem do bem, isto é, o bem torna-se simplesmente o não-mal (não ser ofendido no corpo e na alma, não ser maltratado no corpo e na alma é o bem). O bem se torna a mera ausência de mal ou privação de mal, não é algo afirmativo e positivo, mas puramente reativo. Transformada em ideologia, a ética salienta e sublinha o sofrimento individual e coletivo, a corrupção política e policial, pois com tais imagens ela oferece fatos visíveis que sustentam seu discurso e consegue obter o consenso da opinião: somos todos contra o mal, porém, não nos perguntem sobre o bem porque este divide a opinião. Ademais, cabe lembrar que a imagem do mal e a imagem da vítima são dotadas de poder midiático: são poderosas imagens de espetáculo para nossa indignação e compaixão, garantindo que isso nos torna éticos.

A "ética" como ideologia é, afinal e na verdade, exercício da violência: o "bom passado" deve comandar o presente (não somos autônomos); as comissões de ética determinam como devemos nos comportar e nos conduzir (não somos autônomos) e a compaixão rouba do outro a condição de sujeito (não é autônomo).

Recordando Aristóteles, Merleau-Ponty escreveu certa vez que a ética e a política são impossíveis se considerarmos que tudo é necessário ou que tudo é contingente. A esse dualismo rival da necessidade e da contingência, ele opunha a ideia do possível: o possível não é o provável e nem o não-impossível; o possível é o poder de nossa liberdade para dar a uma situação de fato (necessária ou contingente) um sentido novo que ela só adquire por nossa ação. A liberdade é esse poder para transcender o presente numa significação nova que o transforma em porvir. É isto a ética: ação criadora de seu próprio sentido e não reação indignada e compassiva perante o mal.

Direitos humanos, medo e violência[*]

I

Podemos observar que, do ponto de vista histórico, houve coincidência entre a mutação sofrida pelo conceito e pelo sentimento do medo e a discussão filosófico-política sobre os direitos do homem.

De fato, nas sociedades aristocráticas, fundamentalmente guerreiras, o medo sempre foi articulado à covardia diante dos perigos da guerra e contraposto à coragem como virtude própria dos guerreiros. O medo, vício dos covardes, aparecia como excepcional e vergonhoso entre os aristocratas, mas como algo natural e essencial à plebe, tradicionalmente definida como covarde e temerosa. O advento da sociedade burguesa introduz a mudança dos valores éticos e sociais, transformando também a maneira de definir e localizar o medo, que deixa de ser o vício característico da plebe para tornar-se um sentimento comum a todos os homens.

A distinção anterior entre virtudes e vícios dos Grandes e virtudes e vícios dos Pequenos tende pouco a pouco a se apagar e surge em seu lugar a imagem dos indivíduos iguais, sujeitos por natureza às mesmas paixões, capazes dos mesmos vícios e virtudes, levando à afirmação

---

[*] Este texto é uma versão modificada de uma conferência proferida em 1988, a convite da Comissão Justiça e Paz, e originalmente publicada em: FESTER, A. C. Ribeiro (Org.). *Direitos humanos e...* São Paulo: Brasiliense, 1989.

de que, por natureza, todos os homens estão sujeitos ao medo. Isso é compreensível numa sociedade, como a ocidental moderna, na qual a divisão social tende a ser ocultada pela imagem da igualdade natural de seus membros e onde a realidade passa a alojar-se não mais na figura da comunidade, mas na do indivíduo.

A sociedade ocidental moderna, sabemos, nasce quando desaparecem tanto a imagem quanto a realidade da *comunidade*. Uma comunidade pressupõe e afirma: 1) sua indivisão interna; 2) a comunhão de destino, ideias, crenças e valores; 3) a identificação de todos os seus membros com a figura do governante, que encarna em sua pessoa o ser mesmo da comunidade e esta se espelha nele, donde a ideia de que as virtudes e os vícios da comunidade dependem inteiramente das qualidades morais do governante, seu espelho e guia; 4) a ideia de uma ordem comunitária fixa, natural e imutável, ou seja, a indivisão, figurada pelo governante e pela comunidade de destino, é vista como uma ordem instituída não pelos próprios homens e sim por uma força divina, sábia e transcendente, que decidiu para e pelos homens qual a melhor forma de sua existência em comum e qual a melhor forma de seu governo; 5) a transcendência do poder, instituído e assegurado pela fonte divina externa, garante a ordem definindo o lugar fixo de cada membro da coletividade, sua função e sua virtude próprias e estabelece a hierarquia interna, considerada a realização da vontade divina, algo natural e necessário que homem algum pode alterar; 6) a lei concebida como doação à comunidade por Deus, que usa o governante (ou chefe) como intermediário, isto é, o governante ou o detentor do poder é aquele que, em nome da divindade, faz a lei segundo sua vontade própria e julga a todos segundo a lei, enquanto o chefe (representante terreno do divino) permanece acima e fora da lei, não podendo ser julgado por ninguém. Assim, uma comunidade indivisa, encarnada na vontade e na razão da majestade do chefe, desconhece a figura dos indivíduos, só conhecendo os seres humanos pelo lugar e pela função que ocupam no interior da ordem comunitária a serviço do bem comum, pois não há bem individual, ou seja, não há distinção entre o público e o privado. A comunidade é uma realidade orgânica, divinizada, naturalizada e praticamente imóvel ou imutável, dirigida por forças que lhe são transcendentes.

É isso que desaparece com o advento do modo de produção capitalista e da sociedade ocidental moderna ou burguesa. A marca própria da *sociedade* encontra-se no fato de que sua referência não é mais a ordem divina ou a ordem natural, nem a imagem da indivisão, nem a hierarquia de cargos, lugares e funções, nem a pressuposição do bem comum, nem a coletividade vista como uma grande família cujo pai é o governante, representante do poder do Pai divino. Sua referência é o indivíduo como átomo isolado, tornando-se necessário saber como os indivíduos isolados vieram a viver em comum, isto é, como surge a sociabilidade.

A indivisão, referência da comunidade, é substituída pelos primeiros pensadores modernos pela divisão interna ou, como diz Maquiavel em *O príncipe*, toda cidade é constituída pela divisão em dois desejos opostos: o desejo dos grandes de comandar e oprimir e o desejo do povo de não ser oprimido nem comandado. O mais importante, porém, é que a sociedade já não pode referir-se a uma força externa transcendente (Deus, a Natureza) para explicar sua origem, sua forma, a existência do poder e da lei, das desigualdades e dos conflitos. Ou seja, a marca fundamental da sociedade ocidental moderna encontra-se no fato de que não pode colocar sua origem na vontade de Deus nem numa lei da Natureza, mas é forçada a reconhecer que as relações sociais, o poder e a lei são produzidos pela própria sociedade ou pela própria ação social dos homens divididos, seja como indivíduos isolados, seja como indivíduos separados em grandes, opressores e povo, que não deseja ser oprimido. Descobre-se, finalmente, que a sociedade é uma *instituição*. Dessa maneira, a corrente de pensamento político nascida com Maquiavel opõe-se às teorias do contrato social ou do pacto social, teorias que viriam a ser criticadas por Marx, quando expôs as determinações econômicas do surgimento do social.

No contexto da passagem da comunidade medieval à sociedade moderna, compreendemos por que o medo muda de sentido e por que será um motivo central na constituição do pensamento político moderno.

De fato, no período medieval, quando a aristocracia impunha a ideia de comunidade com sua ordem hierárquica, isto é, o chamado direito natural objetivo entendido como ordem jurídica do mundo, decretada por Deus segundo os graus de perfeição dos seres (e assim justificando-se, por exemplo, o sistema de vassalagem, para os grandes, e o da servidão, para os pequenos), os homens dispunham de referências para pensar sua realidade como algo necessário, bom, imutável (porque sua fonte era a vontade divina) assim como possuíam referências para os seus medos: não precisavam temer mudanças (a ordem jurídica e hierárquica do mundo havia sido fixada por Deus desde a eternidade), mas tinham medo da existência de forças maléficas que quisessem mudar a comunidade, isto é, temiam o tirano e o diabo, aliás, consideravam o diabo um tirano e o tirano, um homem diabólico. Além do medo ao tirano e ao diabo, isto é, aos poderes perversos, os homens também tinham medo de Deus, a força que criou e conserva a comunidade e os homens. Não é casual, por exemplo, que o cristianismo defina o ateu como aquele que não tem o temor de Deus. Poder-se-ia dizer que, enquanto existia a comunidade, os medos eram muito precisos: tinha-se medo do fim da comunidade por obra da guerra, do tirano ou do demônio; de perder os favores de Deus, cuja cólera se manifestava em castigos diante dos quais os humanos eram impotentes, cólera figurada pelos Quatro Cavaleiros do Apocalipse de São João: fome, peste, guerra e morte; temia-se o inferno, isto é, perder a alma na eternidade; havia o temor aos detentores do poder político e teológico, já que estes, mediante uma acusação, podiam julgar alguém culpado sem direito à defesa, e aquele que fosse julgado culpado pelos representantes de Deus na comunidade estava condenado por toda a eternidade; e tinham medo de tudo quanto pudesse surgir como obra do inimigo de Deus, isto é, do demônio – feiticeiras, magos, bruxos, hereges, ateus, livres-pensadores.

O que muda com o advento da sociedade ocidental moderna? Agora, porque a sociedade, a política e a história são percebidas como obras dos próprios homens, verifica-se também que as relações sociais não foram ordenadas por Deus ou pelo Diabo – não nos esqueçamos de que, para Santo Agostinho, a comunidade dos Justos, filhos de Abel (a Igreja ou Cidade de Deus) é ordenada por Deus, porém a comunidade dos Injustos (ou Cidade dos Homens) é ordenada pelo Diabo, pelo pecado de Caim e obra de seus descendentes. Ou seja, descobre-se, agora, que as relações sociais e políticas nasceram da ação social de grupos divididos (como diz Maquiavel) ou da reunião de indivíduos isolados (como nas teorias do contrato social). Assim, ao lado do medo de Deus e o Diabo (pois a sociedade ocidental moderna continua cristã) e do medo à Natureza, os homens passam a ter um medo fundamental: temem uns aos outros enquanto seres humanos. Donde as teorias políticas modernas do "homem lobo do homem" e da situação que antecede a política como "guerra de todos contra todos". O medo, que antes era teológico-político, torna-se medo sociopolítico, medo do humano.

Não só isto. Na ordem comunitária, o tempo era quase imperceptível, não só por que as mudanças ocorriam muito lentamente, mas também e, sobretudo, porque a história era interpretada teologicamente, isto é, o curso dos acontecimentos era visto como seguindo um percurso preordenado, estabelecido desde toda a eternidade pela Providência divina.[1] Dessa maneira, o aspecto natural, necessário, orgânico e imutável da comunidade, a lentidão das mudanças e a teologia da história providencial tornavam o tempo pouco perceptível e pouco temível. Com a instituição da sociedade, porém, a vida social e política é percebida como resultado das ações humanas e, por outro lado, porque a marca fundamental do modo de produção capitalista é a velocidade temporal, a rapidez das mudanças e a perda contínua de referenciais fixos – como diz Marx, nesse modo de produção "tudo o que é sólido desmancha no ar" –, o tempo e a história também provocam medo. Assim, desde a Renascença, ganha maior importância a ideia da Fortuna (ou a Sorte) com a sua roda a girar, representando o tempo como acaso e contingência, que alteram inexplicavelmente a vida de cada um e da sociedade. Fortuna, como dissera Boécio, é o nome da inconstância e do inesperado e, Maquiavel, que ela é o nome que damos à adversidade (ao Infortúnio) e à nossa própria fraqueza. Em outras palavras, o sentimento de uma ordem necessária, fixa e imutável cede lugar à percepção da mudança incessante, sobre a qual os homens parecem não ter controle nem poder. Com o desenvolvimento do capitalismo, aparecerá o esforço da ideologia burguesa para afirmar o controle humano sobre o tempo, recuperando, de maneira laica, a teologia da história providencial, isto é, a imagem do bom tempo, ou seja, *a ideologia do progresso*.

---

[1] A história, desde os primeiros Padres da Igreja, era concebida a partir da relação de Deus com o homem e dividida em sete Eras, formando a Semana Cósmica: criação, queda (ou pecado original), encarnação (de Cristo), redenção, juízo final, jubileu e eternidade. A história era providencialista – a ordem do tempo foi instituída pela Providência divina. Era uma epifania, isto é, a revelação da verdade no tempo. E uma teofania, isto é, a revelação de Deus no tempo.

O surgimento da modernidade significa o advento do social como social, do político como político e do histórico como histórico. Confirmando o homem como sujeito social, político e histórico, desloca o medo fundamental para o interior da própria sociedade – para a divisão social das classes ou luta de classes – e faz com que nasça, simultaneamente, o pensamento moderno sobre os direitos do homem e do cidadão. Consequentemente, as teorias políticas modernas pensam o direito como garantia jurídica, social e política contra o medo que os sujeitos sociais têm dos outros sujeitos sociais.

Sob esse aspecto, podemos traçar um paralelo entre o advento moderno do direito e a criação dos tribunais na Grécia Clássica, particularmente em Atenas, como o nascimento da democracia. Sabemos que as tragédias gregas são uma reflexão da *pólis* acerca de sua própria origem como cidade dos homens e cidade democrática. Nessa reflexão, as tragédias demarcam a diferença entre o presente democrático, regido pelas leis públicas, e o passado aristocrático, regido pela lei da família e do sangue – ou a lei do pai, que tem o poder de vida e morte sobre todos os membros da família. Por isso, nas tragédias, o crime é crime intrafamiliar, crime sangrento (parricídio e incesto, no *Édipo*; infanticídio, na *Ifigênia em Áulis*; fratricídio, na *Antígona*; matricídio, na *Oréstia*; adultério, na *Medeia,* etc.) que os deuses exigem que seja vingado com um novo crime sangrento no interior da família, o qual pede nova vingança e assim indefinidamente. O mundo aristocrático é o da *vendetta* familiar ordenada pelos deuses.

Ora, as tragédias são trilogias nas quais a última peça é uma reflexão sobre o desaparecimento da *vendetta* aristocrática e o aparecimento do direito, com a instituição do poder democrático e o surgimento da figura do cidadão. Assim, por exemplo, na *Oréstia* de Ésquilo, os deuses Atena e Apolo, convocados para discutir com as Erínias Vingadoras (protetoras divinas da família) se Orestes deve ou não matar sua mãe Clitmnestra (que matara seu marido, Agamenon), consideram impossível decidir como o herói deverá proceder e declaram: "Que os humanos julguem os humanos", afirmação que vem legitimar o nascimento do direito, do tribunal e da assembleia política, pilares da democracia.

No caso da modernidade, o que se afirma é que o medo recíproco entre os homens, e os crimes que cometem uns contra os outros jamais terão fim se não for instituída uma instância, separada deles e superior a eles, à qual se possa conferir o direito do exercício da coerção e da vingança impessoais, cuja consecução depende da clara definição dos direitos e deveres dos homens enquanto indivíduos vivendo em sociedade, mas também da clara definição de a quem cabe o direito de exercer a coerção e a vingança impessoais, ou seja, os direitos de um homem enquanto indivíduo são inseparáveis de seus direitos enquanto cidadão, conferindo ao Estado o direito ao "uso legal da violência", para citarmos Weber. A definição do direito como ação legal e impessoal do Estado é condição *sine qua non* para que os homens, livrando-se do medo recíproco, não caiam nas garras de um medo ainda mais forte, isto é, o medo da arbitrariedade do poder.

Isso não significa que antes da modernidade não houvesse teoria dos direitos dos homens – sabemos que existiu, na Antiguidade, a teoria do direito natural proposta pelos filósofos estoicos gregos e romanos, a do direito subjetivo proposta por teólogos e juristas do final da Idade Média, a teoria da distinção entre direito natural e direito civil em Tomás de Aquino, só para mencionarmos alguns exemplos entre muitos. A diferença não está em desconhecer ou conhecer direitos dos homens, mas no modo de inscrição desses direitos na sociedade.

Podemos constatar que, na versão teológico-política dos direitos subjetivos e objetivos,[2] os homens são ditos portadores de direitos por vontade de Deus, de sorte que Deus é origem e causa dos direitos dos homens desde antes da comunidade e para que venham a viver em comunidade. Em contrapartida, na versão moderna dos direitos do homem, os homens são ditos portadores de direitos por natureza (direito natural) e por efeito da lei positiva (direito civil) instituída pelos próprios homens. Essa diferença é de grande envergadura porque nos permite compreender uma prática política inexistente antes da modernidade e que se explicita, significativamente, em ocasiões muito precisas: trata-se da prática da *declaração dos direitos*.

---

[2] Os direitos subjetivos se referiam à propriedade, sob dois aspectos: 1) porque são seres racionais, os homens possuem o sentimento inato de justiça sabendo que se deve dar a cada um o que lhe é devido e sabendo distinguir entre o "meu" e o "teu"; e 2) cada um tem o direito à propriedade de seu corpo e de tudo quanto é necessário para conservá-lo. Os direitos objetivos derivavam da ideia de uma ordem jurídica natural imposta ao mundo por Deus; referiam-se aos deveres, funções, cargos e ofícios de cada um na hierarquia da comunidade.

De fato, quando os direitos subjetivos e objetivos eram vistos como resultando da vontade de Deus, não havia por que declará-los. Existiam como um fato. A prática de *declarar* direitos significa, em primeiro lugar, que não é um fato óbvio para todos os homens que eles são portadores de direitos e, por outro, que não é um fato óbvio que tais direitos devam ser reconhecidos por todos. Em outras palavras, a existência da divisão social (por exemplo, os grandes e o povo, em Maquiavel, as classes sociais, em Marx) permite supor que alguns possuem direitos e outros, não. A declaração de direitos inscreve os direitos no social e no político, afirma sua origem social e política e se apresenta como objeto que pede o *reconhecimento* de todos, exigindo o *consentimento* social e político de todos. Esse reconhecimento e esse consentimento dão aos direitos a condição e a dimensão de direitos *universais*.

Dissemos que a prática política da declaração de direitos ocorre em ocasiões muito precisas. De fato, na modernidade, encontramos declarações de direito em situações revolucionárias: nas revoluções inglesas de 1640 e 1688; na Independência norte-americana; na Revolução Francesa de 1789; na Revolução Russa de 1917. Também encontramos a declaração de direitos no período posterior à Segunda Guerra Mundial, isto é, ao fenômeno do totalitarismo nazista e fascista, com a Declaração Universal dos Direitos Humanos de 1948. Dessa maneira, a confirmação de que os direitos dos homens se tornaram uma questão sociopolítica está no fato de que as declarações dos direitos ocorrem nos momentos de profunda transformação social e política, quando os sujeitos sociopolíticos têm consciência de que estão instituindo uma sociedade nova ou defendendo a sociedade existente contra a ameaça de sua extinção. Enfim, o fato de que os direitos precisem ser declarados, e que sejam declarados nessas ocasiões, indica que há relações profundas entre os direitos humanos e a forma do poder, as definições da violência e do crime, e o medo.

II

Retornemos ao nosso ponto de partida.

Dissemos que o advento da sociedade moderna altera o sentido do medo, que se torna muito mais difuso do que antes, assume um conteúdo não só psicológico, mas ainda sociopolítico e se manifesta como medo da violência dos indivíduos contra os indivíduos, medo do poder e medo do tempo. É nesse contexto que a teoria moderna do direito natural nasce (século XVII), afirmando que os homens são dotados de direitos por natureza e que os direitos naturais são: direito à vida ou à autoconservação, direito a tudo quanto auxilie a autoconservação dos indivíduos e direito ao pensamento e à palavra. Os autores clássicos afirmam que, por natureza, os homens são iguais e livres, mas ressalvam que, em estado de natureza, os homens não conseguem garantir seus direitos naturais; para garanti-los, recorrem a pactos e, finalmente, ao contrato social, a partir do qual decidem alienar seus direitos naturais a uma instância soberana que os transforme em direitos civis e positivos, por meio das leis. Essa instância é o Estado. Não cabe aqui examinarmos as diferentes concepções clássicas da teoria do direito natural e civil, da teoria do contrato social e da teoria do Estado como legislador e árbitro. O ponto que nos interessa aqui é apenas aquele no qual os teóricos modernos tendem a identificar o estado de natureza com o estado do medo generalizado e a ideia de que a criação do direito civil e do Estado é um feito racional, ditado pelos interesses dos homens em face do medo à violência. Esse ponto nos interessa porque a admissão do Estado como instância racional capaz de, pelas leis e pelo direito positivo, garantir a vida, a igualdade e as liberdades dos homens, articulará, nos séculos XVI, XVII e XVIII, a teoria jurídica a três vertentes políticas antagônicas.

1) vertente republicano-democrática: julga que o direito civil só poderá garantir os direitos naturais se mantiver os dados que constituem tal direito, isto é, a igualdade e a liberdade;
2) vertente da monarquia constitucional: considera que somente o poder legal centralizado no monarca e nas instituições monárquicas é capaz de assegurar os direitos naturais;
3) vertente absolutista: tende a apagar os direitos naturais e os civis e a assumir, perante o constitucionalismo moderno, as características da tirania.

Em outras palavras, a moderna teoria dos direitos desemboca numa *concepção jurídico-constitucional da política*, que se torna o padrão para avaliar os regimes políticos e serve para redefinir a tirania: esta, longe de ser encarada como resultado da ação demoníaca de um homem vicioso e perverso, aparece como política na qual os direitos naturais desapareceram, os direitos civis não se constituíram e a regra sociopolítica é a da violência como opressão, entendida como apropriação privada daquilo que seria público e comum a todos os membros da sociedade. A avaliação não se refere às qualidades psicológicas e morais do governante, mas às das instituições sociopolíticas. Que significa isso? As noções de direito natural e civil ou positivo servem de medida para avaliar os regimes políticos e não será casual que muitos teóricos distingam esses regimes segundo a presença ou ausência de medo. Dirão muitos que um regime político é livre ou republicano quando nele os cidadãos agem em conformidade com a lei porque se reconhecem como origem ou como autores das leis segundo seus direitos; e será tirânico o regime político no qual os cidadãos obedecem às leis por medo dos castigos, sendo por isso tomados como escravos, uma vez que, perante o direito, é escravo aquele que vive sob o poder de um outro homem e realiza os desejos de outrem como se fossem os seus próprios.

A existência das três vertentes do pensamento político moderno é importante para compreendermos o ressurgimento e o fortalecimento das teorias do direito natural e do direito civil nas discussões do pensamento da Ilustração, no século XVIII, que, com a Revolução Francesa, levaram a afirmar que os regimes não constitucionais eram o *Antigo Regime*. Este, definido como soberania da vontade pessoal do governante, caracterizado como regime de arbitrariedade, segredo (a "razão de Estado") e violência, é descrito como fundado no medo. Ao mesmo tempo, podemos compreender um fenômeno interessante, qual seja, a posição de alguns teóricos, como é o caso de Rousseau, que tenderão a ver na simples existência do poder de Estado a destruição dos direitos naturais e seu desvirtuamento pelos direitos civis, que não fariam senão transformar em lei e em direito positivo a desigualdade social e a violência. Dessa forma, ao otimismo constitucionalista dos teóricos clássicos do século XVII se contrapõe o pessimismo de muitos pensadores do século XVIII, que viram no Estado a impossibilidade de concretizar os direitos dos homens, pois ele seria instrumento da opressão dos mais fracos pelos mais fortes.

Antes de retomarmos essa problemática, que será a terceira parte de nossa exposição, examinemos o otimismo dos humanistas da Renascença e dos pensadores clássicos do século XVII. Humanistas e clássicos, como vimos, propuseram a dessacralização da realidade sociopolítica e conceberam a sociedade a partir de suas divisões internas – seja como lutas entre indivíduos, seja como diferença entre os grandes e o povo. Quer sejam contratualistas, como Hobbes, Grotius, Locke e Pufendorf, quer não sejam contratualistas, como Maquiavel, Bodin e Espinosa, quer defendam a república como regime monárquico, quer a defendam como regime democrático, os pensadores dos séculos XVI e XVII estão convencidos de que a possibilidade de vencer o medo reinante entre os homens encontra-se na satisfação de três condições: 1) no desenvolvimento da razão como vitória contra preconceitos e superstições, liberando o espírito dos homens de medos trazidos sobretudo pela religião e pela ignorância; 2) na criação do poder como poder público e legal que, nascido do consentimento de seus criadores, seja por eles respeitado e obedecido segundo padrões que eles próprios estabeleceram; 3) no reconhecimento por parte de cada homem e de todos eles, assim como pelo poder público, de que todo indivíduo nasce com direitos invioláveis, os quais ele pode ou não alienar a outros, e cujo desrespeito configura violência que os homens têm o direito de combater e vencer. Por isso, com muitos humanistas e clássicos, nasce a ideia do direito de resistência à violência. E uma das características mais interessantes das teorias modernas está no fato de conterem dentro de si mesmas uma teoria do direito como direito a resistir à violência. Finalmente, um outro ponto importante nessas teorias é que, em sua maioria (com exceção talvez de Pufendorf), *não constituem teorias jurídicas da política – a política instituída a partir das regras do direito –, e sim teorias políticas que carregam em seu interior um forte componente jurídico – a política como garantidora de direitos naturais e instituidora das regras do direito civil.* São teorias que colocam os direitos naturais e os direitos civis no centro da ação política e conferem à noção de lei o papel de eliminar o medo social e político. Isso significa que a posição de um polo político separado da sociedade – o poder político ou o Estado –, no qual ela possa superar suas divisões internas e perceber-se unificada, confere à legalidade o estatuto da legitimidade: a lei se apresenta como a visibilidade sociopolítica da justiça.

Essa perspectiva acabará levando à ideia de que onde houver medo haverá injustiça, onde houver injustiça haverá ilegalidade, onde houver ilegalidade haverá tirania e onde houver tirania haverá o direito de resistência por parte dos cidadãos, que poderão rebelar-se e restaurar a igualdade e a liberdade que os define naturalmente. Esse otimismo republicano vigorará na Revolução Francesa e sustentará a Declaração dos Direitos do Homem e do Cidadão, em 1789. Esse otimismo da classe burguesa ascendente desaparecerá quando, no século XIX, os movimentos populares e proletários revelarem a injustiça das leis e a inexistência concreta dos direitos declarados nas várias revoluções. Por isso, a burguesia e a pequena burguesia (ou classe média) consideram os trabalhadores como "classe perigosa" e são eles, agora, que dão medo.

III

Sabemos que um dos pontos mais importantes da discussão de Marx sobre a sociedade moderna encontra-se na questão do poder. Marx indaga: como se dá a passagem da relação pessoal de dominação (existente na família sob a vontade do pai e na comunidade sob a vontade do chefe) à dominação impessoal por meio do Estado e, portanto, por meio da lei e do direito? Como se explica que a relação social de exploração econômica se apresente como relação política de dominação legal, jurídica e impessoal? Como se explica que vivamos em sociedades nas quais as desigualdades econômicas, sociais, culturais e as injustiças políticas não se apresentam como desigualdades nem injustiças, não são percebidas como violência porque a lei e o Estado de Direito afirmam que todos são livres e iguais? Como explicar que as desigualdades, a exploração e a violência, que definem as relações sociais no plano da sociedade civil, não apareçam dessa maneira nas relações políticas definidas a partir do Estado pela lei e pelo direito? Como explicar que o direito, suposto portador da justiça, produza a injustiça? Como explicar que o Estado funcione como aparato policial repressivo, cause medo, em vez de nos livrar do medo?

Evidentemente, não cabe aqui discutirmos as respostas que Marx e outros, depois dele, deram ao problema. Cabe, porém, lembrarmos o centro da colocação de Marx, porque esclarece questões obscuras. Uma das respostas de Marx às suas próprias perguntas é bastante conhecida: a sociedade capitalista, constituída pela divisão interna de classes e pela luta entre elas, requer para seu funcionamento, a fim de recompor-se como sociedade, *aparecer* como indivisa, embora *seja* inteiramente dividida.

A indivisão é proposta de duas maneiras. O primeiro ocultamento da divisão de classes se dá no interior da sociedade civil (que para Marx é o mercado, isto é, os interesses dos proprietários privados dos meios sociais de produção) pela afirmação de que há indivíduos e não classes sociais, que esses indivíduos são livres e iguais, relacionando-se por meio de contratos (pois só pode haver contrato legalmente válido quando as partes contratantes são livres e iguais); assim, a sociedade civil, isto é, o mercado capitalista, aparece como uma rede ou uma teia de diferenças de interesses entre indivíduos privados, unificados por contratos. O segundo ocultamento da divisão de classes se faz pelo Estado, que, por meio da lei e do direito positivo, está encarregado de garantir as relações jurídicas que regem a sociedade civil, oferecendo-se como polo de universalidade, generalidade e comunidade imaginárias. A resposta de Marx enfatiza que o Estado de Direito é uma abstração, pois a igualdade e a liberdade postuladas pela sociedade civil e promulgadas pelo Estado não existem. Nessa perspectiva, os direitos do homem e do cidadão, além de ilusórios, estão a serviço da exploração e da dominação, não sendo casual, mas necessário, que o Estado se ofereça como máquina repressiva e violenta, fazendo medo aos sem-poder, uma vez que o Estado e o direito nada mais são do que o poderio particular da classe dominante sobre as demais classes sociais.

A verdade das colocações de Marx transparece quando examinamos tanto a Declaração dos Direitos do Homem e do Cidadão, de 1789, quanto a Declaração Universal dos Direitos Humanos, de 1948, pois em ambas a propriedade privada é declarada um direito do homem e do cidadão, sem que se distingam propriedade privada individual e propriedade privada dos meios sociais de produção. Em outras palavras, não há distinção entre o direito aos bens necessários a cada um e o direito ao instrumento de exploração econômica que impede a existência do primeiro direito e torna impossível reconhecê-lo e respeitá-lo. Não sem motivo, portanto, Marx dissera que a declaração de 1789 identificava homem/cidadão e burguês.

Assim, em nossas sociedades, a lei e o Estado, que devem proteger a propriedade privada, porque esta é um direito do homem e do cidadão, só poderão defendê-la contra os sem-propriedade, de sorte que a defesa do direito de alguns significa a coerção, a opressão, a repressão e a violência sobre outros, no caso, sobre a maioria. Em outras palavras, a partir do momento em que a propriedade privada é definida como um direito que, abstratamente, é de todos, e, concretamente, exclui desse direito a maioria, uma vez que se trata, de fato, não da *propriedade individual de bens* e sim da *propriedade privada dos meios sociais de produção*, a exclusão faz com que *esta* propriedade privada se ache ameaçada pelos excluídos, que, por isso, dão medo. Compreendemos, então, na sociedade capitalista, uma ambiguidade que perpassa a definição do *crime* (violação do direito), pois este é preferencial e primordialmente definido como crime contra a propriedade, indo desde a propriedade individual do próprio corpo e da própria vida até a greve e a ocupação de terras, que atingem a propriedade privada dos meios sociais de produção. Somos forçados a reconhecer que as declarações modernas dos direitos humanos trazem consigo a violência e tornam-se fonte de medo, em vez de fonte de emancipação.

Mas não só isto.

As declarações dos direitos do homem e do cidadão afirmam que os homens são seres racionais e que são seus direitos o uso da razão, a liberdade de pensamento e de expressão, a liberdade de opinião. Deixemos de lado o problema óbvio da censura em países democráticos, autoritários e totalitários. Indaguemos se nas sociedades contemporâneas esses direitos podem ser respeitados. Não mencionemos também a manipulação das consciências pelos meios de comunicação de massa, pelo consumo, pela indústria da opinião pública. Indaguemos se, no modo mesmo como se organiza a divisão social do trabalho, o trabalho fabril, o trabalho nas instituições de serviço público ou privado (como na saúde e na educação), esse direito pode ser respeitado. A resposta será negativa. De fato, sob os imperativos da divisão social do trabalho em manual e intelectual, sob os imperativos da divisão dita científica do trabalho fabril, sob os imperativos técnico-administrativos e burocráticos que regem a administração dos serviços públicos e privados, sob os imperativos das novas tecnologias de automação e informação (que, com velocidade vertiginosa, tornam obsoletos os saberes dos trabalhadores e os próprios trabalhadores), sob os imperativos do neoliberalismo e da chamada "sociedade do conhecimento" (a ciência como força produtiva diretamente inserida na acumulação do capital), os cidadãos são diferenciados em duas grandes categorias: a dos dirigentes, que *sabem* e têm o direito ao uso da razão, e a dos executantes, considerados como os que nada sabem, que não têm direito ao uso da razão. Essa divisão social entre competentes e incompetentes não fere apenas as declarações dos direitos humanos, mas também um dos mais importantes princípios na concepção moderna dos direitos: o que afirma que somente graças à razão e ao pensamento esclarecido os homens podem livrar-se do medo resultante da ignorância e da superstição.

Em nossas sociedades, a articulação entre direito e propriedade privada dos meios sociais de produção e entre direito e a apropriação privada do saber e da razão como instrumentos dos meios de produção condena a maioria da sociedade ao medo. Não por acaso, muitos estudiosos mostraram como, sob a aparência da democratização do pensamento pelos meios de comunicação e de informação, o que se produziu foi uma das mais *poderosas máquinas de intimidação social*, pois os sujeitos sociais são, ao mesmo tempo, excluídos do direito de produzir conhecimentos ou de exprimir seus conhecimentos, e forçados a aceitar regras de vida ditadas pelos especialistas, possuidores dos conhecimentos, correndo o risco, caso não aceitem tal imposição, de serem considerados associais, detrito, lixo ou perigo para a sociedade. A *ideologia da competência* faz crer que a política é uma técnica conhecida somente por especialistas competentes e, com isso, esvazia os direitos políticos dos cidadãos e dissemina a despolitização da sociedade.

No entanto, é preciso perceber *a contradição* posta para a sociedade a partir do momento em que os direitos são declarados e considerados *universais*.

Com efeito, para que a propriedade privada dos meios sociais de produção possa ser tida como um direito, é preciso que outros direitos sejam também declarados para legitimá-la. Isso explica, como dissemos anteriormente, por que as declarações não distinguem entre as várias formas da propriedade. É preciso que os não proprietários dos meios sociais de produção também sejam considerados proprietários – do seu corpo, de sua pessoa, dos bens necessários à vida e, evidentemente, de sua força de trabalho – sem o quê os indivíduos não se acham validados para as relações firmadas em contratos, pois, como já dissemos, a relação contratual exige que as partes sejam livres e iguais, consistindo o contrato em ato livre e de consentimento entre as partes. Por outro lado, para que o mercado receba mão de obra qualificada é preciso assegurar o aprendizado, alguma escolarização, daí declarar-se que os homens são todos seres racionais. Ora, é preciso não esquecer que a razão afirma o direito de pensar, falar e opinar. Além disso, como o contrato de trabalho pressupõe a liberdade, os homens são declarados livres. Sendo racionais e livres, *todos* os homens, portanto, têm o direito à liberdade de pensamento, de opinião, de crença e de expressão. Porém, visto que a sociedade está dividida em classes em luta, nem todos podem exercer esse direito sem ser criminalizados – as leis de censura se encarregam a limitação do direito ao uso da razão. Mais eficaz do que a censura, no entanto, é a ideologia da competência, cuja fórmula poderia ser assim resumida: não é qualquer um que tem o direito de pensar e dizer qualquer coisa em qualquer lugar e em qualquer tempo para quaisquer outros. Poderíamos prosseguir, mas isto já é o bastante.

Todavia, vale a pena mencionarmos o caso do Brasil. Aqui podemos falar numa *divisão social do medo*, isto é, o fato de que no Brasil, até hoje, não se conseguiu ultrapassar aquilo que foi a tônica do processo inicial da industrialização capitalista: a visão das classes populares como classes perigosas que não são caso de política e sim de polícia. Na medida em que vivemos numa sociedade autoritária, compreende-se que o medo assuma duas direções principais: o *alto* teme o *baixo* como perigo de perda de força, privilégio, prestígio e domínio; o *baixo* teme o *alto* como pura violência, arbítrio e injustiça. A luta de classes se exprime como medo. Os grandes têm medo de perder o privilégio da violência e, por isso, afirmam que o povo é violento e perigoso – as classes populares são vistas como agentes do medo. As classes populares têm medo de que a injustiça aumente, que os grandes não tenham freios no exercício da violência, e percebem, com clareza ou confusamente, que os grandes são os agentes do medo.

IV

Para quem se coloca contra a violência, as considerações anteriores assinalam algo de grande relevância: podemos observar que as declarações de direitos *afirmam mais* do que a ordem estabelecida permite e *afirmam menos* do que os direitos exigem, e essa discrepância abre uma brecha para pensarmos a dimensão democrática dos direitos, ou seja, cada direito declarado abre a possibilidade de novos direitos ainda não declarados.

Quando se lê a Declaração Universal dos Direitos Humanos de 1948, percebe-se que a carta dos direitos pressupõe a existência de repúblicas democráticas (mesmo que seja a democracia formal proposta pelo liberalismo), tanto assim que cada um dos direitos declarados tem como referência a existência de um poder público generalizador, que opera segundo a lei, e também pressupõe que os homens, com seus direitos ali declarados, são cidadãos. No entanto, como dissemos, uma contradição perpassa a ideia de direitos do homem e do cidadão nas sociedades modernas, qual seja, a contradição entre o poder do Estado, que é, na verdade, poderio particular de uma classe social, e os direitos dos cidadãos, pois se referem aos homens universalmente, devendo ser garantidos como tais por um poder que, de fato, não tem condições de garanti-los em sua universalidade. Todavia, essa contradição é essencial para a história dos direitos humanos e civis porque, se é verdade que o Estado está preso aos interesses de uma classe, também é verdade que, contraditoriamente, não pode deixar de atender aos direitos de toda a sociedade, pois, se não o fizer, perde legitimidade e se mostra como puro exercício da violência. Essa contradição é a chave da democracia moderna.

Observamos que a Declaração Universal dos Direitos Humanos de 1948 possui, entre outros, dois aspectos que nos interessam aqui. O primeiro, como dissemos, é a ambiguidade da (in)definição da propriedade privada como direito. O segundo é que, afinal, trata-se de uma declaração de direitos *civis*, pois, embora se refira a direitos universais da pessoa humana, seu pressuposto é a existência de poderes públicos que possam garanti-los, de sorte que o pressuposto da garantia política ou estatal dos direitos humanos os transforma em direitos civis. A história das democracias tem mostrado que *cada direito declarado abre o campo para a declaração de outros, seja como complemento, seja como efeito, seja como recurso de legitimação*. Isso significa que uma declaração de direitos *civis* abre o campo para a busca e conquista de direitos *sociais* (condições de vida e trabalho, educação, saúde, cultura, lazer, etc.) que podem trazer como consequência a luta pela igualdade efetiva e, portanto, começando pelo direito à redistribuição da renda pode chegar à luta contra a propriedade privada dos meios sociais de produção. Ora, é evidente que a classe dominante moderna, liberal ou conservadora, jamais foi nem pode ser democrática, e, se as democracias fizeram um caminho histórico, isto se deve justamente às lutas populares pelos direitos que, uma vez declarados, precisam ser reconhecidos e respeitados. A luta popular pelos direitos e pela criação de novos direitos tem sido a história da democracia moderna.

O que é um direito? Um *direito* difere de um *privilégio* de uma *necessidade* ou *carência* e de um *interesse*. De fato, um privilégio é algo exclusivo de alguém, de um grupo ou de uma classe social e não pode ser declarado de todos sem desaparecer como privilégio – um direito não difere apenas de um privilégio e sim o exclui. Por sua vez, uma necessidade ou carência é algo particular e específico. Alguém pode ter necessidade de água, outro, de comida. Um grupo social pode ter carência de transportes, outro, de hospitais. Há tantas necessidades quanto indivíduos, tantas carências quanto grupos sociais. Finalmente, um interesse também é algo particular e específico, dependendo do grupo ou da classe social. Necessidades ou carências, assim como interesses tendem a ser conflitantes porque exprimem as especificidades de diferentes grupos e classes sociais. Um direito, porém, ao contrário de privilégios, necessidades, carências e interesses, não é particular e específico, mas geral e universal, válido para todos os indivíduos, grupos e classes sociais. Assim, por exemplo, a carência de água e de comida manifesta algo mais profundo: o direito à vida. A carência de moradia ou de transporte também manifesta algo mais profundo: o direito a boas condições de vida. Da mesma maneira, o interesse, por exemplo, dos estudantes exprime algo mais profundo: o direito à educação e à informação. Em outras palavras, se tomarmos as diferentes carências e os diferentes interesses veremos que sob eles estão pressupostos direitos.

Justamente porque opera com o conflito e com a criação de direitos, a democracia não se confinar a um setor específico da sociedade no qual a política se realizaria – o Estado –, mas determina a forma das relações sociais e de todas as instituições, ou seja, é o único regime político que é também a forma social da existência coletiva. Ela institui a *sociedade democrática*. Dizemos, então, que uma sociedade – e não um simples regime de governo – é democrática quando, além de eleições, partidos políticos, divisão dos três poderes da república, respeito à vontade da maioria e da oposição, institui algo mais profundo, que é condição do próprio regime político, ou seja, quando *institui direitos* e que essa instituição é uma criação social, de tal maneira que a atividade democrática social realiza-se como um poder social que determina, dirige, controla e modifica a ação estatal e o poder dos governantes.

Essa dimensão criadora torna-se visível quando consideramos os três grandes direitos que definiram a democracia desde sua origem, isto é, a igualdade, a liberdade e a participação nas decisões.

A igualdade declara que, perante as leis e os costumes da sociedade política, todos os cidadãos possuem os mesmos direitos e devem ser tratados da mesma maneira. Ora, a evidência histórica nos ensina que a mera declaração do direito à igualdade não faz existir os iguais. Seu sentido e importância encontra-se no fato de que ela abriu o campo para a *criação da igualdade* por meio das exigências e demandas dos sujeitos sociais. Por sua vez, a liberdade declara que todo cidadão tem o direito de expor em público seus interesses e suas opiniões, vê-los debatidos pelos demais e aprovados ou rejeitados pela maioria, devendo acatar a decisão tomada publicamente. Ora, aqui também, a simples declaração do direito à liberdade não a institui concretamente, mas abre o campo histórico para a *criação* desse direito pela prática política. Tanto é assim que a modernidade agiu de maneira a ampliar a ideia de liberdade: além de significar liberdade de pensamento e de expressão, também passou a significar o direito à independência para escolher o ofício, o local de moradia, o tipo de educação, o cônjuge, etc. As lutas políticas fizeram com que, na Revolução Francesa de 1789, um novo sentido viesse acrescentar-se aos anteriores quando se determinou que todo indivíduo é inocente até prova em contrário, que a prova deve ser estabelecida perante um tribunal e que a liberação ou punição devem ser dadas segundo a lei. A seguir, com os movimentos socialistas, acrescentou-se à liberdade o direito de lutar contra todas as formas de tirania, censura e tortura e contra todas as formas de exploração e dominação social, econômica, cultural e política. Finalmente, o mesmo se passou com o direito à *participação no poder*, que declara que todos os cidadãos têm o direito de participar das discussões e deliberações públicas, votando ou revogando decisões. O significado desse direito só se tornou explícito com as lutas democráticas modernas, que evidenciaram que nele é afirmado que, do ponto de vista político, todos os cidadãos têm competência para opinar e decidir, pois a política não é uma questão técnica (eficácia administrativa e militar) nem científica (conhecimentos especializados sobre administração e guerra), mas ação coletiva, isto é, decisão coletiva quanto aos interesses e direitos da própria sociedade.

Em suma, é possível observar que a abertura do campo dos direitos, que define a democracia, explica por que as lutas populares por igualdade e liberdade puderam ampliar os direitos políticos (ou civis) e, a partir destes, criar os direitos sociais – trabalho, moradia, saúde, transporte, educação, lazer, cultura –, os direitos das chamadas "minorias" – mulheres, idosos, negros, homossexuais, crianças, índios –; o direito à segurança planetária – as lutas ecológicas e contra as armas nucleares; e, hoje, o direito contra as manipulações da engenharia genética. Por seu turno, as lutas populares por participação política ampliaram os direitos civis: direito de opor-se à tirania, à censura, à tortura, direito de fiscalizar o Estado por meio de organizações da sociedade (associações, sindicatos, partidos políticos); direito à informação pela publicidade das decisões estatais.

A sociedade democrática institui direitos pela abertura do campo social à criação de direitos reais, à ampliação de direitos existentes e à criação de novos direitos. Eis por que podemos afirmar que a democracia é a única sociedade e o único regime político que considera o conflito legítimo. O conflito não é obstáculo; é a constituição mesma do processo democrático. Essa talvez seja uma das maiores originalidades da democracia. Não só trabalha politicamente os conflitos de necessidades e de interesses (disputas entre os partidos políticos e eleições de governantes pertencentes a partidos opostos), mas procura instituí-los como direitos e, como tais, exige que sejam reconhecidos e respeitados. Numa sociedade democrática, indivíduos e grupos organizam-se em associações, movimentos sociais e populares, classes se organizam em sindicatos e partidos, criando um poder social que, direta ou indiretamente, limita o poder do Estado.

Mais do que isso.

A democracia é a sociedade verdadeiramente histórica, isto é, aberta ao tempo, ao possível, às transformações e ao novo. Com efeito, pela criação de novos direitos e pela existência dos contrapoderes sociais, a sociedade democrática não está fixada numa forma para sempre determinada, ou seja, não cessa de trabalhar suas divisões, suas diferenças internas, seus conflitos e, por isso, a cada passo, exige a ampliação da representação pela participação, o que leva ao surgimento de novas práticas, que garantam a participação como ato político efetivo, que aumenta a cada criação de um novo direito. Em outras palavras, só há democracia com a ampliação contínua da cidadania. Por esse motivo, a cidadania, que nas chamadas democracias liberais se define apenas pelos direitos civis, numa democracia social real, ao contrário, amplia o sentido dos direitos, abrindo um campo de lutas populares pelos direitos econômicos e sociais, opondo-se aos interesses e privilégios da classe dominante. A democracia propicia uma cultura da cidadania e a luta permanente contra o medo e a violência.

Uma aula sobre a dialética hegeliana do senhor e do escravo[*]

Preparei um texto e a minha impressão é que vai ser inviável apresenta-lo por inteiro. Trata-se de uma análise da interpretação de Hegel, na *Fenomenologia do Espírito,* sobre a dialética do senhor e do o escravo (é a primeira parte do meu texto), e sobre a passagem da Sociedade Civil ao Estado (é a segunda parte do meu texto) e, pelo cálculo que fiz, acho que só a parte sobre o senhor e o escravo vai, mais ou menos, até umas dez e meia, e, depois, a parte sobre a Sociedade Civil e o Estado iria até a meia-noite, o que é inviável. Ficaremos por isso apenas com a dialética do senhor e do escravo.

Para facilitar a compreensão, fiz uma espécie de léxico de termos ou conceitos usados por Hegel, os quais reunirei depois ao expor a dialética do senhor e do escravo para que juntos façam sentido. Vocês precisarão de um pouco de paciência, porque é um vocabulário com que não estamos habituados e que parece totalmente obscuro e incompreensível.

Em primeiro lugar, o que é que Hegel entende por *abstrato.* Toda vez que Hegel fala em algo como um dado imediato, como um "isso" imediatamente percebido pelos nossos órgãos dos sentidos ou pelas sensações (este papel, esta mesa, esta sala), ou o que Hegel designa como *o ser posto aí,* nós estamos diante de uma abstração. Abstração não é o irreal, é uma realidade cujo movimento de constituição e de efetuação ainda não é conhecido. Por extensão, é abstrato tudo que está no ponto

---

[*] Texto inédito. Aula ministrada no Colégio Freudiano de São Paulo, em dezembro de 1979.

de partida, porque seu movimento interno de efetuação ou realização ainda não se deu. O ponto de partida, portanto, precisa realizar todo um movimento pelo qual ele vai sendo constituído através de mediações que o efetuam para, no ponto final, ter saído do imediato, alcançado todas as mediações e chegado ao concreto. Abstrato significa a imediatez ou tudo aquilo que serve de ponto de partida e cujo movimento de constituição e efetuação não se realizou ainda. Em contrapartida, o concreto é o mediato, mas não um mediato qualquer, é aquilo que é mediatizado pelo seu outro; uma mediação, na qual o termo abstrato do ponto de partida tem que passar no interior do seu negativo, isto é, do seu outro, para se realizar como algo concreto. O imediato ou abstrato é o *ser-em-si* (o dado) e o concreto ou mediato é o ser que, por um movimento interno necessário ou um processo, se tornou *ser-para-si* (o constituído ou efetuado). O concreto é a síntese final de um processo histórico.

Em segundo lugar, a distinção que Hegel estabelece entre *diversidade* e *diferença*. A diversidade é uma pluralidade meramente empírica, isto é, dada na experiência sensorial ou por meio de nossos órgãos dos sentidos. A diversidade é a coleção de coisas cujas características imediatas mostram para mim que elas não são idênticas umas às outras; ou seja, a diversidade é a pluralidade imediatamente dada ou abstrata de coisas positivas distintas umas das outras (A é diverso de B, que é diverso de C, a mesa é diversa da cadeira, o livro é diverso do pão, Maria é diversa de Joana, São Paulo é diverso do Rio de Janeiro, etc.). A diferença, porém, é a oposição interna que uma identidade realiza nela mesma passando pelo interior do *seu outro*, de tal modo que a diferença não é nunca um dado, mas um *processo de diferenciação*, ou seja, há um fazer-se diferente pela oposição interna do Mesmo e do *seu* Outro. Somente quando o Mesmo passa pelo interior de *seu* Outro é que a diferença é produzida. É fundamental que a passagem seja pelo *seu* Outro ou o que Hegel chama de *seu outro determinado*, pois esse outro não é uma outra coisa positiva qualquer diversa de outras e sim a *negação interna* do Mesmo. Essa passagem consiste em três movimentos ou três mediações: 1. o Mesmo (a identidade) é negada pelo *seu* Outro (a alteridade determinada) – ou seja, a identidade é negada pela *sua* alteridade; 2. o Outro (alteridade) é negado pelo *seu* Mesmo (identidade) – ou seja, o Mesmo, ou a identidade, nega a negação efetuada pela alteridade no primeiro movimento; 3. o Mesmo e o Outro se unificam numa realidade nova, numa síntese. Estes três movimentos ficarão mais compreensíveis quando eu explicar o que Hegel entende por movimento da contradição (ficando claro porque insisto em sublinhar *o seu Outro*) e quando eu expuser a dialética do senhor e do escravo. Mas para adiantar: por exemplo, o outro de uma mesa não é o livro ou o pão, é a não-mesa.

Em seguida, a distinção que Hegel estabelece entre *propriedade* e *determinação*. A propriedade atribuída a algo é uma abstração – S é P. A propriedade é um elemento fixo, positivo, que é atribuído como predicado a um sujeito, por uma simples justaposição. Eu justaponho um determinado termo, que eu chamo de sujeito, a um outro, que eu denomino de predicado e que é uma propriedade que eu considero propriedade desse sujeito – "A árvore é verde", "O homem é animal racional", "Este quadro é belo", etc. A propriedade é uma característica imediatamente dada que o sujeito teria em si mesmo. Ao termo propriedade, que é uma forma abstrata de encarar uma realidade, Hegel opõe o conceito de determinação. A determinação é a produção da identidade de um ser pelo movimento das suas diferenças internas, pela oposição do Mesmo e do seu Outro. Ou seja, é uma conquista de concreticidade realizada pelo sujeito e se realiza por um processo no qual ele vai conquistando aquilo que vai estabelecer a identidade dele com ele mesmo, de tal modo que as determinações não são características, não são propriedades que uma realidade tenha desde todo o sempre e que eu possa separar pelo pensamento; a determinação é a própria realidade interna que vai sendo produzida como realidade deste ser, que se torna um *ser determinado*. O ser determinado é o ser que passou pelo movimento de constituição da sua concreticidade, isto é, ele foi realizando um processo pelo qual ele se torna aquilo que ele é, e aquilo que ele é, é a totalidade das suas determinações, que não são meras propriedades. O ser determinado é o sujeito cujos predicados não são algo que se ajunta a ele, mas é o sujeito que é *constituído* pelo processo no qual ele passa pelo interior dos predicados para que estes sejam predicados *seus*, isto é, suas determinações. Também vai ficar mais claro quando eu expuser a dialética do senhor e do escravo.

Em seguida, a distinção que Hegel estabelece entre a *negação externa* e a *negação interna*. A negação externa é uma oposição indiferenciada entre vários predicados ou várias propriedades positivas de um sujeito. Por exemplo, digo que esta mesa é marrom, que ela é dotada de gavetas, que ela é dotada de um tampo. O tampo, o marrom, as gavetas seriam propriedades que a mesa possui, e eu digo: o tampo *não é* a gaveta, a gaveta *não é* o pé da mesa, o pé da mesa *não é* marrom. Esse "não é" é uma negação meramente externa, na medida em que eu posso dizer "o tampo não é a gaveta" tanto como eu posso perfeitamente dizer "o tampo não é a cadeira", "o tampo não é a garrafa", o "tampo não é a bolsa"; isto é, o tampo não é nenhuma das outras coisas que não são ele mesmo. Essa negação é uma negação puramente externa, ela é imediata, ela é abstrata e se reduz a considerar cada coisa como uma positividade dada ou uma identidade dada que se distingue de todas as outras e permite dizer que A não é B nem é C, nem é D. A *negação interna,* porém, é uma *oposição determinada* ou uma oposição diferenciante entre um Mesmo e *o seu* Outro, no exemplo mencionado: o tampo e o não-tampo, a mesa e a não-mesa. Na negação interna ou determinada não se trata da mesa que não é a cadeira, mas se trata da mesa e da não-mesa. A negação interna, portanto, é uma *oposição determinada* de um Mesmo e do *seu Outro* como sua negação interna. Não se trata, portanto, da distinção entre a mesa e a cadeira, mas entre a mesa e aquilo que internamente a nega, a não-mesa (por exemplo: se esta mesa for de madeira, a não-mesa é a árvore da qual a mesa foi produzida – a mesa é a árvore negada enquanto árvore; a árvore é *o outro determinado* desta mesa). Entre a mesa e a cadeira há distinção externa – elas são apenas *diversas*; entre a mesa e a não-mesa há diferença interna – elas são *diferentes*. A mesa e a cadeira são *um outro* para cada uma delas; esse outro é *indeterminado*, pois poderia ser qualquer outra coisa (a porta, o livro, a bolsa). Em contrapartida, a mesa e a não-mesa constituem a relação entre a mesa e *o seu outro determinado* (a mesa é a não-árvore e a árvore é a não mesa).

A seguir, a distinção que Hegel estabelece entre *conflito* e *contradição,* distinção que é o coração da dialética. O conflito é uma oposição real entre dois termos positivos que se excluem um ao outro. O conflito pode ser indissolúvel, um conflito permanente; ou o conflito implica a eliminação do termo mais fraco pelo termo mais forte; ou ele implica uma solução de compromisso entre os termos numa soma igual a zero, isto é, há o fim do conflito por equilíbrio dos oponentes. O conflito é abstrato, imediato, algo dado entre positivos que se enfrentam. *A contradição não é um mero conflito.* A formulação clássica da contradição, desde Aristóteles, é: "É impossível que ao mesmo tempo e na mesma relação A seja A e não-A". Ou seja, na tradição ocidental, a contradição é impossível, pois uma identidade não pode, ao mesmo tempo e na mesma relação, ser afirmada e negada. A grande inovação de Hegel está justamente em mostrar que a realidade é constituída pelo movimento da contradição – é isto a dialética. Na tradição ocidental, e mesmo hoje em dia, em nossa linguagem costumeira, dialética significa conflito entre termos positivos opostos. Mas não é isso a dialética. Hegel se inspira num filósofo anterior a Aristóteles, o pré-socrático Heráclito, que afirmou a contradição como o modo de ser da realidade. A dialética hegeliana é o desvendamento do modo de ser da realidade como movimento interno da contradição e como temporalidade. *A contradição, declara Hegel, é um movimento interno que um termo realiza na conquista da sua determinação como diferenciação interna dele consigo mesmo para alcançar sua própria identidade.* Pela mediação da negação interna que se dá entre ele e *o seu outro*, ele passa na realidade do seu outro, ele se perde de si mesmo e se torna o seu outro, que é a negação dele (A se torna não-A); nesse movimento, aquilo que ele possuía ao passar no *seu outro* destrói essa alteridade, ele se destrói passando para aquilo que não é ele, mas (e isto é o fundamental) nessa passagem, por dentro do outro ele carrega com ele aquilo que ele era, de tal modo que ele também destrói esse outro pelo qual ele passou. Ou seja, há uma destruição do termo inicial pelo seu negativo, mas este também, é destruído por essa passagem, e dessa dupla destruição resulta uma nova realidade, que é o resultado (no sentido pesado da palavra "resultado"), é o resultado desse movimento de supressão de cada um dos termos pela passagem deles um no outro. É isto a contradição. *A contradição é um movimento de autossupressão de termos opostos internamente, tal que nessa autossupressão de um pelo outro se produza uma realidade nova.* Isto é, sem contradição não existe movimento, sem movimento não existe tempo, sem tempo não existe história. A contradição é o tempo hegeliano, ela é a constituição da própria temporalidade. Não existe o tempo como um receptáculo de momentos sucessivos dentro do qual se realizaria a história, dentro do qual se realizaria o movimento de constituição de uma realidade; e sim esse movimento pelo qual uma realidade vai se constituir *é o tempo*, e o tempo é a contradição porque é a contradição que faz esse movimento de produção de uma realidade.

E, finalmente, o termo *reflexão*, que Hegel afasta da concepção subjetiva, na qual a reflexão é um ato que a consciência realiza voltando-se sobre si mesma. Esta reflexão, para Hegel, é um momento ainda abstrato da reflexão porque toma como ponto de partida a existência dada de um sujeito que realiza a reflexão. Ora, o sujeito não é ponto de partida e sim de chegada, ele é um resultado. No ponto de partida, há um ser que é ser-em-si, uma substância dada ou posta que não é para-si (consciente de si), mas é apenas em-si (um dado), ou seja, no ponto de partida é uma substância que, no caminho da sua realização, da sua concretização, vai se tornando consciente de si, de tal modo que, no fim do percurso, torna-se sujeito. É esse percurso que Hegel chama de reflexão, isto é, *o percurso no qual aquilo que era em-si se torna para-si e, com isso, se torna um sujeito*. A reflexão é o movimento da contradição, pelo qual duas realidades postas, quer dizer, dependentes e condicionadas uma pela outra (a palavra *posto* para Hegel significa dependente; um ser posto é um ser que depende de outro; é sempre um ser condicionado por um outro), passam uma no interior da outra, se autossuprimem nessa passagem e recolhem (a palavra "recolher" também é muito pesada em Hegel, é a ideia mesmo de recolher no sentido forte da palavra, de voltar a colher algo), recolhem o resultado dessa supressão recíproca das duas realidades. Esse recolher é que é a reflexão, ou seja, na reflexão algo que é em-si torna-se, pelo movimento da negação interna, para-si, mas ao se tornar para-si ele recolhe todo o movimento que ele fez de conquista disso que ele é para si mesmo; ele recolhe todo o caminho percorrido. É por isso que a *Fenomenologia do Espírito* é a história do Espírito para tornar-se para-si passando pela negação interna daquilo que ele é em-si para alcançar seu ser-para-si ou o *saber absoluto*, resultado do percurso. E porque o resultado recolhe o percurso, esse resultado é a memória do caminho feito ou o Espírito recolhendo os frutos de seu longo trabalho de conquista de si mesmo. Essa memória é o instante final da reflexão, a volta do Espírito sobre si mesmo para recolher o trabalho histórico por ele realizado. É a síntese final do percurso histórico. Ora, embora haja essa reflexão final, há também reflexões parciais, isto é, em cada momento do percurso o Espírito também realiza uma reflexão, uma retomada ou um recolhimento desse processo particular de constituição de uma determinada realidade. Cada um desses momentos é constitutivo da história do Espírito e cada um deles é um momento ou uma forma assumida pelo *espírito de uma época*, ou seja, o que Hegel chama de a *Cultura* dessa época. *A reflexão é o movimento de totalização que recolhe uma realidade, que era em-si ou abstrata, naquilo que ela se torna para-si pela mediação da contradição.*

Hegel pensa a dialética como movimento temporal constituído por quatro momentos.

O primeiro momento é o do imediato ou do abstrato, isto é, é o momento em que há um ser-aí posto, quando cada ser vê a si mesmo, ou toma a si mesmo, ou se comporta como se ele fosse uma realidade independente, como se fosse uma realidade autônoma; esse momento é o momento do *aparecer* de um ser. O segundo momento é o da extenuação desse imediato que vai deslizar para o interior do *seu outro* e, com isso, vai se dar a primeira negação, a negação desse ser-aí, em-si, imediato, que passa pelo seu outro; passar pelo seu outro significa perder-se de si mesmo e se alienar; então o segundo momento é o da perda de si porque as determinações de um ser lhe são dadas pelo seu outro, no qual ele está alienado; é a *alienação*. O terceiro momento é o da supressão dessa passagem pelo seu outro. O primeiro momento é um ser fixado nele mesmo, que se toma a si mesmo como independente e autônomo; o segundo é a perda da ilusão da independência e da autonomia, pela passagem do ser naquilo que é a negação dele (se chama alienação); esse momento da alienação implica num terceiro momento, no qual há a supressão dessa alienação pela total coincidência daquele ser com o seu outro numa nova realidade, ou seja, há a negação dessa negação alienante. Esse terceiro momento, da negação da alienação, é o famoso momento da *negação da negação*. É a segunda negação, é a conquista definitiva das determinações e, com isso, surge o quarto momento. O quarto momento o que é? Essa realidade que foi constituída, passando da sua imediatez para a mediação com o seu outro e pela supressão dessa passagem pelo seu outro numa nova realidade, ela agora é ponto de partida de um novo processo; essa realidade nova é o ponto de partida de um novo movimento dialético. Então, nós temos o reestabelecimento, no quarto momento, do imediato outra vez, ou seja, isso que foi constituído pelas mediações e se tornou concreto vai ser ponto de partida de um novo processo e, ao ser ponto de partida de um novo processo, é abstrato outra vez, é imediato outra vez e tem que passar novamente pela primeira negação e pela negação da negação, para se tornar concreto; e, ao se tornar concreto, se for ponto de partida de um novo processo, é abstrato novamente.[1] É claro que, para Hegel, esse processo vai ter um fim. Então, por exemplo, há um instante no qual a religião realiza isso até o fim: quando ela se torna religião revelada, manifesta (o cristianismo em sua forma protestante), termina o processo. A política realiza esse processo até o fim quando se passa da família para a Sociedade Civil e da Sociedade Civil para o Estado, o Estado termina o processo. A consciência realiza isso, desde o seu ponto de partida, na sensação, realizando em cada passo todo esse movimento, até terminar o processo no Espírito como saber absoluto. A lógica realiza o mesmo processo: começa na abstração do ser, realiza as mediações da negação e da negação da negação e, pela síntese, põe um novo imediato, até que culmina na concreticidade total, que é a concreticidade do conceito, a Ideia. Mas, no interior de todos esses processos que levarão a um ponto final, que é o concreto, cada momento de cada um desses processos repõe os seus movimentos, isto é, aquilo que se tornou concreto, ao dar início a um novo processo, é abstrato outra vez e vai novamente, então, passar pelo seu outro, se alienar, suprimir a alienação e se constituir numa realidade nova, até alcançar seu fim pleno.

O movimento do abstrato ao concreto é o movimento pelo qual uma realidade se reconcilia consigo mesma, ela se perde no seu outro, se reconquista através desse outro e pode, então, reconciliar-se consigo mesma; é só perdendo-se de si que ela pode conquistar-se a si mesma como algo para si, e esse movimento é o que Hegel chama a dor e o calvário do negativo, ou o que Gérard Lebrun chama de "a paciência do conceito" (o título do livro de Gérard Lebrun sobre Hegel é *A paciência do conceito*). Isso permite a Hegel dizer, então, que

---

[1] Todo mundo repete que na dialética hegeliana há a tese, a antítese e a síntese, mas poucos compreendem o que isto quer dizer em termos dialéticos ou do movimento da contradição. Tese é palavra grega que significa *posição*, por isso a tese é o primeiro momento, o do ser posto; antítese, evidentemente, significa *negação da posição*, é o segundo momento, o da primeira negação ou da alienação; síntese, que significa *unidade de posições*, é o terceiro momento, o da negação da negação e surgimento de uma nova realidade. Como o processo prossegue, essa nova realidade será uma nova tese seguida por uma antítese, e esta, por uma síntese. Como se vê, dialética não significa qualquer conflito entre termos positivos ou qualquer oposição entre termos positivos que se enfrentam, como se costuma imaginar.

a verdade é idêntica à realidade, a realidade é idêntica ao resultado de um processo, sua síntese, ou a famosa frase que todo mundo repete: "o real é racional e o racional é real". E, para Hegel, o resultado do processo é idêntico à liberdade. Por quê? O que é liberdade?

A liberdade é o incondicionado (a autodeterminação ou autonomia completa), e o incondicionado só pode ser aquilo que é conquistado no final de um processo, porque, no início do processo, há o ser-posto, isto é, condicionado ou dependente de outro, embora tenhamos a ilusão do incondicionado, a ilusão da liberdade. Somente realizando o processo no seu todo que se tem uma realidade concreta, isto é, uma realidade que contém todas as determinações que fazem com que ela seja o que ela é; e, por isso, só no instante em que ela se conquistou inteiramente a si mesma é que ela não depende de mais nada, ela depende só dela e, no instante em ela depende só dela, ela se tornou incondicionada e, nesta hora, ela é liberdade. A liberdade para Hegel, portanto, não se confunde com uma vontade livre, a vontade livre é um momento abstrato da liberdade. A liberdade é a liberdade alcançada no final de um processo em que se passa do condicionado ao incondicionado. A liberdade está no ponto de chegada e não no ponto de partida.

Dito isso, vou começar a falar sobre a dialética do senhor e do escravo. Daqui por diante, vou usar esse vocabulário, meio esdrúxulo, mas acho que agora está um pouquinho mais suportável.

A dialética do senhor e do escravo é exposta por Hegel na *Fenomenologia do Espírito* (e nas várias versões dessa fenomenologia, como a que aparece na *Enciclopédia*, na parte dedicada à propedêutica filosófica). A *Fenomenologia do Espírito* é a história do aparecer da consciência para si mesma[2] para conquistar-se como Espírito Absoluto. Essa dialética se situa depois de uma outra e antecede a seguinte, constituindo um dos momentos dessa história da consciência como conquista de si: esse momento é o da luta mortal das consciências pelo reconhecimento recíproco, uma luta de morte. Nessa luta são produzidos o senhor e o escravo.

---

[2] "Fenômeno" vem do grego *phainomenon* e significa: o que é manifesto, o que é visível, o que aparece à nossa percepção, o que aparece ao nosso pensamento. Fenômeno não significa, portanto, como em nossa linguagem cotidiana, o excepcional ("Fulano é um fenômeno!", "A tempestade foi um fenômeno!"). A fenomenologia estuda o aparecer ou o manifestar da consciência para si própria.

Por que dizemos "produzidos"? Para compreendermos o que Hegel expõe, precisamos nos lembrar de que ele distingue entre o entendimento e a razão. O entendimento opera abstratamente, isto é, opera com dados ou termos positivos que podem se opor ou se juntar; ou seja, o entendimento não opera dialeticamente, portanto, não opera com a contradição e com o movimento da negação determinada. Ao contrário, a razão é a capacidade de reconhecer que o dado imediato é abstrato, que dois termos só em aparência são positivos e opostos, e só a razão é capaz de tomá-los como negação interna e fazer a passagem de supressão de um termo pelo outro, entrar na alienação, suprimir a alienação e conquistar a concreticidade. Ou seja, somente a razão é capaz de dialética ou o que o Hegel chama de *o especulativo*. O entendimento é incapaz disso, o entendimento fica sempre parado nas abstrações, nos termos positivos imóveis e em oposição externa.

Do ponto de vista do entendimento, o senhor é um dado, é um fato; e o escravo também, é um dado, é um fato; isto é, existem sociedades, nas quais os homens se dividiram, por razões inteiramente factuais, em senhores e escravos. É senhor aquele sujeito (S) que tem um conjunto de propriedades ou de predicados (P) que o definem como senhor; é escravo um outro sujeito (S) que tem um conjunto de características ou predicados (P) que o definem como escravo. São dois termos positivos, dados, e a posição de um é de dominação sobre o outro; e deste outro, de submissão em relação ao primeiro, podendo haver conflito entre ambos. Mas não é assim que a razão opera. Para ela nem o senhor nem o escravo são dados; eles são produzidos, são resultado de um processo dialético. Há um movimento de constituição do senhorio e de constituição da servidão, ou seja, há o processo da *gênese da dominação*. A dominação, portanto, não é um dado empírico, a dominação é um processo, e este processo, como todo processo dialético, como vimos, se realiza em três momentos (posição, negação, negação da negação ou síntese) e prepara um quarto momento (a nova posição).[3]

---

[3] Por isso, com frequência, nos enganamos quando usamos a palavra dialética para significar um conflito ou uma oposição entre dois termos dados, sem perceber que não se trata de conflito e sim de contradição, portanto, um dos termos é o negativo interno do outro, e que não se trata de termos positivos dados,

Para podermos acompanhar a dialética do senhor e do escravo, é preciso retroceder ao momento que antecede esta dialética. O processo que antecede a dialética do senhor e do escravo e chega a ela como seu resultado é a *dialética do desejo*. A dialética do desejo é o momento final de uma outra dialética, a dialética da vida (não vou falar da dialética da vida). O término da dialética da vida põe ou dá início à dialética do desejo. Pelo desejo, uma consciência se reconhece inicialmente como uma existência em-si diferente do outro, esse outro do qual ela se reconhece como diferente são as coisas. Não interessa se, objetivamente, de fato esse outro é um outro ser humano, isso é irrelevante. No nível do desejo, todo e qualquer outro (coisa ou humano) é, para a consciência desejante, uma coisa, e é graças à posição do outro como uma coisa que ela se reconhece como uma consciência. Na dialética do desejo, a consciência começa se reconhecendo como diferente do outro, portanto, da não-consciência. Pelo reconhecimento dessa diferença, ela se reconhece como igual a si mesma, isto é, põe sua identidade como um *eu* e, simultaneamente, ela reconhece que ela está separada desse outro, que é a não-consciência (a coisa), mas também reconhece que está unida a ela pelo desejo, pois o desejo é vivenciado como carência, falta, privação de algo. Por isso, no desejo, a consciência de si procura unir-se àquilo que é o outro dela, ao seu negativo, a não-consciência, a coisa (e um outro humano tomado como uma coisa). Ela vai se unir a esse outro de uma maneira muito peculiar, destruindo fisicamente esse outro, isto é, consumindo o outro. A dialética do desejo, então, é uma dialética na qual a consciência se reconhece separada do seu outro e unida ao seu outro, do qual ela carece, e a sua união com o seu outro é a negação desse outro pela supressão dele por meio da fruição ou pelo gozo. Nem sempre o consumo desejante destrói fisicamente a coisa desejada, porém, a coisa mantida como coisa não é mantida como coisa independente de mim; o outro humano, coisificado, também pode continuar existindo, mas não como um ser independente de mim. Tirar do outro a independência é consumi-lo, mesmo que não seja fisicamente destruído. Em resumo: a dialética do desejo é o

mas de um processo de constituição dos termos contraditórios que se negam reciprocamente.

movimento pelo qual a consciência de si se reconhece como consciência pela mediação de seu outro ou pela negação do seu outro, a não-consciência (coisa e humanos coisificados).

Se eu tomo a dialética do desejo como ponto de partida (sem tomá-la como ponto final de um processo dialético anterior), eu tenho que tomá-la como algo abstrato, como algo imediato. De fato, como ponto de partida, o que é a dialética do desejo como destruição imediata do outro ou da não-consciência? Em primeiro lugar, nesse ponto de partida se reconhece a independência imediata do eu como relação consigo mesmo, isto é, o eu se reconhece como eu, mas de uma maneira imediata, isto é, por contato direto consigo mesmo, sem nenhuma mediação. Isso é abstrato. Em segundo lugar, no ponto de partida se reconhece também, de uma maneira imediata, a independência do eu com relação ao seu outro (coisa), e se reconhece também que o eu suprime de uma maneira imediata esse outro, consumindo esse outro. Isto é, no desejo, a consciência de si vive pela morte das coisas que ela consome. É na satisfação do desejo, isto é, na destruição da coisa externa (humana ou não) como algo independente (ela é destruída como independente porque ela passa a ser minha na satisfação do desejo), que a consciência ganha a certeza de ser uma consciência. E é através dessa certeza de si, obtida às expensas da coisa consumida, que a consciência se põe como certa de si. Nesse primeiro momento (ou na conclusão da dialética do desejo que serve agora de ponto de partida para um novo processo dialético), a consciência de si é a negação determinada da coisa como o seu outro ou a não-consciência de si; e ela realiza uma espécie de mediação absoluta, através do eu, satisfazendo o desejo pela destruição imediata da coisa dada, consumindo-a. Mas a consciência de si vai reconhecer o quê? Na supressão da coisa, ela reconhece que ela mesma não se suprimiu e, portanto, o que ela conquista é uma certeza de si pela sua permanência após a destruição do outro. É o sentimento da permanência, em oposição à percepção da desaparição da coisa consumida enquanto coisa desejada, que produz a certeza de si para a consciência. Ela tem certeza de si, portanto, como algo permanente, e essa permanência forma a unidade imediata ou abstrata do *eu*. Ora, num segundo momento, quando nós vamos começar a sair da dialética do desejo, essa consciência de si como unidade do eu interpreta a sua diferença com relação ao desejado como sendo a sua liberdade. Por quê? Através da dependência que ela vê na coisa (humana ou não), porque a coisa é suprimida por ela, a consciência de si se reconhece como diferente do desejado e essa diferença é o que ela chama de liberdade, isto é, sua independência. De fato, a coisa desejada é algo que está ali, na dependência do que a consciência quiser fazer com ela, e a consciência, em contrapartida, é aquilo que não parece depender da coisa e tem poder sobre ela. A descoberta, portanto, do desejo como uma potência da consciência é o que permite a ela descobrir-se como uma liberdade. No entanto, essa liberdade é uma liberdade inteiramente abstrata e só pode se tornar uma liberdade concreta se ela for reconhecida por uma outra liberdade. Ser reconhecido como uma consciência por coisas não dá para a consciência nenhuma garantia. Para que ela possa ter garantia de que ela é, efetivamente, a consciência livre que ela julga ser, isto é, para que a consciência passe do que ela é em-si ao que ela deve ser para-si, ela precisa de um outro que a reconheça como consciência, e esse outro não pode ser uma coisa (ou um humano coisificado). Ela precisa de uma mediação. O mediador do qual ela precisa é *uma outra consciência*. Ela precisa, portanto, de um outro igual a ela que possa reconhecê-la. Portanto, a liberdade só tem sentido com o advento do mundo humano ou com o momento da humanização. Com isso, nós vamos entrar na dialética do senhor e do escravo.

A consciência de si começa percebendo que existe uma outra consciência de si, que se apresenta como estando fora dela. Ora, essa outra consciência, também produzida pela dialética do desejo, tem a certeza de si e se reconhece como livre. Essa outra consciência, porém, pode perfeitamente ver a primeira como objeto de desejo e, portanto, como uma coisa a ser possuída e destruída. Ou seja, parece impossível haver simultaneamente duas consciências de si livres, pois uma delas pode desejar a destruição da outra como se esta fosse uma coisa. Por isso, cada uma delas parece ter-se duplicado (cada uma delas se vê como consciência de si e é vista como coisa pela outra) e cada uma delas precisa negar a outra para voltar a ter certeza de si como um eu livre, certeza que ela acabou de perder porque negada pela outra consciência que parece ser um duplo seu. A consciência de si tinha certeza de si consumindo a coisa, mas agora ela não está diante de uma coisa e sim diante dela mesma duplicada numa outra consciência de si, então ela perde a certeza de si, uma vez que a outra consciência também está certa de si e a certeza de si, como acabamos de ver, depende de poder consumir e destruir o que é outro e desejado. Para reconquistar a certeza de si, ela precisa então, eliminar essa outra consciência externa, na qual ela se duplicou e, portanto, ela precisa superar-se a si mesma como consciência, na medida em que o que está lá fora é ela mesma projetada. Ela precisa, então, sair de si, *alienar-se* na outra consciência que a nega, suprimir essa alienação ou *negar essa negação* de si pela outra, para conquistar de modo concreto a certeza de si como consciência, certeza que ela tinha apenas de uma maneira abstrata na dialética do desejo. Então, como é que ela vai realizar esse movimento pelo qual ela vai se colocar fora de si e depois vai suprimir esse fora, retornar para dentro de si e reconquistar a certeza de si como liberdade concreta? Esse movimento é um movimento pelo qual ela tem que obrigar o que está fora dela a reconhecê-la como consciência. Esse movimento, então, é o movimento pelo qual ela vai obrigar uma outra consciência de si a reconhecê-la como sendo também uma consciência de si. Ela só faz isso através de uma luta com essa outra consciência.

Por que ela luta? Ela luta porque o que está ocorrendo com ela está ocorrendo também com a outra consciência no mesmo momento. Há duas consciências inteiramente perdidas de si e alienadas uma na outra — isto é, o que cada uma delas é está figurado na outra e cada uma já não sabe quem é, pois se uma delas for consciência, a outra será coisa e não poderá haver o reconhecimento de que ambas são consciências. É essa alienação recíproca, em que cada consciência não se vê a si mesma senão no espelho da outra que a nega, que faz com que a busca do reconhecimento de uma pela outra como consciências se dê através de uma luta e uma luta mortal. Portanto, a consciência de si só se torna para-si se ela for consciência para a outra, mas ela só se torna assim para a outra, se ela for assim para si mesma. Sem esse duplo movimento não há a constituição da certeza concreta de si.

Então, como é que se dá essa luta mortal? De um modo imediato, a consciência de si é para si mesma um eu e ela exclui para fora dela tudo que é outro. Esse outro é um negativo, tudo que é outro do eu é um não-eu. Nós temos, então, de uma maneira imediata, um eu que põe fora dele tudo o que é outro e põe, portanto, fora dele o seu negativo, não-eu. Dentro, no interior, existe um eu e, no exterior, existe tudo aquilo que é o não-eu. Tudo o que está fora pertence à região do não-eu. A consciência reduz, portanto, tudo o que se encontra fora dela à condição de um negativo imediato, é o não-eu, mas esse negativo, por ser imediato, aparece também como um positivo imediato, é uma coisa, isto é, o não-eu, é percebido pela consciência, como um positivo imediato, uma coisa. Portanto, cada consciência de si enfrenta a outra na qualidade de um não-eu, cada uma reduzida pela outra à situação de uma coisa. Cada uma, portanto, está certa de si, mas nesse momento não está certa da outra, isto é, tem certeza de que é um eu, tem certeza de que o outro é um não-eu, mas não sabe se esse não-eu a reconhece como um eu. Isso ela não sabe; e, portanto, essa falta de certeza, de uma certeza de si através da certificação trazida pelo outro, se deve ao fato de que a consciência de si não possui nenhuma verdade a respeito dela mesma, porque a única verdade que ela possui a respeito dela mesma depende de um diferente dela. E isso não pode resolver o problema que ela tem, porque o problema que ela tem é de *ser reconhecida como um eu por um outro eu*, e a dificuldade é: como vai surgir esse outro eu? Como é que pode surgir o outro eu, se a condição para que a consciência tenha certeza de si como um eu é reduzir todo o restante à condição de não-eu?

A única maneira desse outro eu poder surgir como um eu se deve ao fato de que a outra consciência está procurando exatamente a mesma coisa. Então, é porque as duas estão fazendo a mesma coisa, que o não-eu passa no eu e o eu passa no não-eu o tempo todo, e essa passagem é o momento no qual duas consciências de si, postas abstratamente como um eu e pondo uma a outra abstratamente como não-eu, vão passar uma dentro da outra e, negando-se uma à outra, vão se alienar uma na outra e se determinar reciprocamente. Como é que essa passagem vai se dar?

Essa passagem vai se dar da seguinte maneira: como cada consciência está pondo a outra como uma coisa, ao pô-la como uma coisa ela vai realizar o primeiro movimento ainda como um movimento do desejo, isto é, ela deseja o reconhecimento da outra, mas como se trata de um desejo, a única maneira desse desejo se realizar é consumindo a outra consciência, destruindo a outra consciência, porque o que caracteriza a dialética do desejo é: o desejo só pode ser satisfeito, só pode se realizar pelo consumo (pela destruição) do desejado e, portanto, a maneira pela qual cada consciência vai tentar suprimir a sua alienação será transformando a outra consciência em algo desejado, mas algo desejado como uma coisa e que, portanto, ao ser desejado como uma coisa pode ser suprimido, destruído, ou seja, cada consciência vai tentar consumir a outra, cada consciência vai tentar, portanto, matar a outra, e por isso o encontro se dá na forma de *uma luta pela morte recíproca, é uma luta mortal entre cada uma das consciências*, postas na condição de coisas.

No entanto, quando os adversários, as duas consciências, se encontram nessa luta mortal, elas descobrem, na realidade, quem é o seu verdadeiro adversário, elas descobrem que elas são apenas o suporte figurado ou a figuração momentânea do verdadeiro adversário de cada uma delas: o verdadeiro adversário de cada uma delas não é a outra, mas é aquilo que a outra representa para ela, isto é, a morte. Desta forma, o verdadeiro adversário é a morte, ou seja, ser destituído da condição de consciência (ser suprimido ou negado como consciência) e cair na condição de coisa. A luta, portanto, não é só uma luta mortal entre elas, é uma luta delas contra a morte por meio da figuração da morte em cada uma delas. Nessa medida, a consciência que quiser conquistar a independência do eu como eu, que quiser conquistar sua liberdade e, portanto não ser morta, isto é, não ser reduzida à condição de coisa, tem que arriscar a própria vida contra a morte, ou seja, sem arriscar a vida para conquistar a liberdade não se conquista a liberdade. É nesse embate que nascem o senhor e o escravo.[4]

O escravo será, então, aquele que não tem coragem de arriscar a vida pela liberdade, e o senhor é aquele que tem essa coragem, o senhor é aquele que tem a coragem de arriscar a sua própria vida para conquistar a liberdade. Assim, cada consciência deve enfrentar a outra que a nega como consciência (porque a transforma em coisa ou não consciência) para matar essa outra, a fim de resgatar para si própria a liberdade do seu eu, na qualidade de uma negação absoluta, isto é, ser não-coisa, ser não-outro; o eu tem que conquistar-se como eu, conquistando-se como não-coisa; para ser não-coisa ele precisa não ser morto como consciência, porque ser morto como consciência é ser transformado em coisa.

---

[4] Como se observa, não se trata de afirmar que existem dois termos positivos dados, um deles o senhor e o outro, o escravo. Não estão dados, e sim são produzidos dialeticamente pela luta. Isto significa também que a liberdade não é algo naturalmente dado em nós, mas uma conquista. Não nascemos livres, mas nos tornamos livres.

No entanto, o processo dialético não termina nesse momento, que é (como vimos ao distinguir os quatro momentos dialéticos) o momento da primeira negação (o senhor é a negação de seu outro, a não-consciência ou a coisa a que fica reduzida a outra consciência sem liberdade). O processo precisa prosseguir porque a morte do outro seria uma desgraça para o desejo da consciência de si. Por quê? O que é que a consciência de si está procurando para tornar-se um eu livre, concreto? Ela está procurando o reconhecimento por uma outra consciência e, portanto, se ela efetivamente destruir fisicamente o outro, se ela efetivamente matar fisicamente o outro, ela não obterá aquilo pelo que ela entrou na luta, não obterá o reconhecimento de si como consciência. Portanto, é fundamental que essa luta não desemboque na morte física do outro, porque se o outro for fisicamente morto, a luta terá sido um fracasso, na medida que o que ela produziu não foi o reconhecimento buscado, mas a volta do eu à situação original em que ele se encontrava, isto é, um eu que está certo de si, mas que não possui nenhuma garantia dessa certeza porque ele não foi reconhecido como tal por um outro eu. Por isso é fundamental que a luta desemboque num outro resultado e esse outro resultado – que não o da morte física do outro –, é o de levar a outra consciência a uma *morte simbólica*, isto é, o outro deve ser levado a renunciar a si mesmo como uma consciência livre, renunciar à sua liberdade e reconhecer no *seu outro*, isto é, no vencedor, uma consciência livre, ou seja, o vencido deve reconhecer o vencedor como um eu, como consciência e como liberdade, e deve renunciar a ver-se a si mesmo como uma consciência livre e aceitar a dominação de sua consciência pelo vencedor.

Quando ele renuncia a ver-se a si mesmo como uma consciência, ele aceita ser uma coisa, quando ele aceita ser uma coisa ele passa pela morte simbólica da sua consciência de si independente e ele se torna, na qualidade de vencido, o *escravo*; e é ele quem dá ao outro, através do reconhecimento, a condição de vencedor e de *senhor*, isto é, o senhor não é quem ele é sem o ato de renúncia e de reconhecimento do escravo – se o escravo não fizer isso, se o escravo não reconhecer o senhor como seu outro (o senhor é consciência de si livre e o escravo, coisa) o senhor não poderá existir. Portanto, a condição para que o senhor exista, é que o escravo tenha aceitado ser escravo, isto é, que o vencido se reconheça como vencido e proclame o outro como vencedor; portanto, sem uma passagem de um pelo outro, não há constituição dessas duas figuras. É preciso que o vencedor passe pelo reconhecimento do outro, isto é, pela morte simbólica do outro, que se aceita como coisa, e é preciso que o vencido passe pelo senhor, renunciando à sua condição de consciência e colocando no senhor a consciência de si e a liberdade. E, com isso, o senhor é aquele que, ao arriscar a vida pela liberdade, se torna o vencedor reconhecido e, portanto, com direito ao exercício da dominação; e o escravo é aquele que prefere arriscar a liberdade para não perder a vida, retorna à condição de uma coisa, ou seja, ele aceita ser não para-si e aceita *ser para-um-outro*, que é a condição da coisa; a coisa é o ser-para-outro e a consciência é o ser-para-si. O escravo, portanto, aceita a condição do ser-para-outro e o senhor é o que tem a condição do ser para-si.

Com isso, se inicia o terceiro momento da dialética do senhor e do escravo: o momento da negação da negação (o movimento pelo qual o escravo, que foi negado como senhor, se negará como escravo). Trata-se, portanto, do movimento pelo qual a negação do escravo como consciência de si será negada pelo próprio escravo.

Quem é o senhor? O senhor é uma consciência de si para-si pela mediação de uma outra consciência que o reconheceu como tal. Ele é uma consciência de si para-si como um poder, ele é o poder sobre o ser. Todo ser para outro, isto é, coisas e escravo, fica sob o poder do senhor. Hegel diz que a prisão ou as cadeias que acorrentam o escravo não são o poder do senhor. Não é do poder do senhor que procedem as cadeias e os grilhões do escravo, e sim do poder do senhor sobre as coisas, pois o escravo, sendo um ser-para-outro é uma coisa. O que agrilhoa o escravo, o que o escraviza é o tipo de poder que ele deu ao senhor, é o poder sobre o ser-para-outro, e é isso – essa determinação do poder do senhor como poder sobre o ser que é para outro –, é a prisão, a cadeia, o grilhão onde o escravo está preso. Portanto, o senhor é o ser-para-si e o escravo é o ser-para-outro. Entretanto, o senhor é uma consciência imediata, ele é a consciência imediata do ser para-si e, na medida que ele é uma consciência imediata, ele vai ter que fazer o caminho da mediação, ou seja, ele é um ser que, para ser para si mesmo, precisa da mediação de um ser-para-outro ou, em outras palavras, para ele ser para si mesmo (ser um senhor), ele precisa do escravo. O senhor se relaciona de um modo imediato consigo mesmo. De fato, por um lado, ele tem consciência do seu poder e se relaciona de um modo *imediato* com o escravo como uma coisa; por outro lado, porém, ele também se relaciona de modo *mediato* consigo mesmo porque ele só pode se ver como senhor pela mediação do escravo, pois sem a figura do escravo não há como um senhor saber-se senhor. Essa mediação do escravo é dupla: por um lado, é a do reconhecimento do poder do senhor e, por outro, é a do trabalho realizado pelo escravo. Isto significa que *sem o reconhecimento do escravo e sem o trabalho do escravo não há senhor*. Sem essas duas mediações, não há senhorio.

Assim, o senhor se relaciona com o escravo por meio das coisas que o serviço do escravo lhe traz, e ele se relaciona com as coisas que vai fruir graças ao trabalho do escravo, portanto a relação dele com o escravo é mediada pelas coisas e a relação dele com as coisas é mediada pelo escravo; ele não tem contato imediato com o escravo, o contato que ele tem é com o *trabalho* do escravo, e ele não tem um contato imediato com as coisas, porque o contato que ele tem com as coisas são as coisas *já produzidas* pelo trabalho do escravo. Assim, concretamente, o senhorio é um sistema de mediações, a mediação com as coisas através do escravo e com o escravo através das coisas.

E quem é o escravo? O escravo é um ser-para-outro, ele é uma consciência que está alienada numa coisa, uma consciência que foi negada como consciência de si e, tornando-se uma não-consciência, se tornou uma coisa, ou seja, a consciência para si, sendo algo que pertence à essência do senhor, não pode pertencer à essência do escravo; então, é na qualidade de consciência que não pode ser consciência de si e para-si que o escravo é uma coisa ou está alienado numa coisa. O escravo não *é* uma coisa, o escravo *tornou-se* uma coisa; a escravidão é o movimento de tornar-se coisa de uma consciência, esse tornar-se coisa é a prisão do escravo, algo de que o escravo não pode se afastar de jeito nenhum, porque isso é a sua relação com o senhor; ele não pode se livrar de sua condição de coisa nem mesmo através da liberdade interior, porque ele próprio se tornou uma coisa. Lembram-se, os estoicos diziam: "Eu sou livre, mesmo estando preso por grilhões, porque ninguém tem poder sobre minha consciência". Hegel diz que esta liberdade estoica é inteiramente abstrata, quem está sob ferros jamais é livre, não por causa da existência dos ferros, mas porque tem uma existência dependente, e toda existência dependente é a existência de coisa, e uma coisa não tem liberdade interior, essa liberdade interior seria a liberdade numa coisa, mas uma coisa, por essência, jamais é livre porque ser coisa é sempre ser-para-outro e não para-si. E o escravo também não pode se livrar exteriormente da condição de coisa porque ele *é uma coisa para o senhor*. Interiormente, ele é para si mesmo uma coisa (sabe que não é livre) e, exteriormente, ele é também uma coisa (é uma coisa do senhor). Por que interiormente o escravo se tornou coisa? Porque o escravo é aquele que não pode aniquilar as coisas, consumindo estas coisas, como ocorria no desejo. Por quê? Porque ele não pode desfrutar das coisas. A fruição das coisas é o senhor quem tem, é só ele, e é isso que lhe dá a posição de senhor; só o senhor pode satisfazer o seu desejo, o senhor é aquele que frui, desfruta das coisas, aniquila as coisas pela fruição delas; o escravo é o que não pode fazer isso, é o que não tem o direito ao aniquilamento das coisas e à fruição delas. Qual é, então, a relação do escravo com as coisas? É uma relação de transformação. O escravo é aquele que, não podendo nem aniquilar, nem consumir, nem desfrutar as coisas, só pode trabalhá-las; ele é aquele que ao trabalhar transforma as coisas.

Ora, qual o resultado (sem sentido hegeliano de movimento final de um processo) do trabalho? Para chegarmos a esse resultado precisamos retomar o movimento da primeira negação interna ou a alienação, que prepara o da negação da negação (que será o resultado final do processo).

Para o escravo, a consciência independente, livre, é algo que ele reconhece como sendo a verdade da consciência (aquilo que verdadeiramente a consciência *é*), mas essa verdade é uma verdade que não está nele, é uma verdade que está no senhor. A liberdade que ele reconhece como a verdade da consciência não está nele, mas no senhor. Temos aqui o primeiro momento da alienação do escravo: o escravo é aquele que é capaz de reconhecer que só a consciência para-si é livre, mas ele reconhece essa verdade como algo que não está nele e sim num outro, e não em qualquer outro, mas num outro determinado, está no *seu outro*, isto é, é uma verdade que está no senhor. Ocorre, entretanto, que o escravo já teve, quando ainda estava na dialética do desejo (que, como vimos, antecede a do senhor e do escravo), a experiência de ser uma consciência de si, e foi porque ele teve a experiência de ser uma consciência de si que ele entrou na luta pelo reconhecimento de sua consciência e, no decorrer dessa luta, ele teve um momento de absoluta, total, plena consciência de si para si mesmo: o momento em que ele teve essa consciência foi o momento em que ele teve medo da morte. Quando ele teve medo da morte, ele teve medo não de outro homem como outra consciência, mas do *outro absoluto*, do *senhor absoluto*, a morte. Ele teve medo do senhor verdadeiro e, portanto, quando ele renunciou à liberdade para não morrer, ele não renunciou porque reconhecesse um outro homem como um senhor que o dominará, mas o que ele reconheceu, pela mediação desse outro, nesse homem que se tornaria o seu senhor, é que esse homem era o símbolo do senhorio absoluto, da dominação absoluta, a morte. Portanto, ele não se submeteu a este outro homem colocado diante dele, mas ele se submeteu, pela mediação deste outro homem, ao medo da morte; ele se submeteu, portanto, a algo que se deu simultaneamente no instante em que ele se reconheceu como uma consciência, porque ele teve medo da morte – só a consciência tem esse medo – e, assim, no exato instante em que ele se reconheceu como consciência foi o instante em que, por medo da morte, ele renunciou à liberdade. É a passagem pelo instante mais alto da consciência de si no medo absoluto que se dá a alienação, isto é, a perda total de si por medo da morte.

Ora, o que significa isso? Significa que ele só reconhece num outro homem o seu senhor porque ele próprio reconheceu o medo da morte. Ou seja, o que é o reconhecimento dele com relação ao seu senhor? O que é que ele vê naquele que ele considera como o seu senhor de quem ele aceita ser escravo? Ele vê nesse outro não só alguém que simboliza a morte, mas também alguém que ele julga que não teve medo da morte. Ele se submete ao outro como seu senhor porque ele concebe esse outro como alguém que correu o mesmo risco que ele, mas não teve medo. Ele, portanto, aceita a figura do senhor porque ele aceita a dominação de quem não tem medo da morte. É essa a dominação que ele aceita, ou seja, o escravo é alguém que dá ao senhor aquilo que o senhor estava buscando.

Todavia, o escravo não dá inteiramente o reconhecimento esperado pelo senhor. Por quê? O senhor tem com as coisas uma relação de pura fruição, de puro gozo, porque ele não tem nenhuma relação direta com elas, com a resistência delas, seu contato é com elas já trabalhadas e preparadas pelo escravo; o contato direto com a resistência das coisas quem tem é o escravo ao trabalhá-las. O senhor tem com as coisas, apenas a relação do gozo e, por isso, ele consome inteiramente as coisas, ele satisfaz a plenitude do seu desejo, fruindo até o fim todas as coisas; a coisa, portanto, para o senhor é sempre um nada, na medida que ela é o seu próprio consumo. No entanto, apesar de ele ter obtido a fruição plena das coisas, na realidade, ele não obteve o que ele estava procurando. O que é que ele estava procurando? Ele estava procurando ser reconhecido por uma outra consciência, ele estava procurando ser reconhecido por uma outra liberdade, ele estava procurando ser reconhecido por um igual; ele obteve o reconhecimento, mas não o de uma consciência livre e sim do escravo. Ele buscava o reconhecimento por parte de um seu igual, de uma outra consciência independente, e ele só obteve o reconhecimento quando esse igual desapareceu como igual, deixou de ser independente e se tornou dependente; e, portanto, o senhor não realizou efetivamente aquilo que ele procurava, porque para ter realizado o que ele procurava era preciso que a figura do escravo não tivesse surgido. Assim como a morte física do adversário não traz o reconhecimento, frustra a busca do reconhecimento, também a luta, ao produzir o escravo, frustra a busca do reconhecimento. O reconhecimento é obtido, mas ele é obtido através da perda da liberdade do outro e, portanto, o senhor se encontra numa situação extremamente frágil porque ele não possui nenhuma garantia de que ele é efetivamente o senhor, ele só possuiria essa garantia se ele fosse reconhecido por um outro senhor e ele está sendo reconhecido por um escravo, e esse reconhecimento não é suficiente para dar ao senhor a garantia que ele procurava.

O mais importante, porém, é o que se passa com o escravo e afetará o que se passa no senhor. Visto que o escravo reconhece o senhor como um eu, consciência para-si, independente, livre e se vê a si mesmo como não-eu, não-consciência, coisa, isto significa que a verdadeira essência humana (ser para-si e ser livre) não está no escravo e sim no senhor – em linguagem hegeliana: a verdade do escravo (sua humanidade) não está nele, mas fora dele, no senhor; a humanidade do escravo está alienada porque está no outro. No entanto, o que se passa com o senhor? Hegel escreve, na *Fenomenologia do Espírito,* o seguinte:

> O senhor não tem a certeza de ser para si como uma verdade; a sua verdade é, pelo contrário, a consciência não essencial [a consciência do escravo] e a ação não essencial dela – [as coisas que o escravo

produz e que o senhor consome] –, e a verdade da consciência independente é, portanto, a consciência servil. É certo que a consciência servil começa aparecendo fora de si [alienada de si], isto é, a consciência servil é para si consciência de ser uma coisa e para si consciência de que a consciência verdadeira está fora dela. Então, esta começa aparecendo fora de si, alienada, portanto, e não como uma verdade da consciência de si para si mesma. Mas, assim como o senhor revela que sua essência é o inverso daquilo que ele quer ser – ele queria ser reconhecido por um outro senhor e foi reconhecido por um escravo –, assim também, o escravo se tornará, ao realizar-se plenamente, o contrário daquilo que ele é de modo imediato, ele retornará a si como uma consciência que foi repelida sobre si mesma e se converterá na verdadeira independência que o senhor nunca teve.

Este trecho da *Fenomenologia do Espírito* é difícil, mas eu posso, de maneira grosseira, simplificá-lo assim: o senhor lutou pelo reconhecimento, mas o obteve não como o queria, isto é, não de uma outra consciência livre, mas de uma consciência alienada reduzida à condição de coisa, e recebe do escravo os produtos do trabalho para a satisfação de seu próprio desejo, de maneira que ele não se relaciona diretamente com um outro humano e sim com coisas produzidas por alguém que é também uma coisa. Em suma, o senhor se relaciona somente com coisas e não com uma outra consciência, como ele pretendia. Do lado do escravo, porém, o processo é diferente. Embora ele comece como consciência alienada, coisificado e dependente, sem essa dependência e sem as coisas produzidas por ele o senhor não poderia reconhecer-se a si mesmo como um senhor. Ele precisa da submissão e do trabalho do escravo para ser senhor. Portanto, temos aqui uma primeira inversão: o senhor depende do escravo (é isto o que no trecho citado Hegel quer dizer quando afirma que a verdade da consciência do senhor se encontra na consciência servil). Ou seja, a humanidade do senhor também não está nele, mas depende da existência e atividade do escravo. E o texto de Hegel é claro: somente o escravo alcançará a plena consciência para si, livre e humana.

Como isto se dá? Assim como senhor se relaciona com o escravo através de mediações, também o escravo se relaciona com o senhor através de duas mediações: 1) ele se relaciona com o senhor pela mediação do medo absoluto da morte; 2) ele se relaciona com o senhor pela mediação dos serviços que ele presta, isto é, por meio de seu trabalho. Ora, pela mediação do trabalho, o escravo vai recuperar a consciência de si independente ou livre porque, através do trabalho, vai livrar-se do medo da morte, que foi a causa de sua escravidão. Como é que isso acontece?

O senhor tem o puro desfrute da coisa produzida pelo escravo, consome, destrói a coisa que lhe é dada. O senhor *aparece* como alguém independente porque ele tem a posse da coisa feita por um outro; na *realidade*, entretanto, a realização do seu desejo, que é a fruição das coisas, depende de que elas lhe sejam dadas pelo escravo e, portanto, embora o senhor *pareça* independente, ele é *efetivamente* dependente, na medida que a realização da satisfação do seu desejo depende da produção das coisas pelo escravo. O senhor é aquele que não reprime o seu desejo, é aquele que frui as coisas. Em contrapartida, *o que é o trabalho?* O trabalho é o desejo reprimido, a contenção do consumo imediato das coisas; ele é a desaparição das coisas por meio de sua transformação, *o trabalho é formativo*, ou seja, o trabalho é uma ação formadora e configuradora, ele é uma ação que produz a realidade e a permanência das coisas. Assim, ao contrário do senhor, que provoca apenas a desaparição das coisas, o escravo é aquele que produz a permanência das coisas. Isto é, *o trabalho é a negação determinada da coisa natural imediata* – a madeira negada numa mesa (como vimos no começo desta aula: a mesa é a não-árvore ou a árvore negada como coisa natural pela coisa humana produzida; a mesa é a árvore humanizada e, portanto, a árvore não-natural), o barro (natural) negado no tijolo (não natural), o linho (natural) negado na roupa (não natural) –, o trabalho nega a coisa natural imediata através da coisa mediata produzida, e essa coisa mediata produzida possui permanência, isto é, ela é uma *obra*. Ora, enquanto o senhor, cujo desejo não tem contenção, simplesmente consome e destrói uma obra (seu gozo se realiza como consumo), a permanência das obras (das mais simples às mais complexas) permite ao escravo perceber que foi ele quem deu à coisa natural exterior a forma que ela passou a ter, ele pode perceber, portanto, que a realidade da coisa como obra é pura e simplesmente *a realidade dele próprio exteriorizada. A obra é a exteriorização da interioridade do escravo* numa forma nova inexistente na natureza.

Ou seja, ao se reconhecer como uma *atividade formadora*, o escravo reconhece que ele saiu de si e se depositou em algo exterior a ele, mas que esse algo é ele próprio se exprimindo na exterioridade, e ele manifestou com isto a sua liberdade, a sua liberdade com relação à natureza, sua capacidade para transformar a natureza dando-lhe formas que ela por si mesma e sozinha ela jamais produziria. Foi no trabalho e pelo trabalho que, no contato com a natureza, negando a natureza através da produção da obra, que ele conquistou a liberdade, e ele conquistou a liberdade vencendo a morte. Por quê? Como é que ele venceu a morte? Porque a obra possui perenidade, a obra é permanente até ser consumida, e há obras que são fruídas sem serem consumidas ou destruídas; se alguém, portanto, destruir uma obra, essa destruição não é feita pelo trabalho e sim pelo desejo de gozo e consumo do senhor. Dessa maneira, o escravo descobre que o senhor não *venceu a morte, o senhor é aquele que só pode matar, ele é a encarnação da morte,* porque ele continua matando tudo para poder viver. Ao contrário, o escravo é aquele que realmente venceu e vence a morte, na medida que, em vez de precisar destruir para viver, ele, para viver, precisa produzir. Ou seja, do escravo nasce vida, do senhor nasce morte e o escravo descobre, portanto, que quem está vencendo a morte é ele e não o senhor. Ora, no instante em que ele percebe isso através do trabalho, ele vence aquilo que é a causa da sua escravidão, isto é, o medo da morte e imaginar que há um outro que não teve medo da morte e ao qual ele deve se submeter.

O que é que o escravo reconhece agora, pela mediação do trabalho? Primeiro, que ele vence a morte porque a obra perdura; segundo, que ele produz o que permite viver; terceiro, que o senhor vive da morte da vida produzida pelo escravo. O escravo reconhece que é ele próprio quem, de direito, é o senhor absoluto, porque ele é aquele que, de direito, é o único a vencer realmente a morte. Ou seja, o senhor foi produzido pela ilusão do escravo, a dominação vem de um escravo que ficou fascinado pela *aparência* de liberdade. Foi porque ele ficou fascinado pela aparência da liberdade que ele produziu o senhor. A partir do momento em que ele conquista a liberdade pela mediação do trabalho, ele *nega* a fascinação que ele sentia pela imagem do senhor, *nega sua alienação,* e, com isso, ele que se negara perante o senhor, agora nega essa negação e, *pela negação da negação,* reconquista a liberdade com uma liberdade interna. Cito Hegel:

> No senhor, o ser-para-si é para a consciência servil um outro ou somente para ela; no medo, o ser-para-si está nela mesma; no

trabalho, o ser-para-si torna-se seu próprio ser para ela mesma e se revela à consciência como ela é, nela mesma e para si mesma; pelo fato de colocar-se para fora [por meio do trabalho], a forma não se converte para a consciência em algo outro que ela, pois esta forma é precisamente o seu puro ser-para-si que assim se converte para ela na sua verdade. Sem a disciplina do trabalho e sem a obediência, o medo não se propaga para a realidade consciente de toda a existência, sem o trabalho o medo permanece interior e mudo e a consciência não advém para si mesma. [...] só o medo absoluto da morte faz do trabalho a liberdade como uma conquista.

Portanto, o movimento pelo qual o senhor foi engendrado é exatamente o mesmo movimento pelo qual ele vai ser negado e suprimido pelo escravo. O escravo, cuja consciência e liberdade foram negadas, agora nega essa negação, surgindo como consciência para si e livre. Com essa negação da negação, o escravo realiza a *reflexão* (no sentido hegeliano do termo), isto é, recolhe o percurso realizado e o ressignifica.

A dialética inteirinha do senhor e do escravo girou em torno da vitória sobre a morte e nós temos, então, uma primeira vitória que é abstrata, que é a vitória do senhor, em que ele venceu a morte pura e simplesmente não cessando de matar, matando simbolicamente o outro que foi negado como consciência e reduzido à condição de uma coisa, e matando efetivamente as coisas, consumindo-as no seu desejo insaciável. E, num segundo movimento, para satisfazer esse desejo de morte que está presente no senhor, a vida é produzida através do trabalho do escravo que, assim, nega a morte trazida pelo desejo do senhor.

O trabalho, produzindo a obra, encontra a permanência que vai elevar o escravo à verdadeira consciência de si e para-si, ou a consciência de si em sua própria verdade e, a partir daí, ela pode reconhecer a ilusão e a fascinação que ela sentiu pela figura do senhor; fascinação que é, por isso mesmo, o seu grilhão. Ela criou o senhor, porque ela o reconheceu, e na medida em que ela reconhece a ilusão do seu próprio reconhecimento pela mediação da sua obra, ela pode vencer a servidão; ela não vence o senhor — isso é que é absolutamente essencial —, *ela não vence o senhor, ela vence a servidão, ela vence o seu próprio estado, é isto que ela tem que vencer, porque só vencendo o estado de servidão é que ela nega e suprime a figura do senhor, supressão com que ela nega a negação de ser uma consciência de si e para si, negação que lhe foi feita pela aparência de coragem e liberdade do senhor.* Ou seja, ela pode destruir quantos senhores ela quiser, mas se ela continuar com o espírito da servidão (o fascínio pela aparência do senhor e a alienação de si nessa aparência) não alcançará a morte do senhorio; a morte do senhorio se dá sem que seja preciso matar fisicamente o senhor, *a morte do senhor se dá no instante em que não é preciso mais reconhecê-lo, e não se o reconhece mais quando o estado de servidão acabou.*

O percurso hegeliano é muito semelhante a um texto célebre, que é o texto de La Boétie sobre a servidão voluntária, escrito no século XVI. A pergunta que La Boétie faz é: como é possível a servidão voluntária? Que haja escravos que, contra a vontade, foram agrilhoados, que estão presos a ferro e fogo, é perfeitamente compreensível; o que não se pode compreender é que possa haver servidão *voluntária*. Qual sua origem? Um senhor ou um tirano só sabe malfazer e, portanto, como alguém pode desejar servi-lo voluntariamente? Um senhor ou um tirano tem dois olhos, dois ouvidos, dois braços, duas pernas, uma boca, um nariz, como qualquer um dos seus súditos, isto é, fisicamente não há motivo para que alguém se submeta a ele. No entanto, ele aparece como tendo mil olhos, mil ouvidos, mil braços, mil pernas e mil pés com os quais adquire força para que os demais o sirvam. Então, La Boétie pergunta: mas quem deu a este indivíduo os seus mil olhos e seus mil ouvidos para nos espionar, seus mil braços e suas mil mãos para nos esganar, seus mil pés para nos pisotear? Fomos nós! Nós demos a ele os nossos olhos, as nossas mãos, os nossos ouvidos, os nossos pés, nosso sangue, nossos bens, nossos filhos para que ele nos domine. Mas por que voluntariamente nós lhe demos tudo isso? Porque cada um de nós deseja exatamente o mesmo que ele: desejamos ser servidos. Servimos para sermos servidos. Nós lhe demos o poder. Como acabar com o senhorio tirânico? Não precisamos lutar para matá-lo; basta não lhe darmos aquilo que o faz senhor (nossas vidas, sangue, bens, filhos, honra e liberdade) e ele cairá. O fundamental, portanto, é a legitimidade que é dada ao tirano ou a legitimidade que é dada ao senhor e, por isso, se eu retiro do dominante a legitimidade, a dominação não pode se exercer mais; não que ela caia de madura, porque ela não vai cair de madura, é obvio que ela não vai cair de madura, mas a luta é de outro tipo. Não é uma luta contra um senhor para colocar um outro no lugar dele, é uma luta contra o senhorio como tal, uma luta contra a dominação como tal e, portanto, muda inteiramente de figura. La Boétie e Hegel, por caminhos muito diferentes, propõem uma mesma conclusão: quem sabe como e por que se tornou servo pode destruir a servidão destruindo aquilo que a produziu.

Evidentemente, a retomada mais importante da dialética do senhor e do escravo foi realizada pelo jovem Marx, quando analisou a violência da dominação na sociedade capitalista e a alienação dos trabalhadores nesse modo de produção, desenhando os traços da negação da alienação, ou a negação da negação, pela mediação da revolução comunista, que poria fim à todas formas de violência e instituiria o reino da liberdade para toda a humanidade.

Mas isto é uma outra história, que fica para uma outra vez.

Acerca da tolerância[*]

No século XVIII, os filósofos Diderot e D'Alembert conceberam uma obra monumental, a *Enciclopédia ou dicionário racional das ciências, das artes e dos ofícios*, constituindo uma sociedade de sábios encarregados de escrever sobre os inúmeros verbetes que formaram os vários volumes dessa obra. Um dos verbetes foi "tolerância". Assim definida por Romilly, autor do verbete:

> A virtude de todo ser fraco destinado a viver com outros semelhantes. O homem, tão grande por sua inteligência, é, ao mesmo tempo, tão limitado pelos erros e pelas paixões que não seria muito inspirar-lhe a tolerância pelos outros, apoios de que ele próprio precisa e sem o qual não se veriam na Terra senão perturbações e dissensões [...] Ousemos reclamar os direitos da justiça e da humanidade, tentemos ainda uma vez arrancar do fanático o punhal e do supersticioso, a venda.[1]

A defesa da tolerância como direito e sentimento de humanidade se inclui no esforço da Ilustração francesa para circunscrever o espaço social como lugar público onde vivem pessoas privadas e, portanto, onde há opiniões comuns e opiniões particulares que não podem ser confundidas.

---

[*] Versão levemente modificada de texto publicado em: CHAUI, Marilena. *Da realidade sem mistérios ao mistério do mundo*. São Paulo: Brasiliense, 1981.

[1] DIDEROT; D'ALEMBERT. *Encyclopédie ou Dictionnaire raisonné des sciences, des arts et de métiers par une société des gens de lettres*. Paris: Libraires Associés, 1977, t.1, p. 591 (tradução de M. Chaui).

O ponto de partida da argumentação é a constatação da igualdade e da desigualdade entre os humanos. Por natureza e por costume, por educação e inteligência, os humanos são desiguais em talentos, aptidões, sentimentos e opiniões. No entanto, pela fraqueza de seu intelecto e de sua vontade, são falíveis e nisto são todos iguais. Por isso, prossegue o autor do verbete:

> Ninguém tem o direito de dar sua razão como regra, nem de pretender submeter outrem às suas próprias opiniões. Exigir que eu creia a partir de vossos julgamentos seria o mesmo que exigir que eu visse com vossos olhos.[2]

No verbete "tolerância", os verbos tolerar, suportar e permitir são colocados como sinônimos na medida em que, nos três casos, trata-se do não impedimento de alguma coisa conhecida que poderia ser impedida se uma autoridade assim o exigisse. Tolerar se diz de coisas que são más ou tidas como tais; permitir se diz de coisas tanto boas quanto más; suportar concerne a abusos que são tolerados. Examinemos esses três verbos.

Tolera-se um mal para evitar-se um outro maior – a relação entre dois males é tomada de acordo com uma proporcionalidade ou um cálculo (maior, menor). Visto que a ideia de proporção se origina da palavra latina *ratio,* a proporcionalidade entre males define a racionalidade da tolerância.

Suporta-se um abuso para que se possa conservar uma certa situação cujo equilíbrio seria rompido se alguns "deslizes" não fossem tolerados – agora é a noção de manutenção de um controle que define a tolerância.

Permite-se alguma coisa quando uma lei superior à humana também a permite, isto é, as leis humanas não podem proibir o que a lei divina ou a lei natural permitem – a tolerância é definida, então, num contexto que pressupõe uma hierarquia de leis segundo suas fontes.

As três definições que constituem a definição geral da tolerância indicam que a proporcionalidade, o controle e a dependência entre as fontes de poder decidem quanto ao bom e ao mau entre os homens. Permanece implícita, portanto, a suposição de que há formas de autoridade encarregadas de decidir quem tolera o que, em quem, e quando. No verbete, as autoridades mencionadas através de exemplos são o magistrado e a Igreja, isto é, o poder civil e o religioso.

---

[2] Diderot e D'Alembert (1977, p. 591, tradução de M. Chaui).

Sabemos que os historiadores têm enfatizado o vínculo entre a prática econômica da burguesia ascendente (mercantilismo e liberalismo) e a defesa da tolerância: ao comerciante não interessa que as barreiras alfandegárias impostas pelo poder político sejam recobertas e reforçadas pelas barreiras alfandegárias impostas pela fé; e ao burguês liberal não interessa que as leis do mercado sejam controladas e entravadas pela intervenção do Estado. Assim sendo, a presença do magistrado e do eclesiástico tolerantes constitui o pano de fundo sobre o qual os defensores da tolerância tecem seu discurso. Essa articulação entre o econômico, o religioso e o político transparece imediatamente quando lemos o verbete "tolerância" no *Dicionário filosófico* de Voltaire. Com efeito, logo após ter definido a tolerância como uma lei da natureza, o filósofo contrapõe a paz existente na Bolsa de Valores, onde negociam cristãos, judeus, chineses e maometanos e a matança infindável das guerras de religião que pontilha toda a história da cristandade. Além disso, distingue a atitude política dos judeus, que apenas "não queriam a estátua de Júpiter no Templo de Jerusalém", e a dos cristãos "que não a queriam no Capitólio Romano", de sorte que a intolerância religiosa dos cristãos exprime um desejo político de tirania. No entanto, para nossa surpresa, Voltaire afirma que mesmo o grão-turco – que durante os séculos XVII e XVIII serve como representação exemplar do despotismo – é capaz de governar em harmonia cristãos, judeus e maometanos e "o primeiro que causar tumulto será empalado e toda gente permanece tranquila".

O autor do verbete "tolerância", na *Enciclopédia*, procura demonstrar que a tolerância é *necessária* e o percurso demonstrativo circunscreve o campo em cujo interior a questão se coloca e deve ser decidida: seu campo envolve a teologia, a moral e a política, concerne à autoridade divina, à do costume, à da consciência perante si mesma e à do Estado.

Longe de ser o elogio da anarquia, a defesa da tolerância consistirá em propor uma codificação do exercício da autoridade e da coerção, pois, como escreverá Kant na *Ideia de uma História universal de um ponto de vista cosmopolita*,

> Uma sociedade onde a liberdade submetida a leis exteriores se encontrar vinculada no mais alto grau possível a uma potência irresistível, isto é, a uma organização civil de uma equidade perfeita, deve ser para a espécie humana uma tarefa suprema da Natureza [...] Numa floresta, pelo fato de que cada árvore tenta roubar o

ar e o sol das outras, cada uma se esforça para ultrapassar todas as outras e assim crescem todas altas e retas. Ao contrário, aquelas que lançam à vontade seus galhos à distância das outras, crescem tortas e curvadas. A ordem social, por ser fruto da insociabilidade força-se a si mesma a disciplinar-se.[3]

Para Kant como para Voltaire, a tolerância inscreve-se no quadro de uma exigência que concerne à natureza humana. Para o filosofo francês, ela é uma "lei da Natureza", e por isso o "natural" dará à tolerância prioridade hierárquica em face das leis civis, pois a legiti-midade da tolerância está articulada à fonte de onde emana a lei. Se esta emanar da Natureza, então é prioritária com relação à lei civil, de sorte que esta será ilegítima se proibir aquilo que a Natureza permite.

Porque se trata de codificar o exercício da autoridade, o articu-lista da *Encyclopédie* afirma que, após demonstrar o caráter necessário da tolerância, estabelecerá os deveres dos príncipes e soberanos para que possam respeitá-la. Tais deveres serão direitos, mas não daquele que ocupa o poder e sim do próprio poder ocupado por alguém. Em suma, os deveres do governante são os direitos do Estado.

Tanto o autor do verbete da *Enciclopédia* quanto Voltaire co-locam-se de acordo sobre o motivo que deve suscitar a defesa da tolerância: a fraqueza do intelecto e da vontade humanos e os erros e preconceitos daí decorrentes. Porque *todos* são fracos e porque *todos* são falíveis, não há como justificar a intolerância. A multiplicidade e o antagonismo das opiniões são uma *evidência primeira* que somente o fanatismo, o sectarismo e a superstição podem negar. A origem da tolerância bem como a da intolerância está apontada: a multiplicidade e diversidade das opiniões.

Com efeito, escreve Voltaire, não há sectarismo nem fanatismo entre os geômetras, pois a geometria trabalha com a verdade, e não com a opinião. Porém, se a intolerância reina ali onde só há opiniões e, portanto, ali onde ninguém pode ser obrigado a aceitá-las, resta saber como algumas opiniões podem reivindicar o direito ilegítimo e injusto de serem "verdades" e como tais impostas a homens diversos. A resposta de Voltaire é imediata: a religião, ao converter-se em teologia, desliza

---

[3] KANT. Idée d'une histoire universelle d'un point de vue cosmopolitique. In: *La philosophie de l'histoire*. Genebra: Gontier, 1965, p. 35 (tradução de M. Chaui).

da opinião ao dogma e deste à intolerância. Todavia, o filósofo vai mais longe: nem todas as religiões são intolerantes (o judaísmo e o maometismo não o são), mas apenas o cristianismo. Por quê? Porque o Cristo não só se comportou como judeu, e não como "cristão", mas também porque não deixou lei escrita e em breve houve trinta evangelhos lutando pela posse de uma verdade *única* que não poderia surgir por falta de um *código único*. A seita vencedora sempre venceu pela força, tanto a do ferro quanto a da ameaça espiritual. A religião é por isso opinião múltipla e diversa, sendo-lhe impossível espontaneamente unificar-se. Para que a unidade surja precisa ser imposta, e, para que a imposição tenha lugar, a alma religiosa deve ceder passo à figura do teólogo que, "misturando filosofia e religião", instaura o dogma e, com este, uma unificação arbitrária que só pode ser mantida pelo arbítrio. A religião teológica, solidificando opiniões que seriam efêmeras, constitui uma base sólida para regimes políticos despóticos cujo poder está fundado na crueldade de seu detentor e na ignorância dos dominados. A teologia é, portanto, um suporte espiritual decisivo para o reino da intolerância. Por que suporte? Porque as alianças dos soberanos com outros de crença diversa e o massacre interno daqueles que não aceitam a religião oficial demonstram que *o terreno da intolerância é religioso na aparência e político na realidade*. A guerra civil define o espaço da intolerância.

O autor do verbete da *Enciclopédia* é mais minucioso do que Voltaire. Não lhe basta declarar que a tolerância é uma lei da Natureza, nem que é uma virtude, nem que é uma evidência para todo espírito sensato, mas julga ser preciso demonstrar a necessidade dela. Ora, a demonstração é problemática, pois se a causa que exige tolerância é a multiplicidade conflituosa das opiniões, como garantir que a própria tolerância não seja apenas uma opinião entre outras? Como elevá-la à dignidade de uma verdade, portanto, fazê-la necessária, universal e evidente? Se para o "espírito sensato" a verificação de nossa fraqueza, de nossos preconceitos, erros e desatinos transforma *ipso facto* a tolerância em virtude, nem por isso será possível persuadir os insensatos. E é a estes que o discurso do enciclopedista se dirige, isto é, aos intolerantes. Por isso, o autor do verbete toma um outro rumo. Em vez de tentar persuadir o insensato, passa para seu campo e, sem perder a sensatez, não procura demonstrar a racionalidade da tolerância, mas a *irracionalidade da intolerância*.

O elogio das Luzes tolerantes passa, portanto, pela demolição das trevas intolerantes: não se tratará de persuadir o destinatário provando-lhe que a intolerância é má (pois isso seria apenas uma opinião moral), mas provando-lhe que é irracional (portanto, falsa e ilegítima). A tarefa demonstrativa consiste em deslocar a questão do campo das opiniões e do costume para o campo do conhecimento e deste, para o da política.

No plano mais imediato, cumpre indagar quais são os efeitos da intolerância e responder: o aumento dos erros, das dissensões e divisões do corpo social, o obstáculo à tranquilidade de alma que permitiria a cada um chegar à verdade. O principal efeito da intolerância é cavar, dia a dia, uma trilha por onde passará a barbárie. No entanto, a argumentação avança muito pouco se permanecer nesse plano. Precisa alçar-se ao âmago da intolerância e o atinge quando demonstra que ela é triplamente contraditória, isto é, irracional: 1) é contraditória como força religiosa porque a religião, como a palavra indica, foi dada aos homens para uni-los e torná-los melhores, e a intolerância converte a religiosidade em potência de desunião e de desagregação; 2) é contraditória enquanto atitude cristã, na medida em que o ensinamento dos Evangelhos é ensino da tolerância, de sorte que o cristão intolerante é o Anticristo; 3) é contraditória como prática, pois enquanto nenhum soldado tentaria abater uma fortaleza com ideias, porque sabe que somente pelo ferro e pelo fogo destrói a resistência inimiga, o intolerante pretende destruir ideias, sentimentos e crenças usando o ferro e o fogo em lugar de usar ideias verdadeiras, serenamente persuasivas. A intolerância é contraditória porque irracional, e irracional porque desmedida, pois em seu núcleo encontramos total desproporção entre os fins e os meios: não há qualquer medida comum, qualquer proporcionalidade entre o crime de opinião e a tortura – é irracional violentar um corpo para dobrar sua alma. Porque a intolerância é irracional, disto resulta que seu oposto, a tolerância, é racional e por isso verdadeira e necessária.

A tolerância não contradiz o espírito cristão, mas o exprime; não contradiz a lei da natureza (o direito natural), mas acolhe a liberdade de consciência com que a natureza nos dotou; opera sempre respeitando a adequação ou proporcionalidade entre meios e fins. É isto que a faz racional, pois toda causa deve ter em si uma relação necessária com o efeito que dela se espera, de sorte que se possa ver tal efeito na causa e o sucesso nos meios. Assim, para agir sobre os corpos, para movê-los

ACERCA DA TOLERÂNCIA

e dirigi-los, empregar-se-ão forças físicas, mas para agir sobre os espíritos, dobrá-los, determiná-los, será preciso outro gênero de força: raciocínios, exemplos, provas, motivos. Por ser irracional, a intolerância é violenta, e por ser violenta, desagrega o social. Por ser racional, a tolerância é docemente persuasiva e persuade porque a verdade é una. Contrariamente ao que imagina o insensato, a tolerância unifica a sociedade por respeitar sua diversidade.

Isto posto, cumpre indagar por que a unicidade do verdadeiro não anula a aberração da intolerância nem suscita a necessidade da tolerância. A essa questão, o articulista responde:

> Temos, com efeito, princípios comuns sobre os quais concordamos bastante, mas tais princípios são pouco numerosos, suas consequências tornam-se cada vez menos claras à medida que se afastam deles, como as águas que se turvam afastando-se de suas fontes. Assim, os sentimentos se dividem e tornam-se cada vez mais arbitrários porque cada um coloca um pouco de seu neles [...] Quanto mais se caminha mais se desencaminha, mais se divide; mil caminhos levam ao erro, mas um só conduz à verdade [...] Mas se no conflito de opiniões é impossível acabarmos com nossas diferenças e concordarmos, tentemos nos aproximar e nos unir pelos princípios universais da tolerância, pois os sentimentos nos dividem e não podemos ser unânimes.[4]

A verdade une, mas a unidade é um ideal impossível porque as opiniões e os sentimentos nos dividem. Somente quando tomamos a humanidade como nosso interesse comum é possível unificar a sociedade, de sorte que a tolerância deve ser norma universal das relações sociais para minimizar a impossibilidade efetiva da concordância universal. Assim, a verdade é apresentada como força irresistível e o erro como fraqueza que a razão pode vencer. A intolerância, erro nascido do erro, engendra um estado de guerra permanente: não só a guerra civil, mas também a guerra universal, pois além de responsável pela desunião entre os Estados europeus é responsável também pelas guerras coloniais provocadas pelos evangelizadores, e, sendo "o dever mais legítimo do soberano afirmar a paz e a tranquilidade de seu Estado", será legítimo que os governantes das Índias e da América impeçam pelo ferro e pelo fogo o trabalho dos

[4] Diderot e D'Alembert (1977, p. 592).

evangelizadores, "assassinos da América" e "perturbadores das Índias". Ora, se o erro desagrega e a verdade põe a concórdia universal, se o primeiro é fraco e a segunda é forte, é preciso dar a ela meios adequados (racionais) para que se imponha. Esse meio é o Estado tolerante, fundado num contrato social livremente estabelecido.

Para que o Estado seja tolerante, diz o enciclopedista, deve preencher as seguintes condições: 1) separar o poder temporal e civil do poder eclesiástico, distinguindo entre o magistrado e o padre. O Estado tolerante é laico e nele os cristãos devem respeitar a palavra do Mestre, isto é, que seu reino "não é deste mundo" e neste é preciso "dar a César o que é de César". Em outras palavras, a religião deve ser afastada do espaço público e alojar-se exclusivamente no espaço privado do foro íntimo ou das consciências individuais como crença ou opinião religiosa; as seitas pertencem ao mundo privado e não ao mundo político; 2) de acordo com o contrato social há dogmas religiosos que concernem exclusivamente à vida e consciência individuais nada tendo a ver com a vida social e política. Em contrapartida, há uma "religião social", uma "profissão de fé puramente civil cujos artigos devem ser fixados pelo soberano". Nessa religião não há dogmas e sim sentimentos de sociabilidade, que não podem ser impostos, porém, o soberano tem o direito de banir de seu Estado o insociável que não os respeitar; 3) é legítimo em um Estado tolerante punir os dogmas opostos à sociedade civil, reprimir os discursos temerários que ponham dúvidas quanto ao sentimento natural de sociabilidade, proscrever as associações perigosas que possam vir a criar um Estado dentro do Estado (como fez a Igreja Católica Romana), pois o princípio político fundamental da tolerância iluminista é que *o Estado deve ser uno* e para isso deve tolerar a opinião pública como expressão em público da razão pelos homens esclarecidos, que impedem o despotismo político graças à pluralidade das opiniões que o Estado deve ouvir e respeitar. Assim, a impossível unidade que seria trazida pela verdade é substituída pela unidade trazida pelo Estado por meio da "religião civil". Eis por que, chegado a este ponto, o autor do verbete afirma que o maior inimigo da unidade do Estado é o *ateu*.

Nesse discurso profundamente laicizante e anticlerical, que identifica o "Estado dentro do Estado" com a Igreja, soa paradoxal a referência ao perigo político encarnado pelo ateu. No entanto, se deixamos de lado a legitimidade da punição dos discursos temerários e das associações perigosas para ficarmos apenas com a figura do ateu, talvez possamos ler em filigrana o significado da tolerância Iluminista.

> Os ateus, em particular, que retiram dos Grandes o único freio que os retém e dos Pequenos, sua única esperança, que irritam todas as leis humanas roubando-lhes a força que retiram de uma sanção divina e que deixam entre o justo e o injusto apenas uma distinção política e frívola e que só veem o opróbio do crime na pena do criminoso, os ateus não devem reclamar a tolerância em seu favor. Que primeiro sejam instruídos e exortados com bondade. Se persistirem, que se os reprima. Enfim, rompei com ele, bani-o, pois ele próprio quebrou os vínculos da sociedade.[5]

O ateu é aquele que recusa a "religião social" ou a "civil", responsável pela unidade do Estado, e manifesta-se como risco porque encarna o perigo do associal no interior da própria sociedade. Esta precisa expulsá-lo para longe de suas fronteiras para que possa continuar sustentando o discurso da União, discurso insustentável se a sociedade abrigar em seu interior uma "opinião" que não é apenas diversa das outras, mas a negação delas.

Por que a intolerância contra o ateu? Duas respostas são possíveis. Como se sabe, a publicação da *Enciclopédia* foi proibida por ação dos jesuítas e dos jansenistas e o decreto régio de proibição só foi suspenso quando se introduziu a censura prévia dos textos a ser realizada por três teólogos nomeados pelo rei e pelo parlamento. Isso explicaria a introdução da intolerância contra o ateu no verbete sobre a tolerância. Todavia, uma resposta menos conjuntural também é possível. No verbete "tolerância", os conflitos sociais e políticos parecem estar postos à luz do dia, bem como a impossibilidade de vencê-los ou de anulá-los pela força harmonizadora da verdade. Todavia, se a tolerância é possível é exatamente porque os conflitos são de *opinião*. Mas, se assim for, o enciclopedista escamoteia a origem e o lugar dos conflitos. A origem dos conflitos não é a diversidade de opiniões e sim aquilo que dá origem a ela: seu lugar é a divisão do corpo social entre os Grandes (que desejam oprimir e comandar) e os Pequenos (que não desejam

---

[5] Diderot e D'Alembert (1977, p. 593).

ser oprimidos nem comandados). Porque escamoteia a natureza da sociedade e da política, a tolerância proposta pelo enciclopedista só pode apontar no plano meramente empírico a figura do poder intolerante – o poder teológico-político – sem, contudo, indagar quanto à origem e ao significado desse poder.

A sociedade que nasce com o advento do capitalismo é uma sociedade histórica no sentido forte do termo, isto é, uma sociedade que já não pode recorrer à transcendência divina nem aos mitos para explicar sua origem, mas tem que encontrá-la no movimento interno de sua própria ação por cujo intermédio explique também um paradoxo novo: o movimento pelo qual ao engendrar-se a si mesma também engendra, por si mesma, poder político separado dela, o Estado. Os conceitos de estado de natureza, sociabilidade natural, direito natural e civil, contrato social, multiplicidade das opiniões, religião social ou civil têm a finalidade de substituir a explicação sobre a origem transcendente da sociedade por uma explicação imanente ao próprio social, bem como substituir a explicação sobre a origem transcendente do poder político (o governante escolhido por uma graça ou favor divinos) por uma explicação que encontre na própria sociedade a origem imanente do poder. Ora, para que essa origem pudesse ser efetivamente explicitada seria preciso que os agentes sociais admitissem aquilo que não podem *tolerar*: que o ser da sociedade e da política não é uno, indiviso e idêntico a si mesmo, mas constituído por um conflito originário entre os grandes e os pequenos, conflito que se manifesta nas mais diferentes imagens e dimensões da vida social sem reduzir-se empiricamente a nenhuma delas. Assim, afirmar a unidade da razão e a da verdade e propor a unificação da sociedade pelo Estado racional (tolerante) é a tentativa das Luzes para afirmar a unidade do poder e a identidade da sociedade consigo mesma, harmoniosa de direito e conflituosa apenas de fato, bastando a tolerância para que a harmonia se espalhe pelo todo social e político.

Ora, essa suposta unidade, essa imagem de uma sociedade indivisa na multiplicidade das opiniões, essa imagem do Estado como garantia da unidade e da identidade de todos os seus membros, *é a forma laica de reafirmar a teologia, deslocando Bíblias e Sumas para o campo profano da política*. É por isso que é preciso banir o ateu. Bani-lo é banir aquele que não admite a possibilidade de um espaço harmonioso e racional para que se coloque um freio nos Grandes e se deem esperanças aos Pequenos, isto é, aquele que não tolera a identificação de *todos* com um poder *uno* que os transcende, pois para o ateu, como escreve o enciclopedista, só há "distinções políticas", porque para ele o que está em questão é a própria existência de Grandes e Pequenos como forma da vida social e política. O ateu é inimigo da sociedade e do Estado porque não pensa a política em termos de tolerância e de intolerância, pois, exatamente como os autores da *Enciclopédia*, ele também sabe que tolerar é tolerar um mal que poderia ser impedido, mas não o é, porém, diferentemente dos enciclopedistas, afirma que esse mal não é apenas tolerado, e sim escamoteado pela imagem do "bem comum" imposto a homens que estão divididos não porque tenham opiniões diversas, mas porque são *Grandes* e *Pequenos*. O Estado Tolerante substitui a divisão social e política pela diversidade de opiniões e por isso teme o ateu. E com razão.

Este livro foi composto com tipografia Bembo e impresso
em papel Off-White 80 g/m² na gráfica Paulinelli.